江西财经大学信毅学术文库

山东抗日根据地
政权建设与经济发展互动关系研究

李立娥 著

中国财经出版传媒集团
中国财政经济出版社
·北京·

图书在版编目（CIP）数据

山东抗日根据地政权建设与经济发展互动关系研究/李立娥著．--北京：中国财政经济出版社，2024.1
（江西财经大学信毅学术文库）
ISBN 978-7-5223-2686-3

Ⅰ.①山…　Ⅱ.①李…　Ⅲ.①山东抗日根据地－经济建设－研究　Ⅳ.①F129.6

中国国家版本馆 CIP 数据核字（2024）第 033796 号

责任编辑：彭　波　　　　责任印制：史大鹏
封面设计：王　颖　　　　责任校对：张　凡

山东抗日根据地政权建设与经济发展互动关系研究
SHANDONG KANGRI GENJUDI ZHENGQUAN JIANSHE
YU JINGJI FAZHAN HUDONG GUANXI YANJIU

中国财政经济出版社 出版
URL：http：//www.cfeph.cn
E-mail：cfeph@cfeph.cn

社址：北京市海淀区阜成路甲 28 号　邮政编码：100142
营销中心电话：010-88191522
天猫网店：中国财政经济出版社旗舰店
网址：https：//zgczjjcbs.tmall.com
中煤（北京）印务有限公司印刷　各地新华书店经销
成品尺寸：170mm×230mm　16 开 14.25 印张　200 000 字
2024 年 1 月第 1 版　2024 年 1 月北京第 1 次印刷
定价：68.00 元
ISBN 978-7-5223-2686-3
（图书出现印装问题，本社负责调换，电话：010-88190548）
本社图书质量投诉电话：010-88190744
打击盗版举报热线：010-88191661　QQ：2242791300

总　　序

书籍是人类进步的阶梯。通过书籍出版，由语言文字所承载的人类智慧得到较为完好的保存，作者思想得到快速传播，这大大地方便了知识传承与人类学习交流活动。当前，国家和社会对知识创新的高度重视和巨大需求促成了中国学术出版事业的新一轮繁荣。学术能力已成为高校综合服务水平的重要体现，是高校价值追求和价值创造的关键衡量指标。

科学合理的学科专业、引领学术前沿的师资队伍、作为知识载体和传播媒介的优秀作品，是高校作为学术创新主体必备的三大要素。江西财经大学较为合理的学科结构和相对优秀的师资队伍，为学校学术发展与繁荣奠定了坚实的基础。近年来，学校教师教材、学术专著编撰和出版活动相当活跃。

为加强我校学术专著出版管理，锤炼教师学术科研能力，提高学术科研质量和教师整体科研水平，将师资、学科、学术等优势转化为人才培养优势，我校决定分批次出版高质量专著系列；并选取学校“信敏廉毅”校训精神的前尾两字，将该专著系列命名为“信毅学术文库”。在此之前，我校已分批出版“江西财经大学学术文库”和“江西财经大学博士论文文库”。为打造学术品牌，突出江财特色，学校在上述两个文库出版经验的基础上，推出“信毅学术文库”。在复旦大学出版社的大力支持下，“信毅学术文库”已成功出版两期，获得了业界的广泛好评。

“信毅学术文库”每年选取10部学术专著予以资助出版。这些学术专著囊括经济、管理、法律、社会等方面内容，均为关注社会热点论题或有重要研究参考价值的选题。这些专著不仅对专业研究人员开展研究工作具有参考价值，也贴近人们的实际生活，有一定的学术价值和现实指导意义。专著的作者既有学术领域的资深学者，也有初出茅庐的优秀博士。资深学者因其学术涵养深厚，他们的学术观点代表着专业研究领域的理论前沿，对他们专著的出版能够带来较好的学术影响和社会效益。优秀博士作为青年学者，他们学术思维活跃，容易提出新的甚至是有突破性的学术观点，从而成为学术研究或学术争论的焦点，出版他们学术成果的社会效益也不言自明。一般而言，国家级科研基金资助项目具有较强的创新性，该类研究成果常常在国内甚至国际专业研究领域处于领先水平，基于以上考虑，我们在本次出版的专著中也吸纳了国家级科研课题项目研究成果。

“信毅学术文库”将分期分批出版问世，我们将严格质量管理，努力提升学术专著水平，力争将“信毅学术文库”打造成为业内有影响力的高端品牌。

王　乔

2016 年 11 月

前　言

本书以山东抗日根据地政权建设与经济发展互动为研究视角，探讨山东抗日根据地从无到有、从小到大，成为全国唯一以省名命名的根据地的政经原因，以对新时代中国特色社会主义建设事业及贯彻落实“四个全面”战略布局，提供必要的历史借鉴。

通过对经济发展、政权建设及相关概念的辨析，认为经济发展属于广义的经济基础，政权建设属于政治的上层建筑；依据马克思主义生产力与生产关系、经济基础与上层建筑的理论，认为社会系统结构由生产力、生产关系/经济基础、上层建筑（又可分为政治的上层建筑和思想的上层建筑）三个层次自低到高构成，呈现“生产力→生产关系/经济基础→上层建筑”顺向因果链和“上层建筑→经济基础/生产关系→生产力”逆向因果链的变动规律，作为广义经济基础的经济发展与作为政治的上层建筑的政权建设存在交互式互动关系。

根据建政情况的不同，可将山东抗日根据地的政权建设分为初创、巩固和发展三个阶段，相应地，经济发展可分为自立、自保和自主三个阶段。在综述每个阶段主要政经工作的基础上，通过对顺向和逆向因果链政经互动的比较分析，认为逆向因果链的政经互动更为直接更为主要更为明显更为显著，更具整体意义和持久意义。因此得出本书的核心观点：山东抗日根据地政经互动的基本模式是依循逆向因果链，即在科学正确的思想上层建筑指导下，通过加强和改善政治上层建筑，引致经济基础的变革，通过对生产关系的全面调整，拉动生产力发展。

本书进而剖析了山东抗日根据地政权建设对经济基础的改造。中共山东省委在中共中央、北方局的领导下，将民主建政作为中心任务，力促宪政实施，力保民权落地，力健民意机关和人民团体，全面贯彻“三三制”，全面实施法制治理，使政权权力自上而下逐步覆盖，公众权力自下而上逐步渗透，经济基础发生深刻变化，由官主转变为民主，人治转变为法治，依附转变为自强，“一盘散沙”转变为强力内聚，既夯实了立党之本、执政之基，又焕发了民众的创造伟力，实现了政治的上层建筑与经济基础的良性互动。

新生的山东抗日民主政权充分发挥组织经济建设的职能作用，通过调控交换关系、调节分配关系、调配生产关系和调整消费关系，拉动和促进根据地经济发展，四个环节关系的调整又反过来推动了抗日民主政权的巩固和加强。

在战时经济，控制紧缺战略物资是为首要，同时也需要充分发挥交换对消费、生产、分配的中枢和中介作用。山东抗日民主政权运用“看不见的手”和“看得见的手”，实施对外统制和对内自由的流通政策，改革多头管理，统制重要物资，创立独立金融，施行物资本位，通过商品与货币的双管齐下，实行有利外贸，开展货币斗争，不仅掌握了对敌斗争的主动权，而且稳定了市场，安定了民生，保障了军需，还为发展经济积累了资金。

针对现有不合理不平等的分配格局，山东抗日民主政权创新工作，主动改革分配关系。按照公平负担原则，不断优化税赋征收办法，调剂各阶层关系；推行减租减息（减租减息）双交（交租交息）增资（增加雇工工资），调适劳资关系；精兵简政，提高效能，厉行生产节约，减轻民众负担，调整军政民关系。通过利益再分配，界定了各类产权，优化了资源配置，激发了各阶层积极性，解放了社会生产力。

发展生产是根据地经济之基，是分配之根、流通之本、消费之源。山东抗日民主政权优待技术人才，奖励劳动模范，开展普及教育，推广先进科技，激发生产活力；大力发展互助合作和公营经济，实行公私两便、军民兼顾，培育新型生产关系；打仗不忘生产，根据军需民用规划增产目标，调整产业结构，培育经济增长点，通过政治动员和经济激励，开展军民大生产运动，使根据地粮、棉、布及部分日用品实现自给。

发展经济的最终目的是满足人民群众的消费需要。山东抗日民主政权坚持发展成果由全民共享，通过各种群团组织，调动一切社会力量，拥军优属，赈灾减灾，扶贫济困，安置难民，互助合作，生产自救，保证每一个人的生存权和发展权及基本消费所需，使抗战将士免除后顾之忧，根据地成为人心所向之地，既促进了再生产规模的扩大，又增强了抗日民主政权的号召力、向心力和凝聚力。

综上所述，山东抗日民主政权遵循“政权建设→经济基础/生产关系→生产力”逆向因果链，坚持科学正确的路线、方针和政策，坚持政经互动，使根据地从边区割据走向覆盖全鲁，根据地经济从自立、自保走向自主，中共在与日伪、国民党的斗争中由边缘走向中心。

政权力量通过逆向因果链作用于经济发展有三种情形：一是政经互动，促进经济发展；二是政经逆动，导致经济崩溃；三是政经扭动，付出巨大代价。同期国民党政权之所以由全鲁统治者沦为败撤山东，除了军事失利因素外，政权建设上的官主、政治上层建筑的多元掣肘、政经关系的被动调适，是导致政经扭动甚至恶性逆动即后两种情况出现的重要原因，与中共政权建设上的民主、政治上层建筑的全面领导、政经关系的主动调适，最终出现政经间的良性互动形成了鲜明的对照。所以，山东抗日根据地政经互动的丰富经验，可为当今新时代坚持党的全面领导，坚持全面从严治党、依法治国和深化改革，调整不适应生产力发展的生产关系，促进经济发展和全面小康，实现“两个一百年”目标，提供宝贵的借鉴和启示。

李立娥
2023 年 6 月

目　　录

第1章 导　论

1.1 研究背景与意义

1.1.1 研究背景

(1) 历史追问。

抗战中的山东，被日寇强势攻占，日寇对抗日根据地进行军事扫荡、政治攻击、经济封锁、文化侵略和特务活动，人民饱受欺凌。从抗战时期山东各政权的实力来看，日伪步步紧逼，国民党曾执政全省，顽固派反共不断，中共边区割据，在日伪、国、共三方政权的激烈博弈中，为何最弱势的中共从边缘走到了中心，在抗战中发挥中流砥柱作用？这是值得研究的一个重要学术问题。梳理已有研究成果，不难发现，全面抗战后，短短8年间，山东抗日根据地从无[①]到有，渐次开辟壮大，在敌后抗日根据地中独树一帜，是唯一以省名命名的根据地，也是中共成功取得全国政权的"跳板"[②]，究其原因，或者强调政权建设的创举，或者强调财经建设的成功，鲜见以政权建设与经济发展互动为研究视角。而政权建设与经济发展的互动，是人类社会发展的永恒主题，古今皆然。因此，本书从政权建设与经济发展互动视角研究山东抗日根据地，以深化对山东抗日根据地的

① 金冲及．山东抗日根据地的独特历程［J］．抗日战争研究，2017（1）：5.

② ［加拿大］谢尔曼·赖小刚．走向成功的跳板：抗战期间中共在山东的崛起［J］．文化纵横，2015（10）.

研究。

（2）现实需求。

2014 年 12 月，习近平总书记在江苏调研时首次提出协调推进全面建成小康社会、全面深化改革、全面推进依法治国进程、全面从严治党“四个全面”崭新的治国理政总框架。在 2017 年 10 月中共十九大报告中，进一步明确“四个全面”是新时代中国特色社会主义事业的战略布局。其中全面建成小康社会是中国经济社会发展的战略目标，在“四个全面”战略布局中居于引领地位；全面深化改革、全面依法治国、全面从严治党是三大战略举措，其中，全面深化改革是推动中国特色社会主义事业发展的强大动力，全面依法治国是实现党和国家长治久安的重要保障，全面从严治党为全面建成小康社会、全面深化改革、全面依法治国提供根本支撑。“四个全面”是马克思主义基本原理与当今中国具体实践相结合的理论创新成果，体现了生产力与生产关系、经济基础与上层建筑良性互动的辩证规律。对山东抗日根据地政权建设与经济发展的互动研究，有助于为“四个全面”战略布局的贯彻与落实，提供一个历史的参照。

1.1.2 研究意义

（1）历史意义。

抗战期间，山东并存日伪、国民党、中共三方政权，在你死我活针锋相对的政权博弈中，日寇最终被驱逐，国民党军队及国民党省府黑暗腐败，半途被迫败撤鲁境，唯有中共领导的抗日根据地从无到有，巩固发展，最终独撑山东抗战建设的大局，其关键在于其掌握了政权建设与经济发展交互式良性互动的规律。所以，探究山东抗日根据地政权建设与经济发展的互动，可以深化抗日根据地史的研究，探讨中共成功的奥秘及其历史规律。

（2）现实意义。

通过对山东抗日根据地政权建设与经济发展互动的个案分析，找寻政治的上层建筑与经济基础、生产关系与生产力之间的交互式良性互动所蕴藏的规律，可为“四个全面”战略布局的落实，提供历史的观照和借鉴，从而统筹优化配置经济、政治等资源，更好更快地实现中华民族伟大复兴的中国梦。

（3）学术意义。

通过探究山东抗日根据地政权建设主要大事演进的历史缘由、落实机制及绩效评价等，总结山东抗日根据地政权建设与经济发展良性互动的经验做法，从学理角度厘清其政权建设与经济发展互动的内在逻辑，这有助于丰富对马克思主义关于生产力与生产关系、经济基础与上层建筑相互关系原理的认识，具有一定的学术价值。

1.2 文献综述与评述

从1938年春中共山东省委在胶东初创掖县抗日民主政府起，至1945年8月抗战胜利，山东抗日根据地从无到有，渐次发展为辖渤海、胶东、鲁中、鲁南、滨海5个行政区，22个专区，127个县政府。在此对涉及山东抗日根据地的政权建设与经济发展的有关研究成果进行学术史梳理。

1.2.1 关于山东抗日根据地的研究

（1）相关史料整理现状。

对山东抗日根据地的史料整理，从20世纪50年代起，财政部财政科学研究所就已开始着手收集根据地财经史料，后因“文革”而中断。到80年代，一些大专院校、档案部门陆续收集编写并出版了系列史料汇编，主要有：

①由山东省档案馆、山东社会科学院历史研究所编《山东革命历史档案资料选编》第4～23辑[①]，包括“中共山东党组织在各个历史时期制定的路线、方针、政策的贯彻执行情况……山东解放区的民主政权建设及各项事业的发展情况；各个历史时期山东党政军群主要领导人的工作及活动情况”[②]。

---

① 山东省档案馆，山东社会科学院历史研究所合编．山东革命历史档案资料选编4～23辑［G］．济南：山东人民出版社，1982—1986.

② 山东省地方史志编纂委员会．山东年鉴1987［G］．济南：山东人民出版社，1988：488.

②山东省财政科学研究所、山东省档案馆合编《山东革命根据地财政史料选编》6辑[1]，较全面系统地反映了1939—1949年山东革命根据地财经工作发展的历史及其经验。

③山东省税务局税史编写组编《山东革命根据地工商税收史料》共5辑[2]。

④中国人民银行金融研究所、中国人民银行山东省分行金融研究所编中国革命根据地北海银行史料共四册[3]。

⑤中共山东省委党史资料征集研究委员会编《山东抗日根据地》[4]。

⑥中共临沂地委党史资料征集委员会编《政权建设的创举》[5]。

⑦八路军山东纵队史编审委员会编《八路军山东纵队史》两卷[6]、《八路军山东纵队》共4册[7]，尤其第4册"是当年山东纵队各支队、旅及战略区领导同志撰写的反映部队建设和根据地建设"[8]之作。

⑧北京八路军山东抗日根据地研究会编《山东抗日民主政权》上、下册[9]，收录了中共中央、北方局、山东分局等领导机关的文电，中共领导人的文章、讲话，山东抗日民主政权会议的文件以及政权建设、廉政建设、法治建设、财政经济、交通邮政、文化教育、减租减息公平负担救灾爱民、人民武装、拥军优属九方面的文献法规。

---

① 山东省财政科学研究所，山东省档案馆合编．山东革命根据地财政史料选编 第1辑～第6辑［G］．内部资料，济南：济南印刷八厂印刷，1985.

② 山东省税务局税史编写组编印．山东革命根据地工商税收史料 第1辑～第5辑［G］．内部资料，1984—1985.

③ 中国人民银行金融研究所，中国人民银行山东省分行金融研究所编．中国革命根据地北海银行史料第一册～第四册，山东人民出版社，1986.

④ 中共山东省委党史资料征集研究委员会编．山东抗日根据地［G］．北京：中共党史资料出版社，1989.

⑤ 中共临沂地委党史资料征集委员会编．政权建设的创举［G］．济南：山东人民出版社，1990.

⑥ 八路军山东纵队史编审委员会编．八路军山东纵队史上、下两卷［G］．济南：山东人民出版社，1993.

⑦ 八路军山东纵队史编审委员会编．八路军山东纵队：回忆史料 上、中、下［G］．济南：山东人民出版社，1991—1993.

⑧ 八路军山东纵队史编审委员会．八路军山东纵队综合册［G］．济南：山东人民出版社，1993：2－3.

⑨ 北京八路军山东抗日根据地研究会编．山东抗日民主政权上册、下册［G］．北京：中共党史出版社，2015.

⑨山东省政协文史资料委员会编《亲历者说——山东抗战编年纪事》共10卷[1]从1895年日军入侵山东的甲午海战起，至1945年12月27日驻山东日军投降协议签署止，记述了当时和现今山东行政区划内发生的事件，其中对中共创建的抗日根据地的政权建设展示得更充分。[2]

⑩中共山东省委党史研究室、山东省中共党史学会编《山东党史资料文库》第7~20卷[3]，是研究山东地方党组织创立建设敌后抗日根据地的重要参考资料[4]。

以上10类史料书籍及各地档案馆、党史办馆藏资料等，多运用纵横结合的方法，既可总览不同时期政权建设与经济发展的发展变化全局，也可为专题研究提供较为坚实的基础资料。

（2）民国史或现代化视野中的通论研究。

贾蔚昌、唐志勇从现代通史角度，纵向叙述了日伪、国民党、共产党各方力量博弈下的山东历史，综述了抗战时期山东的政区、政权和经济等11个方面的情况[5]；吕伟俊从民国地方史视角，阐述了山东统治政权的演变，对山东抗日根据地的政权建设、经济发展着墨较多[6]；吕伟俊等从山东区域现代化角度考察，探讨了抗日民主政权建设、经济发展等对山东从资本主义模式向非资本主义模式转变的贡献[7]。

（3）山东抗日根据地专论研究。

关于发展阶段。研究历史分期往往以重大历史事件为标志，对山东抗日根据地的分期，学界有以下三种观点：

①两个阶段说。如刘大可以军民支持或参加抗战的两种情况为标准，将

---

① 山东省政协文史资料委员会编．亲历者说——山东抗战编年纪事 第1卷~第10卷［G］．济南：山东人民出版社，2015.

② 山东省政协文史资料委员会编．亲历者说——山东抗战编年纪事 甲午战争至七七事变卷［G］．济南：山东人民出版社，2015：前言1－3.

③ 中共山东省委党史研究室，山东省中共党史学会编．山东党史资料文库第7卷~第20卷［G］．济南：山东人民出版社，2015.

④ 山东党史资料文库第7卷［G］．济南：山东人民出版社，2015：1.

⑤ 贾蔚昌，唐志勇主编．山东通史·现代卷（上、下）［G］．济南：山东人民出版社，1994.

⑥ 吕伟俊．民国山东史［M］．济南：山东人民出版社，1995.

⑦ 吕伟俊，董宝训，李平生，赵兴胜．山东区域现代化研究（1840—1949）［M］．济南：齐鲁书社，2002.

山东抗日根据地分为两个时期：1937年12月—1943年8月，齐心协力支援抗战时期；1943年9月—1945年8月，军民全力以赴夺取抗战胜利时期。①

②三个阶段说。以政权发展特点和巩固程度为标准，苑朋欣将山东抗日根据地民主政权分为初创（1937年10月—1939年夏）、快速发展（1939年夏—1941年冬）、巩固发展（1941年冬—1945年8月）三个阶段；② 朱玉湘将山东抗日根据地分为初创（1937年底—1940年7月）、逐步走上统一（1940年8月—1943年8月）、全面深入发展（1943年9月—1945年8月）三个阶段。③ 贾蔚昌曾综述有的学者分为初创发展期（1937—1940年）、最困难期（1941—1942年）、恢复再发展期（1943年—抗战胜利）。④

③四个阶段说。以根据地发展状况为标准，贾蔚昌认为：1937年10月—1938年5月为初期阶段；1938年6月—1940年8月为形成阶段；1940年9月—1943年8月为巩固阶段；1943年9月—1945年8月为发展和取得抗战胜利阶段⑤。有学者认为：1937年10月敌人入鲁—1938年5月为组织抗日武装、初步创建根据地阶段；1938年5月—1940年底为加强军政建设、大力开辟和发展根据地阶段；1941年1月—1943年12月为克服困难、坚持巩固根据地阶段；1944年1月—1945年9月为进行反攻，根据地大发展和取得抗战最后胜利阶段。⑥《山东军区战史》初稿提出，1938年5月—1939年3月是根据地的创建时期，1939年3月—1943年3月是山东三角斗争尖锐化时期，1943年3月—1945年8月是再发展时期，1945年8月至抗战胜利结束是山东我军全面反攻时期。⑦

关于发展概况。首先关注、研究山东抗日根据地的是美国斯坦福大学

① 刘大可．山东抗日根据地的经济［M］．北京：中共党史出版社，2005.

② 苑朋欣．山东抗日民主政权的发展历程［J］．史志学刊，2015（5）.

③ 朱玉湘．山东革命根据地财政史稿［M］．济南：山东人民出版社，1989.

④ 贾蔚昌．山东革命根据地史研究综述［J］．党史通讯，1986（7）．转引自许庆朴主编．中国共产党党史 中国革命史 中国现代史 研究综述资料集［G］，济南：山东大学出版社，1989：454.

⑤ 贾蔚昌．试论山东抗日根据地史的分期［J］．理论学刊，1987（1）：58－61.

⑥ 贾蔚昌．山东革命根据地史研究综述［J］．党史通讯，1986（7）．转引自许庆朴主编．中国共产党党史 中国革命史 中国现代史 研究综述资料集［G］．济南：山东大学出版社，1989：454－455.

⑦《山东军区战史》编辑室编．《山东军区战史》初稿［M］．内部印刷，1963.

博士戴维·M. 保尔森（*David Mark. Paulson*），所作博士论文《华北的革命与战争：山东抗日根据地（1937—1945 年）》未正式出版①。加拿大谢尔曼·赖小刚（*Sherman Xiaogang Lai*）围绕抗战时期中央与其他政治力量合作、冲突的问题，认为山东抗日根据地之崛起和中共之成功，是抗战时期国民党、共产党、日本三方战略下，中国内部不同力量在经济、政治、军事、社会等方面博弈的结果②。申春生按时间顺序，详述了从 1936 年恢复山东党组织起，到创建发展山东抗日根据地过程中，中共政权建设与经济发展等各项事业的情况③。岳海鹰、唐致卿纵向阐述了山东社会经济情况及山东解放区成长史④。章猷才、陈朝从中共执政的军事斗争与民主改革两大任务切入，研究了中共在山东抗日根据地民主政权的创造，认为是"山东历史上空前未有的奇迹"和"政权建设的创举"⑤。《八路军一一五师暨山东军区战史》从军事史角度，详述了入鲁作战的八路军 115 师及山东纵队的抗战史，对其在根据地通过政权建设、经济活动以及武装民众多有论述。⑥ 金冲及则系统梳理了山东抗日根据地的独特历程，总结了山东中共战前处境甚艰、在八路军帮助下建政、领导层变动较大三大特点。⑦

1.2.2 关于山东抗日根据地政权建设的研究

（1）关于山东抗日根据地政权建设基本情况研究。

在山东抗日根据地总体研究方面，苑朋欣阐述了山东抗日根据地民主政权建立、挫折失误、缓慢发展和快速发展的历程。⑧ 葛文学、曲万法则

① （*America*）*David Mark. Paulson. War and revolution in North China*：*the Shandong base area*，1937－1945，*Thesis Ph.*［*D*］，*Stanford University*，1982.

② （*Canada*）*Sherman Xiaogang Lai*，*A Springboard to Victory*：*Shandong Province and Chinese Communist Military and Financial Strength*，1937－1945［*J*］，*leiden*：*brill*，2011.

③ 申春生．山东抗日根据地史［M］．济南：山东大学出版社，1993.

④ 岳海鹰，唐致卿．山东解放区史稿（抗日战争卷）［M］．北京：中国物质出版社，1998.

⑤ 章猷才，陈朝．党在山东革命根据地的执政研究［M］．济南：黄河出版社，2006：12，绪论 2—3.

⑥ 《八路军第一一五师暨山东军区战史》编辑室编．八路军第一一五师暨山东军区战史［M］．济南：黄河出版社，2005.

⑦ 金冲及．山东抗日根据地的独特历程［J］．抗日战争研究，2017（1）：5－48.

⑧ 苑朋欣．山东抗日民主政权的发展历程［J］．史志学刊，2015（05）.

论述了山东抗日根据地自下而上建立、巩固、发展抗日民主政权的艰难，以及支援八路军、发展战时国民经济和文化教育的辉煌成就。①

在山东抗日根据地上层政权建设方面，赵晶研究了中共山东分局成立的组织基础、过程及其工作机构，以及在政治领导、抗日民主政权建设、文化建设和党群关系建设的领导作用和方式。② 朱兆彬，刘兆东，赵晖则阐述了作为山东省人民政府前身的山东省战时工作推行委员会的成立背景及其作用。③ 戴维多·艾丽丝论析了抗战爆发前后（1936—1942 年）山东共产党在与“敌、伪、投、顽、友”各派斗争中的重建与发展。④

在山东抗日根据地基层政权建设方面，李精华分析了抗战时期国共农村基层政权建设的发生背景、生成原因及政权渗透于乡村社会的过程、异同及启示⑤。李里峰分析了中共农村支部运作实态、组织状况和工作效能，认为其重运作重地方⑥。李金龙则论析了山东等各抗日民主政权与地方行政制度⑦。

还有学者专门研究了中共对山东游击区或敌占区日伪政权的争取与控制。王士花分析了抗战时山东农村“白皮红心”政权出现的过程及其原因，有中共主动建立、成功争取伪政权、安插地下党员或进步人士实际控制双面政权三种类型，以及日伪对农村弱控制、中日力量悬殊、中共严惩并教育争取伪职人员、乡村民众自保与民族大义意识共同作用四重因素。⑧

（2）关于山东抗日根据地政权建设的经验、绩效、影响研究。

岳海鹰、唐致卿认为山东解放区的成功，在于党组织的统一和纪律的

① 葛文学，曲万法．山东抗日民主政权建设纪实［J］．山东人力资源和社会保障，2015（09）．

② 赵晶．抗战时期中共山东分局的作用及领导方式研究［D］．复旦大学，2011.

③ 朱兆彬，刘兆东，赵晓晖．岁月峥嵘，功绩卓著［J］．新世纪领导者杂志，2010（7）．

④ 戴维多·艾丽丝．论抗战爆发前后（1936—1942）山东共产党的重建［J］．南开大学历史系编．中外学者论抗日根据地［G］．北京：档案出版社，1992：82－92.

⑤ 李精华．抗战时期国共两党农村基层政权建设比较研究［D］．东北师范大学，2012.

⑥ 李里峰．革命政党与乡村社会——抗战时期中国共产党的组织形态研究［M］．南京：江苏人民出版社，2011；李里峰．抗战时期中国共产党的农村支部研究：以山东抗日根据地为例［J］．中共党史研究，2010（8）：54－62；李里峰．抗战时期中国共产党的组织形态研究——以山东抗日根据地为中心 1937—1945［D］．南京：南京大学，2002.

⑦ 李金龙．中国共产党领导的地方政权行政制度研究［D］．长沙：湖南师范大学，2003.

⑧ 王士花．抗战时期山东农村两面政权研究［J］．史学月刊，2013（9）：61－67.

严明[①]；王东溟认为应肯定中共中央所派干部、主力的作用和刘少奇指导山东实现了党的一元化领导[②]；加拿大谢尔曼·赖小刚认为中共在山东的崛起，在于其“组织能力上、社会动员能力与社会改造能力上”，远超20世纪文人士大夫阶层延续的国民党。[③] 美国托尼·赛什（*Tony Saich*）认为政权建设成功，在于地方精英的重要作用[④]。中共临沂地委党史资料征集委员会认为在于民主政权密切联系群众，和广大干部艰苦奋斗、顽强拼搏、不怕牺牲的精神[⑤]。王东溟认为是因山东境内山、湖、平原交错，沿海港湾较多，矿藏物产丰富，并且人民富有反抗传统[⑥]；章猷才、陈朝认为在于各种群众组织提供的雄厚民心资源和文化教育事业提供的精神动力和人才支持[⑦]。

至于教训，申春生[⑧]针对1937年底至1939年6月，中共没能抓住建立山东抗日根据地政权的两次有利时机，认为客观原因在于缺少干部以及当时的国民党“大部分还未阻挠抗日运动”[⑨]，主观原因在于受旧“正统”观念的束缚，强调一切经过或服从统一战线，北方局没有迅速将建政原则在党特别是军队干部中解释清楚，八路军入鲁稍迟[⑩]。

在绩效与影响方面，吕志俊[⑪]、范成训[⑫]认为山东抗日根据地政权建设

---

① 岳海鹰，唐致卿．山东解放区史稿抗日战争卷［M］．北京：中国物资出版社，1998：序言7.

② 王东溟．论山东抗日根据地以全省规模形成的原因［J］．北京：中共党史研究，1995（3）：44.

③ ［加拿大］谢尔曼·赖小刚．走向成功的跳板：抗战期间中共在山东的崛起［J］．文化纵横，2015（10）.

④ *Tony Saich* (1994). *Introduction*: *The Chinese Communist Party and the Anti ~ Japanese War Base Areas. The China Quarterly* 140, 1000 ~ 1006.

⑤ 政权建设的创举［G］．济南：山东人民出版社，1990.

⑥ 王东溟．论山东抗日根据地以全省规模形成的原因［J］．北京：中共党史研究，1995（3）：44.

⑦ 章猷才，陈朝．党在山东革命根据地的执政研究［M］．济南：黄河出版社，2006：绪论15 ~ 24.

⑧ 申春生．山东解放区的政权建设［M］．北京：中共党史出版社，2005：19 – 24.

⑨ 山东革命历史档案资料选编第4辑［G］．济南：山东人民出版社，1982：364.

⑩ 刘少奇．刘少奇选集上卷［M］．北京：人民出版社，1981：265.

⑪ 吕志俊．山东抗日根据地的历史贡献［N］．解放军报，2015 – 08 – 27（10）.

⑫ 范成训．论山东抗日根据地在全国抗战中的地位和作用［J］．石油大学学报，1998（3）：41.

成果显著，主要原因有三：一是成功落实了山东抗日根据地的战略地位；二是得到了党内外人士的衷心拥护；三是立下了赫赫战功。加拿大谢尔曼·赖小刚提出，山东抗日根据地政权的壮大，是中共胜利取得新中国政权的“跳板”①。

1.2.3 关于山东抗日根据地经济发展的研究

（1）关于山东抗日根据地经济发展基本情况研究。

对山东抗日根据地经济发展状况的研究主要有系统研究和专题探讨，如薛暮桥②，刘大可③，朱玉湘④，唐致卿⑤，于德昶⑥等进行了系统阐述。还有一些学者刘赞、江冶⑦，王勇、陈宁、刘远⑧，王林⑨，刘大可、马福震、沈国良⑩，朱玉湘⑪从财经工作方面；王士花⑫，王友明⑬，朱玉湘⑭从

① ［加拿大］谢尔曼·赖小刚．通向成功的跳板：抗战期间中共在山东的崛起［J］．文化纵横，2015（10）：96－103.

② 薛暮桥．抗日战争时期和解放战争时期山东解放区的经济工作［M］．济南：山东人民出版社，1984：330；薛暮桥．抗日战争时期和解放战争时期山东解放区的经济工作［M］．北京：人民出版社，1979：152.

③ 刘大可．山东抗日根据地的经济［M］．北京：中共党史出版社，2005.

④ 朱玉湘．山东抗日根据地的经济建设［J］．东岳论丛，1981（6）.

⑤ 唐致卿．近代山东农村社会经济研究［M］．北京：人民出版社，2004.

⑥ 于德昶．山东抗日根据地的财政工作［C］．财政部财政科学研究所．抗日根据地的财政经济．北京：中国财政经济出版社，1987：224－232.

⑦ 刘赞，江冶．侵华日军曾伪造45亿中国纸币［N］．北京日报，2008－03－23（07）.

⑧ 王勇，陈宁，刘远．侵华日军曾大肆掠夺栖霞工矿资源［N］．南京日报．2007－12－08（07）.

⑨ 王林．山东近代灾荒史［M］．济南：齐鲁书社，2004.

⑩ 刘大可，马福震，沈国良．日本侵略山东史［M］．济南：山东人民出版社，1991：331.

⑪ 朱玉湘．抗战时期日本对关内沦陷区农业的破坏和掠夺［J］．山东社会科学，1994（4）：28－37；朱玉湘．抗日战争时期日本帝国主义对山东的侵略［J］．文史哲，1982（6）：28－37.

⑫ 王士花．群众运动与山东抗日根据地的减租减息［J］．河北广播电视大学学报，2011（02）；王士花．山东抗日根据地减租减息运动中的民众动员［A］．“1940年代的中国”国际学术研讨会，一九四零年代的中国（下卷）［C］．2007及纪念七七事变爆发70周年学术研讨会论文集［C］．2007.

⑬ 王友明．抗战时期中国共产党的减租减息政策与地权变动——对山东根据地莒南县的个案分析［J］．近代史研究，2005（06）.

⑭ 朱玉湘．山东抗日根据地的“合理负担”政策［J］．文史哲，1985（5）：8－16；朱玉湘．山东抗日根据地的减租减息［J］．文史哲，1981（3）：72－77；朱玉湘．抗日战争时期国民党政府的田赋征实与粮食征购［J］．山东大学学报（哲学社会科学版），1963（1）：79－96.

减租减息方面；王云清[①]，王士花[②]，温跃、赵小亮[③]，张晋、朱晓兵、肖志君等[④]，张凤云、邵冰、段德兴[⑤]，孙允明[⑥]，王永和、姜旭升[⑦]，申春生[⑧]，薛暮桥[⑨]等从货币金融等方面；苑朋欣[⑩]，周婷婷从劳动互助方面[⑪]；王友明从制度变迁方面[⑫]；王士花从棉花生产和流通方面，进行了专题阐述[⑬]。

宋扬、郭中将山东抗日根据地的经济发展归纳为五个特点，即起步晚、发展快、贡献大；财政制度严密系统；北海银行作用突出；实行食盐、花生油专卖；创造出中小城市财政工作的经验[⑭]。卢世川则在突出山东抗日根据地财政工作现状、结果中，将山东抗日根据地三个时期财经工作的特点分别归纳为未对财政工作统一领导管理，人民负担很不公平；统一与分散的财政管理相结合；财经紧密结合财政收入结构变化[⑮]。

---

① 王云清．抗战时期中国共产党在山东抗日根据地的经济斗争探析［J］．学理论·下，2013（5）．

② 王士花．北海银行与山东抗日根据地的货币政策［J］．史学月刊，2012（1）．

③ 温跃，赵小亮．“人民本位”的北海银行［N］．金融时报，2011－06－18（001）．

④ 张晋，朱晓兵，肖志君，孙青楠，刘成旭．北海银行初创风云三百天［N］．烟台日报．2011－06－19（006）．

⑤ 张凤云，邵冰，段德兴．抗战时期的北海银行［N］．中国档案报，2009－11－20（003）．

⑥ 孙允明．山东抗日根据地的北海银行［J］．山东档案，2004（1）．

⑦ 王永和，姜旭升．北海银行的创建始末［N］．中国档案报，2001－08－03（008）．

⑧ 申春生．山东抗日根据地的对敌贸易斗争［J］．齐鲁学刊，1995（5）；申春生．山东抗日根据地的两次货币斗争［J］．中国经济史研究，1995（3）；申春生．山东抗日根据地保持币值和物价稳定的措施［J］．山东社会科学，1995（3）．

⑨ 薛暮桥．山东抗日根据地的对敌货币斗争［J］．财贸经济，1980（1）：58－62．

⑩ 苑朋欣．山东抗日根据地农业劳动互助组织的建立及其成效［J］．山东农业工程学院学报，2015（05）．

⑪ 周婷婷．20世纪上半期山东乡村互助研究［D］．济南：山东大学，2012．导师李文海；周婷婷．以乡村民众的视角探寻历史发展的多面性：以土改前山东根据地农民互助状况为例［J］．山东社会科学，2012（3）．

⑫ 王友明．莒南县土地改革研究（1941—1951）［D］．复旦大学，2004．

⑬ 王士花．日伪时期山东棉花的生产与流通［A］．中国社会科学院近代史研究所青年学术论坛2000年卷［C］．2000．

⑭ 宋杨，郭中．《山东革命根据地财政史稿》评介［J］．中共党史研究，1990（6）：81－83．

⑮ 卢世川．山东抗日根据地财政工作的创建和发展［C］．财政部财政科学研究所．抗日根据地的财政经济．北京：中国财政经济出版社，1987：233－246．

（2）关于山东抗日根据地经济发展的经验、绩效、影响研究。

宋文①、刘大可②将山东抗日根据地财经工作的经验归纳为五个方面：结合各阶段中心任务推动财经工作；因时因地制订实施财经政策；依据经济规律，调整利益关系；贯彻法制转变作风；党政军发挥专才作用。朱玉湘、申春生、马福震等③将山东抗日根据地经济发展的经验归纳为七个方面：坚持独立自主自力更生的原则，贯彻发展经济保障供给的方针，把财政工作、武装斗争与政权建设相结合，根据战时山东的特点决定税收政策，充分发挥银行在战时财政中的作用，严格按客观经济规律办事，实行统一领导分散经营的管理体制④。戎子和将包括山东在内的华北抗日根据地经济发展的经验归纳为：工作顺利开展的决定性因素是中共的正确领导；战胜困难的根本条件是发动依靠群众；坚持敌后抗日根据地的物质基础是在作战的同时开展全民生产运动；巩固发展根据地最根本的条件是武装斗争的胜利。总之，是中共领导民众科学运用社会规律的结果⑤。薛暮桥认为山东抗日根据地经济发展的经验是措施得当⑥。

王士花则从货币金融方面，认为中共提出了独特的“物资本位论”，发挥了北海币作为本位币的巨大贡献。⑦ 马场毅探析了1937—1939年山东抗日根据地创建初期，中共取消苛捐杂税、创办北海银行发行辅币、创办生产与消费合作社，发放小额贷款等措施，改善了民生获得了民心，以致根据地得以形成。⑧

---

① 宋文．山东抗日根据地的财经政策及基本经验［J］．东岳论丛，2002，23（4）：91.

② 刘大可．山东抗日根据地财政经济工作的经验和启示［J］．史海钩沉，2015（6）：43－47.

③ 朱玉湘主编．山东革命根据地财政史稿［M］．济南：山东人民出版社，1989：425－433.

④ 参见宋杨，郭中．《山东革命根据地财政史稿》评介［J］．中共党史研究，1990（6）：83.

⑤ 戎子和．在抗日根据地财政经济史学术交流会上的讲话（摘要）［A］．财政部财政科学研究所．抗日根据地的财政经济［M］．北京：中国财政经济出版社，1987：5－7.

⑥ 薛暮桥．抗日战争时期和解放战争时期山东解放区的经济工作［M］．济南：山东人民出版社，1984：26.

⑦ 王士花．北海银行与山东抗日根据地的货币政策［J］．史学月刊，2012（1）：53、53－62.

⑧ ［日］马场毅．抗日根据地的形成与农民——以山东抗日根据地为中心议题．南开大学历史系编《中外学者论抗日根据地》，档案出版社，1992：93－103、96.

在绩效与影响方面，王菠[①]，王士花[②]，宋杨、郭中[③]等认为，山东抗日根据地经济发展成功的表现主要有三：一是在抗战和解放战争时期作为主要战场，满足了山东广大军民和几十万主力后方人员进入山东的财粮供给，还先后向中央输送黄金13万两[④]等；二是运用金融、专卖手段作用显著；三是在收入、支出、管理上的财经制度严密系统，分工明确，责任清楚。

1.2.4 评述

学界对山东抗日根据地的已有研究或从历史概貌，或从某个专题，论述了山东抗日根据地的政权建设和经济发展的重大政策、举措、事件、影响和经验，已积累了丰富的史料，提供了方法、视角方面的重要借鉴，但据笔者在中国知网搜索，截至2018年4月8日，关于山东抗日根据地的论文为241篇，关于山东抗日根据地政权建设的论文36篇，关于山东抗日根据地的经济建设的论文142篇，而关于山东抗日根据地政权建设与经济发展互动的文献为0篇。因此，本书以山东抗日根据地政权建设与经济发展互动为选题，探析山东抗日根据地发展壮大的政经原因，为新时代中国特色社会主义事业建设提供必要的历史借鉴。

1.3 研究内容与框架

本书依据马克思主义生产力与生产关系、经济基础与上层建筑的理论，认为社会系统结构由生产力、生产关系/经济基础、上层建筑（又可分为政治的上层建筑和思想的上层建筑）三个层次由低到高构成，呈现“生产力→生产关系/经济基础→上层建筑”顺向因果链和“上层建筑→经济基础/生产关系→生产力”逆向因果链的变动规律，作为广义的经济基

① 王菠．北海银行对山东抗日根据地的贡献［J］．山东工商学院学报，2013（6）：31－35.
② 王士花．北海银行与山东抗日根据地的货币政策［J］．史学月刊，2012（1）.
③ 宋杨，郭中．《山东革命根据地财政史稿》评介［J］．中共党史研究，1990（6）：83.
④ 孟英．山东抗日根据地向延安输送黄金的回忆［J］．百年潮，2013（5）：49.

础的经济发展与作为政治的上层建筑的政权建设存在交互式互动关系。

本书的核心观点是山东抗日根据地政经互动的基本模式是依循逆向因果链，即在科学正确的思想上层建筑指导下，通过加强和改善政治上层建筑，引致经济基础的变革，通过对生产关系的调整，拉动生产力发展。

根据上述理论支点和核心观点，本书由 10 章构成。

第 1 章为导论。阐述本书的研究背景与意义；通过文献综述和评述，把握本书的研究前沿，发现缺失从政经互动视角对山东抗日根据地的研究成果；进而构建本书的研究内容和框架，确定研究方法；最后简要阐述了本书在研究视角、理论支点和核心观点上的主要贡献。

第 2 章为相关概念与理论基础。在辨析经济发展、政权建设、生产力与生产关系、经济基础与上层建筑等概念的基础上，依据马克思主义的生产力与生产关系、经济基础与上层建筑的理论，得出经济发展与政权建设存在交互式互动关系之一般结论。

第 3 章为山东抗日根据地政经互动模式探析。首先分别综述了山东抗日根据地政权建设和经济发展的概况及主要工作，然后通过比较其政经交互式互动关系，得出山东抗日根据地政经互动的基本模式是依循“政权建设→经济基础/生产关系→生产力”逆向因果链之核心观点。

第 4 章为政权建设对经济基础的变革。即对山东抗日根据地逆向因果链政经互动模式的第一个层面“政权建设→经济基础”展开分析。山东抗日民主政权通过民主建政达成人民权力自下而上逐步渗透，通过法制治理达成政权自上而下逐步覆盖，从而使官民关系良性互动，人民政治热情激发，生产积极性焕发。

第 5 章至第 8 章为生产关系的全面调整对生产力发展的拉动，即对山东抗日根据地逆向因果链政经互动模式的第二个层面“生产关系→生产力”，从交换、分配、生产、消费四个方面展开分析。

第 5 章为调控交换关系。分别从统制重要物资和统制金融货币两个方面，阐述了山东抗日民主政权对商品流通和货币流通的调控，从而保障了市场稳定，维护了市场秩序，安定了军民生活，积累了生产资金。

第 6 章为调节分配关系。分别从山东抗日民主政权调整税赋负担、减租减息双交增资、精兵简政几个方面阐述了对阶层关系、劳资关系、军政民关系的利益调整，从而和谐了各方面关系，调动起各方面的生产积极性。

第7章为调配生产关系。分别从发展科教事业、构建新型生产关系、调整产业结构几个方面，阐述了山东抗日民主政权对生产关系的调配，提高了劳动者素质，形成了公私军民兼顾的新型生产关系，发展了先进生产力，形成了自给自足的产业结构。

第8章为调整消费关系。分别从明确优抚救济对象、组织全民优抚救济几个方面，阐述了山东抗日民主政权坚持发展成果由全民共享，确保每一个人的生存权和发展权及基本消费，从而使根据地成为人心所向之地，再生产规模不断扩大，抗日民主政权的凝聚力和号召力提升，形成良性循环。

第9章为山东抗日根据地政经互动的启示。分别阐述了与同期山东国民党执政时的政经关系的横向比较，和对新时代中国特色社会主义事业建设及贯彻落实“四个全面”战略布局的纵向启示，阐明逆向因果链的政经互动的必要性、可能性及可行性。

第10章为结论与研究展望。在总结全书的基础上，提出了进一步研究的方向。本书的研究框架见图1－1。

1.4 研究方法

1.4.1 历史与逻辑相统一的方法

(1) 本书遵循历史叙事的方法。无论是关于山东抗日根据地初创、巩固、发展三个阶段政权建设与经济发展主要工作的叙述，还是关于政权建设对经济基础的变革，生产关系对生产力发展的拉动两个层面有关事件的阐述，均采取了按时间顺序展开的方式，以尽可能真实地再现历史。

(2) 本书同时采用了逻辑分析的方法。通过综合分析马克思主义关于生产力与生产关系、经济基础与上层建筑理论中的顺向和逆向因果链，分解演绎出政经互动为交互式的结论；通过山东抗日根据地政经互动的比较分析，得出其政经互动的基本模式为逆向因果链；依据“上层建筑→经济基础/生产关系→生产力”逆向因果链，展开“政权建设→经济基础”“生产关系→生产力”两个层面的因果分析等。通过运用上述逻辑方法，以尽

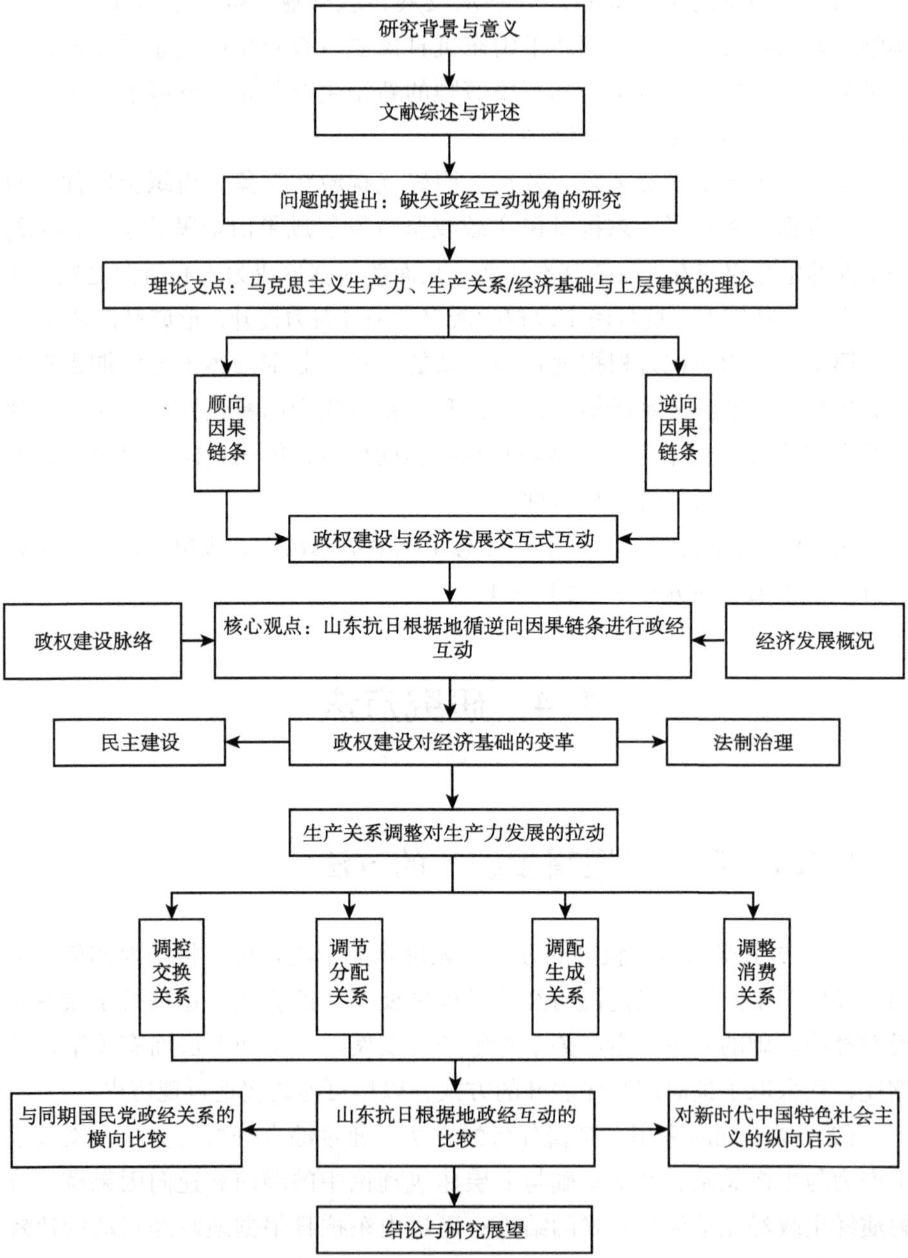

研究背景与意义
文献综述与评述
问题的提出：缺失政经互动视角的研究
理论支点：马克思主义生产力、生产关系/经济基础与上层建筑的理论
顺向因果链条
逆向因果链条
政权建设与经济发展交互式互动
政权建设脉络
核心观点：山东抗日根据地循逆向因果链条进行政经互动
经济发展概况
民主建设
政权建设对经济基础的变革
法制治理
生产关系调整对生产力发展的拉动
调控交换关系
调节分配关系
调配生成关系
调整消费关系
与同期国民党政经关系的横向比较
山东抗日根据地政经互动的比较
对新时代中国特色社会主义的纵向启示
结论与研究展望

图1-1　本书的研究框架

可能地提炼历史规律，增强对史实的解释力。

（3）上述历史与逻辑的方法在书中有机融合，力求一体。

1.4.2 综合与分析的方法

（1）综合方法的运用主要表现在：通过对文献的综述，发现关于山东抗日根据地的已有学术成果中缺失政经互动视角的研究，从而找到本书的切入点和突破口；通过对马克思主义关于生产力、生产关系/经济基础、上层建筑理论的综合，形成本书的理论支点——社会系统结构由生产力、生产关系/经济基础、上层建筑（又可分为政治的上层建筑和思想的上层建筑）三个层次由低到高构成，呈现顺向因果链和逆向因果链的变动规律；通过对顺向因果链和逆向因果链的综合，得出政权建设与经济发展为交互式互动关系；通过对山东抗日根据地政权建设和经济发展概况的综合，得出本书的核心观点——山东抗日根据地循逆向因果链进行政经互动等。

（2）分析方法的运用主要表现在：将社会结构在生产力、生产关系/经济基础、上层建筑上的动因分解为顺向、逆向两条因果链；将政权建设对经济基础的变革分解为民主建政和法制治理两个方面；将生产关系调整对生产力发展的拉动作用分解为交换、分配、生产、消费四个环节；将山东抗日根据地政经互动的比较分解为同期横向比较和当今纵向启示两个方面等。

（3）上述综合与分析的方法在书中交替使用，有合有分，综分结合。

1.5 主要贡献

1.5.1 研究视角的创新

关于山东抗日根据地的档案史料浩繁丰富，关于山东抗日根据地综合性及专项性的研究也汗牛充栋。但经查寻检索，从政经互动的角度切入，则尚未发现，而这对于解释当年中共在山东日伪、国民党斗争中为何由边缘走向中心，山东抗日根据地为何成为唯一由省名命名的根据地，乃具有决定性意义，而且通过对山东抗日根据地政经互动的研究，对于新时代中国特色社会主义事业建设及贯彻落实“四个全面”的战略布局，亦不无借鉴启示意义。

1.5.2 理论支点的创新

本书以马克思主义关于生产力与生产关系、经济基础与上层建筑的理论为指导，认为生产力、生产关系/经济基础、上层建筑（又可分为政治的上层建筑和思想的上层建筑）之间，存在“生产力→生产关系/经济基础→上层建筑”顺向因果链和“上层建筑→经济基础/生产关系→生产力”逆向因果链。作为广义经济基础的经济发展与作为政治的上层建筑的政权建设存在交互式互动关系，突破了传统的关于生产力与生产关系、经济基础与上层建筑的决定作用与反作用的关系，以及生产力的发展动力来自内部矛盾的观点看法，有助于更全面深刻地认识它们之间的辩证关系，为运用逆向因果链拉动经济发展提供了必要的理论依据。

1.5.3 核心观点的创新

通过对山东抗日根据地主要政经工作的考察分析，认为其政经互动的基本模式是依循逆向因果链，即在科学正确的思想上层建筑指导下，通过加强和改善政治上层建筑，引致经济基础的变革，通过对生产关系的调整，拉动生产力的发展。该观点突破了已有研究偏重就事论事的局限，从马克思主义关于生产力与生产关系、经济基础与上层建筑的理论高度对山东抗日根据地发展壮大的原因，提供了一个新的解释。

第2章　相关概念与理论基础

本章在介绍经济发展、政权建设及相关概念的基础上，以马克思主义的生产力与生产关系、经济基础与上层建筑的理论为指导，通过阐述政经互动关系及其规律，为后述各章的展开奠定必要的理论前提。

2.1　相关概念

2.1.1　根据地与抗日根据地

（1）根据地。

根据地泛指据以长期进行武装斗争的地方，特指我国新民主主义革命时期各地革命政权所控制的地区。土地革命战争时期的革命根据地，亦称为苏区。抗战时期的革命根据地，称为抗日根据地。解放战争时期的革命根据地，习称解放区①。根据地是在革命过程中，为了最终取得胜利而建立的战略基地，根据毛泽东的战略思想，在山地、平地、河湖港汊地均可建立农村革命根据地，其建立的条件主要有：中共的正确领导，相当力量的革命武装，建立人民政权，利于作战的地势和回旋区域，拥有一定的经济力②。

（2）抗日根据地。

抗日根据地是指从1931年起，尤其1937年至1945年全面抗战时期，

---

① 辞海编辑委员会编．辞海（缩印本）［M］．上海：上海辞书出版社，1989：1470.

② 新华词典编纂组编．新华词典（1988年修订版）［M］．北京：商务印书馆，1991：291.

包括中国在内的亚洲国家反抗日本占领军统治而建立的根据地，又称敌后抗日根据地。在此特指由中共和中共领导的军队，抗日民主政权，工人、农民、青年、妇女及各界救国会等群众组织能公开合法存在、执行各自职权的地区。其个数说法不一。在此沿用金冲及[①]的十几个提法，即从1937年11月起，陆续创立的晋察冀、晋绥、晋冀豫、陕甘宁、冀鲁豫、山东、华中（包括苏中、淮南、苏北、淮、豫皖边、苏南、皖江、浙东8个根据地[②]）、豫鄂边、苏浙皖边、湘鄂赣边、华南（包括东江、琼崖2个根据地）、湘鄂和邱北等敌后抗日根据地。

2.1.2 经济发展

纵观历史，关于经济发展的首部著作《国民财富的性质和原因的研究》于1776年出版以来，经济发展越来越被关注。经济发展是在经济增长的基础上，一国或一地区经济社会结构持续高级化、人口素质和生活质量不断提高的过程[③]。它包含以下四层含义。

（1）数量的增长。

即追求国民经济规模的不断扩大和社会财富的不断增加。但是经济发展中的经济增长，不是高投入、高消耗、低产出的增长，而是有质量的增长，通过提高全要素生产率实现的增长，表现为公式：$Y = A \cdot K^{\beta}L^{1-\beta}$。式中，Y为生产函数，K为资本，L为劳动，β为系数，A为索洛余值，即技术进步率，也即全要素生产率TFP。在该式中，经济的产出不仅依赖资本、劳动等要素的投入，更依赖科技的进步和效率的提高。

（2）结构优化。

经济发展不仅注重产出规模的增长，而且注重经济结构的改善，包括产业结构、地区结构、进出口结构、人口结构、分配和再分配结构等，通过结构调整和优化，使资源合理有效地配置。

---

① 金冲及．山东抗日根据地的独特历程［J］．抗日战争研究，2017（1）：5－48.

② 中国新四军和华中抗日根据地研究会．华中抗日根据地史［M］．北京：当代中国出版社，2003：426.

③ 范小仲，张跃平．经济学前沿理论［M］．华中师范大学出版社，2014：198－208.

（3）以人为本。

经济增长、结构优化的出发点、落脚点是以人为本，更充分更平衡地满足人们对美好生活的追求。为此，学者们对经济发展的度量除了关注经济发展自身外，还关注经济发展的外溢效应，包括基础设施、民生工程、社会保障、人均预期寿命、平均受教育年限、千人拥有病床数等①。

（4）可持续发展。

经济发展亦注重人类与环境的友好相处，因为"人类只有一个地球"，经济的发展不能以破坏环境为代价。经济可持续发展可表述为：在一定资源基础上，取得尽可能多的当代经济福利的同时，能保证后代人所得经济福利不小于当代人所享受的经济福利。于是，资源的代际分配、循环使用和永续利用，节能降耗、排污控制和清洁生产等，便进入了经济发展的视野。

综上所述，经济发展既包括生产力因素，反映人类适应自然、顺应自然、利用自然和改造自然，运用生产要素创造物质和精神财富的能力和水平，体现了人与自然界间的技术关系，又包括生产关系因素，反映人们在自己的生活和社会生产过程中，即生产、分配、交换和消费四个再生产环节中结成的经济交往和利益关系，体现了人与人间的社会关系。习近平②新时代中国特色社会主义思想关于创新、协调、绿色、开放、共享的新发展理念，正是对经济发展的最新诠释和科学解释。

2.1.3 政权建设

政权建设，又称国家政权建设（*State Making or State Building*），是由查尔斯·蒂利（*Charls Tilly*）③ 等西方学者从西欧近代民族国家的演进中提炼出来的一个学术术语和分析框架，源于对西方现代国家形成经验的理论探索。

① 董正信，耿晓玉，杨晶晶．河北省经济发展方式转变进程评价［J］．统计与管理．2011（01）：17－20；李凤梧，池金明．我国经济发展指标体系的设计［J］．山西财经大学学报．1991（06）：21－37.

② 习近平．习近平谈治国理政第二卷［M］．北京：外文出版社，2017.

③ 张启威，左广兵．国家建构理论起源与中国研究的局限［J］．领导科学，2012（07）；［美］查尔斯·蒂利，魏洪钟译．《强制、资本和欧洲国家（公元 990—1992 年）》［M］．上海：上海人民出版社，2007；Charls Tilly "Entanglement of European Cities and States", in Charls Tilly and Wim P. Blockmans eds, Cities and the Rise of States in Europe, A. D. 1000 to 1800, 1994.

(1) 国家起源及其权力。

关于国家的起源，诺斯依据其所提出的“暴力潜能理论”，认为有契约和掠夺或剥削两条路径。如果不同的社会主体具有经过平等分配的“暴力潜能”，则他们将出于某种共同需要，通过签订契约来建立契约性的国家，这就解释了“为什么国家提供一个经济地使用资源框架，从而促进福利的增加”，即解释了人们“最初签订契约的得利”；如果“暴力潜能”在不同社会主体间被不平等地分配，那么具有暴力优势的一方将建立利于自身利益最大化的政治经济组织，即掠夺性或剥削性国家，这就解释了为什么国家是统治阶级实行专政的机器，正如恩格斯所说，“由于国家是从控制阶级对立的需要中产生的，同时又是在这些阶级的冲突中产生，所以，它照例是最强大的，在经济上占统治地位的阶级国家，这个阶级借助于国家而在政治上也成为占统治地位的阶级，因而获得了镇压和剥削被压迫阶级的新手段。”① 即解释了掌握国家控制权的统治者，为了自身利益的最大化而从被统治者中榨取租金的一面。诺斯认为，应将上述两个方面结合起来，才能对国家的产生做出合理全面的解释②。

从国家产生的二元起源出发，国家便具有“基础权力”和“专制权力”双重权力。迈克尔·曼 (*Michacl Mann*)③ 认为，专制权力是指国家可以不经过与市民社会常规的、制度化的协商妥协而单独采取一系列行动的权力，是一种国家精英凌驾于市民社会之上的权力；基础权力是指一个中央集权国家的制度能力，是一种贯穿社会的集体权力，通过国家基础来协调社会生活。西达·斯考切波 (*Theda Skpcpol*)④、吉登斯 (*Anthony Giddens*)⑤、乔尔·米格代尔 (*Joel S. Migdal*)⑥ 进而将基础权力解释为国家对社会汲取、配置资源、行政管理、施行规则的能力。

---

① 马克思恩格斯选集第四卷［M］. 北京：人民出版社，1995：172.

② 周莉. 国家理论：诺斯与马克思的比较研究［D］. 湖北大学硕士学位论文，2001.

③ ［英］迈克尔·曼. 社会权力的来源（卷2）［M］. 刘北成、李少军译，上海：上海人民出版社，2007：66 – 67.

④ ［美］西达·斯考切波. 国家与社会革命对法国、俄国和中国的比较分析［M］. 何俊志、王学东译. 上海：上海人民出版社，2007：29.

⑤ ［英］安东尼·吉登斯. 民族、国家与暴力［M］. 胡宗泽、赵力涛、王铭铭译. 北京：生活·读书·新知三联书店，1998：146 – 147.

⑥ Joel S. Migdal, 1988, Strong Societies and Weak States: State – Society Relations and State Capabilities in the Third World, *Princeton*, N. J: Princeton University Press, c 1988.

(2) 国家政权建设及其内容。

国家上述权力的形成和行使，有赖于系列政治组织制度的建立和实施。在传统的西欧国家，一方面权力分散于不同的经济、社会和文化单位，另一方面有限的国家权力不能有效地渗透于社会，产生相应的权力效应。在现代国家，权力的配置和运行发生重大改变，分散的、多中心的、割据的权力体系被新的以现代民族国家为中心的权力体系所取代：一是政治权力从各种经济、社会、文化等单位集中到国家，形成统一的“主权”；二是从统一的权力中心发散，政治权力的影响范围覆盖整个领土的人口，渗透广泛的社会领域。因此，国家政权的建设是一个政治权力自下而上集中和自上而下渗透的双向过程，由不同层级的国家机构构成的政权组织体系，则是实现国家权力集中和渗透的必要条件。在这一嬗变过程中，普通民众被赋予新的社会身份——公民，其个人的基本权利得到国家的界定和保护，成为国家意识的认同和执政的基础。换言之，国家政权建设的内容并非简单的权力扩张和单方的权力受益，更为实质性的内容涉及权力本身性质的变化、国家组织角色的变化及国家与公民关系的变化。具体来说，成功的国家政权建设包括两个方面：一是国家权力对社会生活、经济生活各个方面的控制逐渐加强，二是公民的权利和义务也在逐渐扩大。[①]

2.1.4 生产力与生产关系

经济发展与政权建设的关系，涉及生产力与生产关系、经济基础与上层建筑的关系。在此分别辨析这两组概念的具体所指。

(1) 生产力。

关于生产力，马克思指出，“生产力即生产能力及其要素的发展”[②]，一切生产力即物质生产力和精神生产力[③]。而传统定义认为，生产力是指人们征服自然、改造自然的能力，表示人们在生产过程中对自然界的关系[④]。根据对马克思文本的研读和客观实践的发展，学界修正拓展了传统

① [美] 杜赞奇. 文化、权力与国家 [M]. 南京：江苏人民出版社，2003：前言2.

② 马克思恩格斯文集第七卷 [M]. 北京：人民出版社，2009：1000.

③ 马克思恩格斯全集第四十六卷 [M]. 北京：人民出版社，1979：173.

④ 骆玉明. 辞海（缩印本）[M]. 上海：上海辞书出版社，1989：1945、1947、1316.

定义：如生产力是人类利用自然、改造自然，进行物质资料生产的能力①；是人们运用生产资料创造社会物质财富和精神财富的能力②；是人们（劳动者）运用生产要素生产物质财富和精神财富的能力，它表示人们适应、利用和改造自然的水平，反映了人和自然界的关系；它的构成包括人、物两种因素，也包括被利用的自然力，还包括科学技术及在生产中的分工协作和生产组织等社会结合方式③；鲁品越则从利益角度定义，认为生产力是人类开发利用资源以生产物质利益的力量，是人类解决实践活动基本矛盾——客观世界与人类主体利益的矛盾在技术层次上的表现④；孟捷（2016）还从生产力涉及劳动者、劳动资料、劳动对象，甚至地理空间诸要素构成角度，认为生产力是依循特定的劳动关系对这些要素进行开发、组合和利用的能力，它还包含各种可以直接运用于生产的科学技术知识，以及用于协调或组织劳动关系的“组织知识”⑤。

综上所述，生产力是人类适应自然、顺应自然、利用自然和改造自然，运用生产要素创造物质和精神财富的能力和水平，体现了人与自然界间的关系。生产力包括劳动生产力、工具生产力、对象生产力、空间生产力、技术生产力和协作生产力等，是上述要素生产力的总和。

（2）生产关系。

关于生产关系，恩格斯指出人们的生产“表现为双重关系，一方面是自然关系，另一方面是社会关系。”⑥ 这是因为“人们在生产中不仅影响自然界，而且也互相影响。他们如果不以一定的方式结合起来共同活动和互相交换其活动，便不能进行生产。为了进行生产，人们便发生一定的联系和关系；只有在这些社会联系的社会关系的范围内，才会有他们对自然界的关系，才会有生产”⑦。传统定义认为，生产关系是指人们在物质资料生

---

① 马克思主义政治经济学编写组．马克思主义政治经济学概论［M］．北京：人民出版社，2011：2.

② 程恩富，冯金华，马艳．现代政治经济学新编［M］．上海：上海财经大学出版社，2012：6.

③ 马昀，卫兴华．用唯物史观科学把握生产力的历史作用［J］．中国社会科学，2013（11）：46－64.

④ 鲁品越．生产关系理论的当代重构［J］．中国社会科学，2001（01）：14－23.

⑤ 孟捷．生产力一元决定论和有机生产方式的变迁［J］．政治经济学报，2016，6（11）：61－134.

⑥ 马克思恩格斯文集第一卷［M］．北京：人民出版社，2009：532－533.

⑦ 马克思恩格斯全集第六卷［M］．北京：人民出版社，1961：486－487.

产过程中相互结成的社会关系，其内容包括人们在物质资料的生产、分配、交换、消费诸过程中的关系，是一种物质利益关系[①]。斯大林将生产关系概括为生产资料所有制形式、各种不同社会集团在生产中的地位和相互关系、产品分配形式三个方面[②]。鲁品越据此认为，生产关系是指人们在自己生活和社会生产中发生一定的、必然的、不以他们的意志为转移的经济利益关系，其包括三大要素：①围绕利益之母——社会的生产性资源而形成的生产资料所有制及其实现形式；②围绕生产管理活动而形成的人们在生产中的权力和地位关系；③围绕生产出来的物质利益本身而形成的物质利益分配方式，因此，生产关系由主客体两方面因素共同构筑：客体因素即生产力，主体因素即"社会的主体力量结构"[③]；王峰明则认为客体因素是决定生产关系之母，主体因素是塑造生产关系之父[④]。

综上所述，生产关系是指人类在自己的生活的社会生产过程中，即生产、分配、交换、消费过程中，结成的经济交往和经济利益关系，体现了人与人之间的社会关系。

在此需要区别两种不同的生产关系。一种是直接与生产力相联系的生产关系，或"直接表现生产力的生产关系"，这种生产关系是"人们为了进行生产，依照生产技术（即生产资料，特别是生产工具）情况和需要而形成的劳动的分工和协作的关系"[⑤]，属于劳动的技术组合，理应归入生产力范畴；另一种基于经济利益和剩余占有所发生的经济往来关系，包括协调—控制活动，甚至对直接劳动者指挥、役使和监督，体现了不同社会集团的社会地位及其关系，故应归入生产关系范畴。

还需要区别两种不同的生产关系。一种是按照生产、分配、交换、消费四环节划分的生产关系，它反映了一个完整的再生产过程所发生的生产关系，普适于一切社会形态，可称其为生产关系的一般；一种是按斯大林的三要素定义划分的生产关系，它是与特定社会形态相联系的生产关系，

① 辞海（缩印本）[M]. 上海：上海辞书出版社，1989：1947.

② 斯大林. 苏联社会主义经济问题 [M]. 北京：人民出版社，1961：58.

③ 社会的主体力量结构是指社会各个层次上的利益集团及由此生成的社会力量格局及其社会形式，见鲁品越. 生产关系理论的当代重构 [J]. 中国社会科学，2001（01）：14－23.

④ 王峰明. 马克思生产关系概念的本质规定和历史嬗变——与唐正东先生商榷 [J]. 哲学研究，2014（08）：3－11＋128.

⑤ 张闻天. 关于生产关系的两重性研究 [J]. 经济研究，1979（10）：33－42.

可称其为生产关系特殊。在这里，这种特殊的生产关系不仅仅存在于生产领域，而且存在于分配、交换和消费领域①。

2.1.5 经济基础与上层建筑

（1）经济基础。

关于经济基础，传统定义是指社会一定历史发展阶段上生产关系的总和②。但经济基础是指占统治地位的生产关系③，或如严北溟、冯契、汪旭庄、王子野等所认为的包括统治和被统治阶级双方的生产关系④；还是指社会所有生产关系的总和⑤，学者看法不一。更有学者认为，经济基础不但包括生产关系，而且包括生产力⑥，是生产力和生产关系的统一⑦，或“生产力的社会方面”即生产方式⑧，甚至有的学者认为经济基础是生产方式和生产关系的统一⑨。

综上所述，对经济基础的界定可从狭义和广义来理解。狭义的经济基础是指生产关系的总和；广义的经济基础作为与上层建筑相对应的概念，其基础既包括生产关系层次，又包括生产力层次，是生产方式的同义语，也与前述的“经济发展”通约。

（2）上层建筑。

关于上层建筑，传统定义是指建立在经济基础上的政治、法律、道德、哲学、艺术、宗教等观点，以及与这些观点相适应的政治、法律等制

---

① 张闻天. 关于生产关系的两重性研究［J］. 经济研究，1979（10）：33－42.

② 辞海（缩印本）［M］. 上海：上海辞书出版社，1989：1316.

③ 严北溟. 从基础与上层建筑看我国人民内部矛盾［J］. 学术月刊，1957（06）：1－13.

④ 恒，勋. 上海学术界举行基础与上层建筑座谈［J］. 学术月刊，1957（05）：69.

⑤ 肖范模. 我国过渡时期社会的基础与上层建筑问题［J］. 哲学研究，1956（03）：57－78；赵家祥. 生产方式概念含义的演变［J］. 北京大学学报（哲学社会科学版），2007（05）：27－32.

⑥ 祁品三. 经济基础还应当包含生产力［J］. 经济科学，1982（02）：73－75.

⑦ 孙叔平. 论社会经济基础与上层建筑的构成和发展的规律［J］. 学术月刊，1957（08）：4－12.

⑧ 刘浩，李玉根. 生产方式的含义及其现实意义［J］. 天津师范大学学报（社会科学版），2002（03）：12－16.

⑨ 袁绪程. 从方法论看生产方式、生产力、生产关系的含义及区别［J］. 哲学研究，1984（05）：17－23.

度①。但上层建筑是仅指统治阶级的思想、理论、意识形态及政治法律制度、设施②，还是包括统治阶级和被统治阶级的思想和制度③，但学者看法不同：有进而将上层建筑区分为政治的上层建筑和思想的上层建筑，认为前者属于社会存在，后者属于社会意识④，但也有认为上层建筑是一个不可分割的完整的统一体，不可作此区分⑤。

本书赞同将上层建筑区分为政治的上层建筑和思想的上层建筑，并认为政治的上层建筑与前述的“政权建设”具有耦合之处。

2.2 关于生产力、生产关系/经济基础、上层建筑三者的关系

马克思指出，首先应当确定人类生存即一切历史的首个前提：“人们为了能够‘创造历史’，必须能够生活，但是为了生活，首先就需要吃喝住穿以及其他一些东西。因此第一个历史活动就是生产满足这些需要的资料，即生产物质生活本身，而且这是这样的历史活动，一切历史的一种基本条件，人们单是为了能够生活就必须每日每时去完成它，现在和几千年前都是这样。”⑥ 他还认为，“人们在自己生活的社会生产中发生一定的、必然的、不以他们的意志为转移的关系，即同他们的物质生产力的一定发展阶段相适合的生产关系。这些生产关系的总和构成社会的经济结构，即有法律的和政治的上层建筑竖立其上并有一定的社会意识形态与之相适应的现实基础。物质生活的生产方式制约着整个社会生活、政治生活和精神

① 辞海（缩印本）[M]．上海：上海辞书出版社，1989：1316.

② 刘浩，李玉根．生产方式的含义及其现实意义 [J]．天津师范大学学报（社会科学版），2002（03）：12-16.

③ 林青山．我国过渡时期的经济基础与上层建筑 [J]．哲学研究，1955（03）：27-52.

④ 张镛．上层建筑 [J]．哲学研究，1958（03）：62-82；邹永图．对“社会存在”范畴的一些理解 [J]．学术研究，1980（05）：67-69；林木．简论社会发展动力的层次性 [J]．河北学刊，1982（04）：89-92.

⑤ 张建．论我国过渡时期的经济基础与上层建筑 [J]．哲学研究，1956（05）：121-126.

⑥ 马克思恩格斯选集第一卷 [M]．北京：人民出版社，1995：79.

生活的过程。不是人们的意识决定人们的存在，相反，是人们的社会存在决定人们的意识。社会的物质生产力发展到一定阶段，便同它们一直在其中运动的现存生产关系或财产关系（这只是生产关系的法律用语）发生矛盾。于是这些关系便由生产力的发展形式变成生产力的桎梏，社会革命的时代就到来了。随着经济基础的变更，全部庞大的上层建筑也或慢或快地发生变革。"① 从上述两段话可看出，马克思依据社会存在决定社会意识的唯物史观，认为生产力、生产关系/经济基础、上层建筑三者关系表现为生产力决定生产关系，经济基础决定上层建筑，呈现"生产力→生产关系/经济基础→上层建筑"的因果关系和变动顺序。这一论断已为大量史实所证实。

但经典作家一再强调在历史发展中经济因素和上层建筑各种因素之间的交互作用，社会的演进变化还存在着"上层建筑→经济基础/生产关系→生产力"的逆向因果关系和变动顺序。正如恩格斯指出的："政治、法律、哲学、宗教、文学、艺术等的发展是以经济发展为基础的。但是，它们又都互相影响并对经济基础发生影响。并不是只有经济状况才是原因，才是积极的，而其余一切都不过是消极的结果。"② 更早些时候，他就明确强调：虽然"历史过程中的决定性因素归根到底是现实生活的生产和再生产。无论是马克思或我都从来没有肯定比这更多的东西"，但是，"如果有人在这里加以歪曲，说经济因素是唯一决定性的因素，那么他就是把这个命题变成毫无内容的、抽象的、荒诞无稽的空话。经济状况是基础，但是对历史斗争的进程发生影响并且在许多情况下主要是决定着这一斗争的形式的，还有上层建筑的各种因素：阶级斗争的各种政治形式及其成果——由胜利了的阶级在获胜以后确立的宪法等等，各种法的形式以及所有这些实际斗争在参加者头脑中的反映，政治的、法律的和哲学的理论，宗教的观点以及它们向教义体系的进一步发展。这里表现出这一切因素间的交互作用"③。在这种交互作用中，非经济因素的各种因素所起的作用怎样？恩格斯曾举系列事例加以说明："他只须看看马克思的《雾月十八日》④，

① 马克思恩格斯选集第二卷［M］. 北京：人民出版社，1995：32-33.

② 马克思恩格斯选集第十卷［M］. 北京：人民出版社，2009：668.

③ 马克思恩格斯文集第十卷［M］. 北京：人民出版社，2009：591-592.

④ 马克思《路易·波拿巴的雾月十八日》，见马克思恩格斯文集第2卷。——编者注

那里谈到的几乎都是政治斗争和政治事件所起的特殊作用，当然是在它们普遍依赖于经济条件的范围内。或者看看《资本论》，例如关于工作日的那一篇[①]，那里表明，立法起着多么重大的作用，而立法就是一种政治行动。也可以看看关于资产阶级的历史的那一篇（第二十四章）[②]。再说，如果政治权力在经济上是无能为力的，那么我们又为什么要为无产阶级的政治专政而斗争呢？暴力（即国家权力）也是一种经济力量！"[③] 亦如马克思、恩格斯曾指出的，"生产力和交往形式之间的这种矛盾——正如我们所见到的，它在迄今为止的历史中曾多次发生过，然而并没有威胁交往形式的基础，——每一次都不免要爆发为革命，同时也采取各种附带形式，比如冲突的总和，不同阶级之间的冲突，意识的矛盾，思想斗争，政治斗争，等等。"[④] 终致旧政权被推翻，新政权、新的生产关系等被建立。至于新政权、新的生产关系等是阻碍或促进生产力的发展，得具体情况具体分析。总之，由于执政党指导思想的改变，由于政权的更替，引致生产关系的变革，进而促进或阻碍生产力发展的史料比比皆是。

按照"生产力→生产关系/经济基础→上层建筑"的顺向因果关系和变动顺序，那么，作为始因的生产力又是因何而变动的呢？学术界[⑤]至少有如下解释。

（1）决定作用与反作用说。

即在坚持生产力、经济基础对生产关系、上层建筑具有决定作用的同时，也承认后者对前者具有反作用[⑥]，甚至在一定条件下起着主要的决定作用，推动或阻碍前者的变化和发展[⑦]，如毛泽东指出，"生产力、实践、经济基础，一般表现为主要的决定的作用，谁不承认这一观点，谁就不是唯物论者。然而，生产关系、理论、上层建筑这些方面，在一定条件之

① 马克思恩格斯文集第五卷第267－350页。——编者注

② 马克思恩格斯文集第五卷第820－875页。——编者注

③ 马克思恩格斯文集第十卷［M］. 北京：人民出版社，2009：600－601.

④ 马克思恩格斯选集第一卷［M］. 北京：人民出版社，1995：115.

⑤ 黄光秋. 国内马克思经济基础与上层建筑思想研究综述［J］. 宁夏大学学报（人文社会科学版），2016，28（02）：116－126.

⑥ 恽秉良. 历史唯物论还是上层建筑决定论？［J］. 复旦学报（社会科学版），1982（01）：36－38.

⑦ 冯卓然，史振东：生产关系和上层建筑在一定条件下的决定作用不可否［J］. 教学与研究，1981（01）：67－72.

下，又转过来表现其为主要的决定的作用，这也是必须承认的。当着不变更生产关系，生产力就不能发展的时候，生产关系的变更就起了主要的决定性作用……当着政治文化等等上层建筑阻碍着经济基础发展的时候，对于政治上和文化上的革新就成为主要的决定的东西了。”①

（2）相互决定论。

即认为两者相互作用，相互决定。这是因为它们两者的关系不同于物质与精神的本质与派生，第一性与第二性的关系，不能认为生产力、经济基础对生产关系、上层建筑在任何条件下都有绝对的、不可改变的决定作用。②

关于第二个问题，学术界有如下几种解释：

（1）生产力内部源泉说。如，池超波③、平心④、洪远朋⑤等认为生产力的内部矛盾是生产力发展的动力和源泉。马昀、卫兴华⑥由外及里地将生产力发展的源泉归结为人的需要、劳动与诸生产要素的结合、生产力诸要素的内在矛盾及其解决三个层面。

（2）生产关系动力说。即认为是生产关系推动生产力的发展。⑦

（3）生产力与生产关系矛盾说。即认为生产力发展的动力，既不能由生产内部存在的矛盾得到说明，也不能单由生产关系的促进作用得到说明，归根结底，必须在生产力与生产关系之间的矛盾和对立斗争的统一中，在它们之间的辩证发展中，去找到它的依据⑧。

马克思运用唯物史观将社会结构划分为生产力、生产关系/经济基础、上层建筑三个层次是完全科学正确的，虽然在这里他采用了“基础”和“上层建筑”的喻比。在这个社会结构中，生产力处于首要基础的层次，

① 毛泽东选集第一卷［M］. 北京：人民出版社，1991：325－326.

② 商志晓. 生产力与生产关系之间、经济基础与上层建筑之间不是本原与派生的关系［J］. 山东师院学报（哲学社会科学版），1981（03）：25－26，22.

③ 池超波. 什么是生产力发展的动力？［J］. 新建设，1957（12）.

④ 平心. 再论生产力性质［J］. 学术月刊，1959（9）.

⑤ 洪远朋. 论生产力的内在源泉［J］. 思想战线，1978（5）.

⑥ 马昀，卫兴华. 用唯物史观科学把握生产力的历史作用［J］. 中国社会科学，2013（11）：46－64.

⑦ 李淇林. 只有生产关系才能成为生产力发展的动力［N］. 光明日报，1957－01－23.

⑧ 王亚南. 促进生产力发展的动力究竟是生产力内部存在的矛盾？生产关系？还是其他？［N］. 福建日报，1956－12－14.

在生产过程中结成的生产关系的总和构成了经济基础，成为中间层次，竖立于经济基础之上的上层建筑则成为最高层次。三个层次之间存在自下而上的顺向因果链和自上而下的逆向因果链。如图2－1所示。

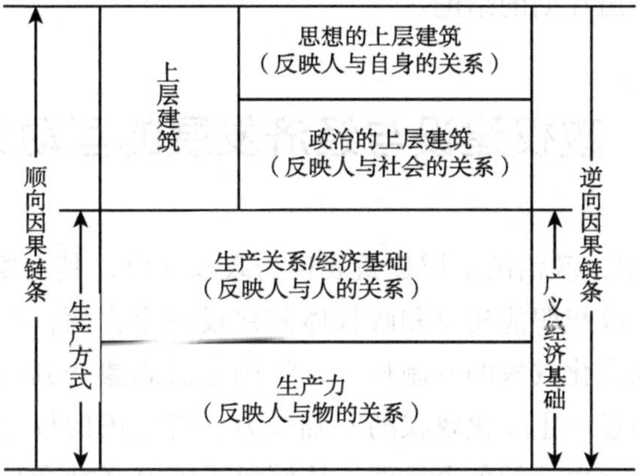

图2－1　社会结构层次

在图2－1中，采用了斯大林关于生产方式的定义，认为生产方式是生产过程中生产力和生产关系的统一①。同时相对于上层建筑，包括经济基础和生产力的中低层次可视为广义的经济基础。上层建筑可以进而划分为政治的上层建筑和思想的上层建筑，以反映随着社会层次的升高而逐渐由实向虚、由社会存在向社会意识的转化。

马克思的三分法不仅体现了社会存在决定社会意识的历史和逻辑的统一，而且体现了唯物主义的世界观。世界观包括人与物、人与人、人与社会、人与自身四个方面的关系，这四组关系构成了一个完整的人类社会的世界。在这个完整的人类社会世界，生产力、生产关系/经济基础、上层建筑呈现自下而上的顺向因果链和自上而下的逆向因果链的发展规律，可对前述的一些学术争议作出回答：

①生产力与生产关系、经济基础与上层建筑的关系不是决定与被决定的关系，也不是决定作用与反作用的关系，而是在不同的时空条件下存在相互决定的关系，并存着两条因果链，虽然两者决定的方式有所不同：前者对后者的决定作用表现为推动，后者对前者的决定作用表现为拉动。

①　斯大林选集下册［M］. 北京：人民出版社，1972：442.

②生产力的发展动力不仅是内部矛盾，更是更高层次的出现及其变化的拉动。这是因为生产力只是社会系统中的一个子系统层次，脱离了系统的整体性、层次性、相关性、自组织性等系统的要义，孤立地考察某个子系统，有可能得出片面的结论。

2.3 政权建设与经济发展的互动关系

在图2－1中，政治的上层建筑表现为政权建设，其主要内容包括政权活动主体建设、政权职能建设和政权体制建设三个方面，按照现代国家的要求，通过法制强化政权的专制权力，将国家意志渗透到社会、经济生活的各个方面，通过民主强化政权的基础权力，将公民的权利和义务扩大到经济、社会、政治生活的各个方面，从而形成国家（社会）与个人良性互动的内聚机制；广义经济基础则表现为经济发展，其主要内容包括根据社会的基本矛盾，确立经济建设的中心地位，规划经济发展的目标，改革和调整与生产力发展不相适应的生产关系，建立解放、保护、发展生产力的经济体制，满足人民日益增长的物质文化生活需要。如前所述，生产力与生产关系、经济基础与上层建筑存在相互决定的关系，作为系统组成部分的政权建设与经济发展之间，亦存在相互决定的关系。

（1）经济发展对政权建设的决定作用。

①经济发展为政权建设提供物质基础和前提条件。无论哪个社会，人们首先必须解决吃喝住穿问题，才能从事政治、科学、艺术、哲学、宗教等活动。生活资料的生产和再生产，是人类社会生存和发展亦是人们从事政治等活动的基础。经济发展的状况决定了政权机构的规模和供养人数。

②经济发展决定政权建设的目标和方向。经济发展的模式是计划经济还是市场经济，是粗放还是集约，是集权还是分权，决定了政权机构的设置和调整，以及权力在各层级和各部门的分配。经济周期性涨落式的发展，决定了政府采取反周期的相机调控政策和手段，松紧结合，交替运用“看不见的手”和“看得见的手”，而不可能一劳永逸。

③经济发展推动政治体制的改革和政风建设。经济的发展要求建立公开公平公正的经济秩序，明确政府和市场的边界，保护民众的创新行为和

合法产权，保障经济自由和政治民主的诉求，这必将推动政治体制的改革和廉洁高效政风的形成。

④经济发展为政权建设的成败提供了客观标准。政权建设成功与否的客观标准是经济有无发展，生活有无改善，群众是否满意，国力是否增强。倘若脱离了经济发展，政权建设就失去了客观衡量的标准。

经济发展对政权建设的决定作用表明，政权建设必须循着“生产力→生产关系/经济基础→上层建筑”的顺向因果链，紧密围绕经济发展这个中心，服从和服务于经济发展，才有可能取得成功。

（2）政权建设对经济发展的决定作用。

①政权建设决定经济发展的方向目标。政权建设统帅经济发展的方向，决定发展经济是否为人民服务。正如毛泽东所强调的：“政治工作是一切经济工作的生命线。”[①]“思想工作和政治工作，是完成经济工作和技术工作的保证，它们是为经济基础服务的。思想和政治又是统帅，是灵魂。只要我们的思想工作和政治工作稍微一放松，经济工作和技术工作就一定会走到邪路上去”[②]。亦如列宁名言：“政治是经济的集中表现，政治同经济相比就不能不占首位。不肯定这一点，就是忘记了马克思主义的最起码的常识。”[③]

②政权建设为经济发展提供有力领导。经济发展有其内在的规律，人们只有按规律办事，才能使经济持续健康又好又快地发展。同时，社会化大生产也有赖作为社会代表的国家政权进行规划、协调、控制和约束。通过政权建设，充分发挥国家组织经济建设的职能作用，了解民意，集中民智，掌握规律，进行调控，可以为经济发展提供强有力的领导。

③政权建设为经济发展提供直接动力。经济发展的直接动力是利益激励。国家是社会利益分配的决策者、个人利益的调节者和后代利益的守望者。搞好政权建设，制定代表最广大人民利益的方针政策，公正有效地调节各类利益矛盾，可以最大限度地调动人民的积极性、主动性和创造性，推动经济发展。

④政权建设为经济发展提供坚实保障。国家运用基础权力，加强基础

① 毛泽东选集第五卷［M］. 北京：人民出版社，1977：243.

② 毛泽东著作选读下册［M］. 北京：人民出版社，1986：803.

③ 列宁选集第四卷［M］. 北京：人民出版社，1972：442.

建设，提供公共产品，维护社会秩序，倡导文明公德；运用专制权力，打击违法犯罪，保护资源环境，维护国家安全，从而为经济发展提供安定的国内国际环境和坚实的政治保障。

正如列宁所说，“一个阶级如果不从政治上正确地处理问题，就不能维持它的统治，因而也就不能解决它的生产任务。”① 因此，循着“上层建筑→经济基础/生产关系→生产力”的逆向因果链，抓好政权建设，把握经济发展方向，拉动促进经济发展，不仅可能，而且必要，甚至更为直接更为明显更为显著，更具整体意义和持久意义。

但是，通过政权力量来拉动促进经济发展，并非可以凭借主观意志随心所欲，依凭这一逆向因果链，既有成功的辉煌，也有失败的惨痛，或欲速不达，或国富民穷，或劳民伤财，或瞎乱折腾。恩格斯指出，“国家权力对于经济发展的反作用可以有三种：它可以沿着同一方向起作用，在这种情况下就会发展得比较快；它可以沿着相反方向起作用，在这种情况下，像现在每个大民族的情况那样，它经过一定的时期都要崩溃；或者是它可以阻止经济发展沿着某些方向走，而给它规定另外的方向——这种情况归根到底还是归结为前两种情况中的一种。但是很明显，在第二和第三种情况下，政治权力会给经济发展带来巨大的损害，并造成大量人力和物力的浪费。”② 这就要求执政党既要大胆解放思想，具有前瞻视野，又要实事求是，熟谙经济规律，坚持正确的政治路线和方针政策，不断修正错误，从必然王国向自由王国迈进。

2.4 小结

在辨析经济发展与政权建设，以及相关的生产力与生产关系、经济基础与上层建筑概念的基础上，本书认为经济发展属于广义的经济基础，政权建设属于政治上层建筑；通过比较生产力与生产关系、经济基础与上层建筑之间关系的学术争议，以马克思主义关于生产力、生产关系/经济基

① 列宁选集第四卷［M］. 北京：人民出版社，1972：442.

② 马克思恩格斯文集第十卷［M］. 北京：人民出版社，2009：597.

础、上层建筑的理论为指导，认为生产力、生产关系/经济基础、上层建筑呈现自下而上的顺向因果链和自上而下的逆向因果链的变动规律，遵循顺向和逆向两条因果链和变动顺序，认为生产力与生产关系、经济基础与上层建筑之间的作用关系是交互的，进而经济发展与政权建设之间亦存在交互式因果互动关系。

第3章　山东抗日根据地政经互动的模式

山东抗日根据地在抗战中具有重大的战略枢纽作用，无论是亲历的中共各级领导，还是学界专家对之早有肯定。范成训认为，山东临海，境内有津浦、胶济、陇海3条铁路大动脉，从海陆上均是联系华北、华中根据地的战略枢纽和中转站，又是把持袭扰日寇之运输要地，对全国持久抗战作用重大①。萧华②认为其中心沂蒙山区，是中共鲁西、鲁北、苏北平原游击战的依托，直接威胁南北津浦铁路、东西近海交通，是插在日寇“脊梁上的一把钢刀”③。罗荣桓④曾概括：若无山东根据地，“解放战争初期集中我军向北转移就没有立足点，对后来大江南北的作战支援也将是很困难的”⑤。一言以蔽之，山东抗日根据地是中共胜利获取全国“政权的跳板”⑥，极大地推动了山东及全中国人民的解放。

山东的战略地位如此重要，但在全面抗战前，中共未在山东“创建革命根据地”。在全面抗战的八年时间里，山东抗日根据地开辟后不断发展壮大，并在华北四大根据地乃至全国十多个敌后抗日根据地中，遥遥领先，轰轰烈烈⑦，“至大反攻结束时，山东从陇海路以北（包括江苏一部

---

① 范成训．论山东抗日根据地在全国抗战中的地位和作用［J］．石油大学学报，1998（3）：41.

② 萧华曾任鲁西军区司令员兼政委、第115师政治部主任兼山东军区政治部主任、山东分局委员。

③ 萧华．难忘的四个月——少奇同志在山东［A］．山东抗日根据地［G］．北京：中共党史资料出版社，1989：246－259.

④ 罗荣桓是1943—1945年山东抗日根据地党政军一元化首席领导者。

⑤ 八路军山东纵队回忆史料（中）［G］，济南：山东人民出版社，1993：1.

⑥ ［加拿大］谢尔曼·赖小刚．通向成功的跳板：抗战期间中共在山东的崛起［J］．文化纵横，2015（10）：96－103.

⑦ 金冲及．山东抗日根据地的独特历程［J］．抗日战争研究，2017（1）：5－48.

分），津浦路以东，北至河北省黄骅（燕山）、南皮、景县等地，除铁路沿线极窄的一条外，全部为山东解放区所辖，总面积达12.5万平方公里，约2800万人口。包括冀南、苏北部分地区在内，山东解放区完全辖制的县有65个（津浦路以西30多个县从1940年下半年划给冀鲁豫边区，未计在内），铁路沿线几个敌占城区内，亦有我地下党组织，置敌人于火山口上”①。山东和冀鲁豫解放区所属山东诸县贡献巨大，见表3－1。

表3－1　　山东和冀鲁豫解放区所辖山东诸县的贡献

类别	人口		人民军队		歼敌人数		中共党员	
	万人	占全国抗日根据地之比	万人	占全国人民军队之比	万人	占中共歼敌总数之比	万人	占全国中共党员数之比
数量或比例	3500	1/3	33	1/4	60	1/3	30	1/4

资料来源：山东党史资料文库（第1卷）［M］.济南：山东人民出版社，2015：前言2.

山东抗日根据地的创建、巩固和发展，交织着武装斗争、政权建设和经济发展三者之间的互动。其中政权建设与经济发展是如何互动的呢？是循着顺向还是逆向因果链运作的呢？本章拟先分述山东抗日根据地政权建设和经济发展概况，然后分析得出其政经互动的基本模式。

3.1　政权建设脉络

参照朱玉湘的划分法，以政权发展的特点和程度为标准，可将山东抗日根据地的发展分为如下三个阶段：

（1）1937年底至1940年7月为初创期，即中共领导军民各自创建抗日根据地时期；

（2）1940年8月至1943年9月为巩固期，随着1940年8月民选山东省临时参议会、山东省战时工作推行委员会两个最高民意、行政权力机关正式成立，山东抗日根据地结束各自为政，进入统一领导新时期；

（3）1943年9月至1945年8月为发展期，随着1943年8月国民党军

① 黎玉．黎玉回忆录［M］．北京：中共党史出版社，1992：186.

队主力和国民党鲁省政府撤出鲁境，中共接管其主要防地，开始主政山东抗日和建设大局，山东省临时参议会一届二次会议决定将山东省战时工作推行委员会更名为山东省战时行政委员会，山东抗日根据地进入发展期，直至抗战胜利。[①]

3.1.1 政权初创期（1937.7—1940.8）

全面抗战前夕，山东拥有土地面积15.3万平方公里，人口3800万。山东人民勤劳勇敢，素有御外侮抗强暴的光荣传统。1937年7月全面抗战爆发，10月日寇入侵山东德州，韩复榘[②]为保存实力，弃济南、济宁等地而南撤至豫，山东大部不到半年沦陷。

国难当头之际，中共山东省委挺身而出，根据中共中央关于在敌后放手发动群众，独立自主地开展游击战争，建立敌后抗日根据地的战略决策和中共中央北方局（以下简称北方局）提出的“每一个优秀的共产党员，应该脱下长衫到游击队去”的号召，以各地党组织成员为核心，以党员、民先队员、延安派来的红军干部及平津流亡学生为骨干，团结各阶层爱国人士，趁敌立足未稳之际，在全省各地发动了抗日武装起义，建立起数十支大大小小的抗日武装。1937年10月，中共鲁北特委在起义中组成的“华北民众抗日救国民党军队”，是党在山东建立的首支抗日武装。各地抗日武装开展敌后游击战争，进行大小战斗百余次，攻克县城15座[③]，并开始在胶中的掖（县）、蓬（莱）、黄（县）和平（度）、莱（阳）、招（远）、掖（县）边区，泰西的大峰山和平阿山区，滨海的诸（城）、日（照）、莒（县）山区，鲁南的抱犊崮山区的东部和东南部，鲁东的淄博山区以北和小清河以南的地区，冀鲁边区的乐（陵）、庆（云）、南（皮）地区，湖西的单县、金乡和丰（县）、沛（县）、萧（县）、（砀）山一带，鲁西的冠（县）、馆（陶）、丘（县）地区和莘县，分别建立了抗日活动基地[④]，是为抗日根据地的雏形。

① 朱玉湘主编．山东革命根据地财政史稿［M］．济南：山东人民出版社，1989：425－433.

② 韩复榘时任第五战区副司令长官兼第三集团军总司令及山东省国民政府主席。

③ 亲历者说——山东抗战编年纪事（1938年卷）［G］．济南：山东人民出版社，2015：165.

④ 山东抗日根据地［G］．北京：中共党史资料出版社，1989：2－5.

“一切革命的根本问题是国家政权问题”[①]，“革命战争的中心任务和最高形式是武装夺取政权”[②]，抗日根据地创建和形成的主要标志是建立抗日民主政权。1938年3月9日，胶东掖县抗日民主政府即山东抗日根据地首个县级政权成立，随后，蓬莱、黄县抗日民主政权亦建立，以三县为基础，成立北海行政督察专员公署；在冀鲁边区建立了乐陵、庆云、南皮三县政权，并在此基础上成立了冀南区第六行政督察专员公署；此外，在鲁西北地区建立了冠县、馆陶、丘县等6个县政权。1938年5月，中共山东省委书记郭洪涛在省委干部会议上作《为创建山东抗日根据地而斗争》的报告，并制定了发展山东游击战争，在全省范围内建立抗日根据地的规划。其主要内容为：以当地建立的抗日武装为骨干力量，从部队协调干部以建立和充实地方中共组织，发动群众，着重取得区乡政权；在鲁中创立以沂蒙山区为中心的抗日根据地，向北以淄博山区为依托，开创清河地区抗日根据地，向南发展开创抱犊崮山区抗日根据地，向东发展开创沿海地区抗日根据地；在津浦路西创立梁山泊和微山湖根据地；在胶东创立以大泽山为中心的抗日根据地。[③]

但在抗战初期，中共在山东错失了两次建政好机遇：一是1937年10月德州失陷后，韩复榘部尽撤黄河以南、豫西南，黄河以北3个行政区、39余县的军政人员星散，至1938年2月省府新主席沈鸿烈主鲁前后，呈无政府状态[④]；二是1938年12月，驻鲁国民党军队石友三[⑤]部移驻冀鲁边区，1939年2月于学忠[⑥]部方才入鲁，期间，国民党军队兵力空虚，日军尚未回师，中共却坐失建政良机。其原因客观在于懂政权建设的干部匮乏，懂得政权建设的八路军主力部队入鲁稍迟，而山东本地干部中，“老同志不是被迫外出，就是被捕被关在牢里”，“新骨干一时培养不了多少，在学校的一般未毕业，亦不能随便旷课或离校”，毕业后还有职业、家庭负担、父母约束等，远不敷脱产干部所需；主观上则受国民党政权正统观

① 列宁全集第二十四卷［M］．北京：人民出版社，1963：18.

② 毛泽东选集第二卷［M］．北京：人民出版社，1991：541.

③ 山东抗日根据地［G］．北京：中共党史资料出版社，1989：5.

④ 《民国山东通志》编辑委员会编．民国山东通志第5册［M］．台北：山东文献杂志社，2002：2950－2952.

⑤ 石友三1938年底任国民党军队第39集团军司令。

⑥ 于学忠时任鲁苏战区总司令。

念影响，不懂得民主政权建立的极端重要性，抗日“游击队把日寇伪政权、维持会赶跑了，把地方收复了，无人愿干县长，好像去干县长是对革命者的侮辱，而让那些逃跑了的腐败的旧官僚回来当县长”，如清河、郯城、牟平、栖霞等地①。

为此，刘少奇②尖锐批评：“不懂得国家政权在革命斗争中极其重大的意义，而等闲视之，弃若敝屣”，以致“在山东及其他一些地方，当着旧政权人员逃走，汉奸政权又被我们推翻很久以后，还不独立自主地建立新的抗日政权，不知道委任县长、专员，不知道经过民主方式产生当地最高的政府，不去迅速建立新的抗日秩序，让那种无政府状态延长下去。”③ 正因如此，至1939年6月鲁中反“扫荡”前，全鲁抗日民主政权仅10余县。毛泽东在《抗日游击战争的战略问题》中，精辟地揭示了武装斗争与政权建设互动的辩证关系，他指出，“建立根据地的基本条件，是要有一个抗日的武装部队，并使用这个部队去战胜敌人，发动民众。所以建立根据地问题，首先就是武装部队问题”。但武装部队“或有了而无力量，一切问题都无从说起。”④ 时任八路军一纵司令员徐向前也回忆说，刚去鲁中、鲁南时，没有自己的政权，不能顺利筹粮款，八路军几万将士的衣食医药装备等难以解决，群众工作不能持续，因为发动的群众等军队一走就散了。当时除了敌占区，政权都是国民党的，其县、区、乡各长听命于学忠、沈鸿烈，处处卡八路军，恐吓、限制民众与八路军来往，还有的鱼肉乡民，“暗中勾结日寇、汉奸，干卖国勾当，袭击八路军”⑤。尤其1938年底前后，日伪残酷“扫荡”、敌顽频繁摩擦，我军缺乏后方依托，边区局势恶化。边区军民在残酷的血的经验教训中，深刻认识到“抗日民主政权与抗战胜利的血肉关系”⑥，抗日民主政权是“发动全民族一切生动力量的推动机”⑦，认识到建立“新的抗日民主政权之重要。”⑧

---

① 山东革命历史档案资料选编第4辑［G］. 济南：山东人民出版社，1982：363－364.

② 刘少奇，曾任北方局书记，时任中央政治局候补委员、华中局书记和新四军政委。

③ 刘少奇选集上卷［M］. 北京：人民出版社，1981：264.

④ 毛泽东选集第二卷［M］. 北京：人民出版社，1991：423.

⑤ 徐向前. 历史的回顾（下）［M］. 北京：解放军出版社，1988：641、642.

⑥ 山东革命历史档案资料选编第4辑［G］. 济南：山东人民出版社，1982：365.

⑦ 山东抗日民主政权上册［G］. 北京：中共党史出版社，2015：298.

⑧ 山东抗日民主政权上册［G］. 北京：中共党史出版社，2015：589.

为提高干部的建政意识与能力，苏鲁豫皖省委①于1938年6月决定建立山东抗日军政干校，下设军事队、地方武装队、民运队、政治队、青年队等，开设游击战术、抗日民族统一战线、政治、民众工作等课程，从第2期起，驻沂南岸堤镇，史称“岸堤干校”，培养党政军干部3000多人。中共中央针对山东党内忽视政权工作，自1939年起作出系列指示。1939年4月、5月，中央书记处批评山东分局，若不改变在政权建设上退让太多，若不广泛争取建立政权，山东坚持抗战、创造和巩固根据地工作必受挫。同年4月，罗荣桓传达中央六届六中全会精神时，向山东分局提出，山东抗日民主政权建设不力，影响了根据地的创立与巩固。7月6日，刚来鲁的徐向前、朱瑞②总结根据地建设的经验教训，即电示鲁北的萧华，为巩固山东抗日根据地，向鲁北发展，须迅速“树立各县抗日民主政府。”8月，以山东分局名义所颁《关于山东今后工作的意见》，提出加强“政权工作问题的党内外教育，彻底转变忽视政权工作的观念”，以一切合法手续、名义获得、改造政权③；同时“扩大分局党校，各区委转办党校，地委县委办训练班，分区政治部办流动训练班”，并倡导在职干部研究学习④。12月，中共中央再次指示能否争取到政权是胜败之关键，山东“决不应该放松争取县区乡政权的一切机会”和方法⑤。中央及上级领导的指导帮助，三角斗争的教训经验，推动山东党政军大大改变了政权意识。1940年2月29日，山东分局检讨大部分地区忽视区村政权改选，忽视由下而上争取政权，从分局到各地均未建立统一的政权领导机关，于是专设政府工作部⑥，指示各地不失时机地建立县府、专署、主署，坚决领导抗战，尽一切可能发动群众民选政权、改善民生，树立新政权巩固基础。6月8日，在《关于政权问题的新决定》中，山东分局指示，“政权问题是

① 1938年5月，中共中央为实现八路军向苏鲁豫皖挺进的战略部署，将山东省委扩建而成，书记郭洪涛。12月，苏鲁豫皖省委奉中共中央指示改为山东分局，书记郭洪涛1939年赴延安参加“七大”，其职由朱瑞接任。

② 朱瑞，时任八路军第一纵队政委，后任山东军政委员会书记、山东分局书记等职。

③ 霍士廉，林浩，刘居英等．朱瑞同志在山东［M］．郑建英编．怀念朱瑞．北京：中央文献出版社，1994：71.

④ 山东抗日根据地［G］．北京：中共党史资料出版社，1989：36.

⑤ 中共中央北方局：抗日战争卷［M］．北京：中共党史出版社，1999：209.

⑥ 政府工作部于1941年4月改为政府工作委员会，主任朱瑞。

革命的基本问题”，各地党委要把创建抗日民主政权，争取抗战胜利，建立新民主主义共和国作为重要任务，进一步加强对政权工作的政治思想领导，选派优秀干部担任政权工作的主要干部，确实建立各级政府中的党团领导，克服对行政工作放任不管或以党代政两种倾向。如果说之前中共中央、山东分局等指示为山东抗日民主政权的建立和发展指明了方向，那么，此一决定的颁行，标志着山东党组织已彻底转变了对政权工作的认识①，抗日民主政权建设成为党的中心工作和全鲁群众运动②。

为配合建政工作，按中央提议，1940 年初，从 115 师抽调干部，组成工作团协助地方政权建设。各地半政权性质的民众总动员委员会和工农青妇等各种抗日团体均先后成立，至 1940 年 4 月前，全省有组织的群众达 300 万③。于是，山东党政军民开始抓住一切机会联动创建抗日民主政权，创造了五种建立抗日政权的办法：一是旧区长、县长、专员逃跑，我方即委派新的区长、县长、专员；二是在我军收复区重建；三是民众自动驱逐反动政权所建；四是民众不满于一时无法推翻的顽固分子之反动政权，自动新建的区、乡或县政权；五是向敌占区委派县长、区长，扩大我影响，缩小敌占区，不怕双重政权。同时，还创造了保卫抗日民主政权的四种办法：一是我军占优势后，坚决消灭双重政权中的顽固政权；二是实行进步法令，树立民主政权的威信；三是动员民众保卫民主政权，打击暗杀破坏活动；四是行政人员兼任八路军军职，获得八路军合法保障。④ 如日照抗日自卫团自动缉捕不抗日且贪污的县长张希周，民选抗日县长。又如，1940 年 1 月，罗荣桓领导鲁南军民，先揭露国民党费县县长李长胜打死打伤鲁南民众动员委员会 20 余位干部的罪行，再组织 24 个农民自卫团分五路，于 1 月 29 日收复李占据地费县南部崮口，立即建立费县抗日民主政府，民选新县长韩文一。根据 1940 年 2 月 29 日山东分局政府工作部关于各地凡有三区或三县以上政权者，可分别成立县政府或专署的指示，鲁西北、泰西于 4 月 15 日联合成立鲁西行政主任公署；7 月，湖西、泰西、运西、鲁西北、运东五专署相继成立。截至 1940 年夏，山东全境共建立县级

① 苑朋欣．山东抗日民主政权的发展历程［J］．史志学刊，2015（05）．

② 山东抗日民主政权上册［G］．北京：中共党史出版社，2015：589．

③ 山东革命历史档案资料选编第 6 辑［G］．济南：山东人民出版社，1982：136．

④ 郭洪涛．山东统一战线中的斗争问题［N］．北方局《党的生活》第 9 期，1940－03－16．

民主政权90个，区级352个，辖人口近2000万，如表3-2所示。

表3-2　　1940年夏山东省民主建政情况

地区＼类别	管辖县区			民主建政县区		
	县（个）	区（个）	人口（万人）	县（个）	区（个）	人口（万人）
胶东	15	68	350	12	35	300
鲁西	35	169		30	78	562
清河	15	70		10	54	200
鲁中	17	143		14	87	230
湖西	8（含苏北1县）	36		4（含苏北1县）	18	80
鲁北	14	90		14（含河北4县）	51	400
鲁南	10	60		6（含苏北1县）	29	200
总计	114（含外省6县）	636		90（含外省6县）	352	1972

资料来源：山东革命历史档案资料选编第5辑［M］．济南：山东人民出版社，1982：348．据之整理而成。

在以上90县的民主政权中，除鲁北14个县不详外，76个县中，民选县长达67个，232个区民主政权中，民选区长达186个，乡长达2/3、村长达1/2①，反映了民众参政热情高涨。

3.1.2　政权巩固期（1940.8—1943.9）

随着中共领导的各抗日部队对日作战和反击国民党顽固派、投降派斗争的胜利，根据形势的需要，“均感发扬民意，集中民力之重要”②，山东各界代表于1940年7月召开联合大会，选举产生了全省的最高民意机关——山东省临时参议会，制定了《山东省战时工作推行委员会组织大纲》，选举成立了全省统一的行政机构——山东省战时工作推行委员会，以及选举产生了工、农、青、妇、文化、各界抗日群众团体的负责人。截

① 山东革命历史档案资料选编第5辑［G］．济南：山东人民出版社，1982：348-349．

② 山东革命历史档案资料选编第5辑［G］．济南：山东人民出版社，1982：269．

至1940年末，山东省战时工作推行委员会下先后建立鲁西、清河2个行政主任公署、12个专员公署和79个县政府，辖鲁中、鲁南、滨海、胶东、清河、湖西、鲁西、冀鲁边和苏皖边区等地区，面积3.6万平方公里（见图3－1），人口1200万①。山东统一的抗日民主政权的成立和各级抗日民主政权的建立，结束了山东抗日根据地各自为政的局面，进入了“至诚接受全体山东民众付托，代表全山东民众利益，执行全山东民众意志”② 的巩固期。

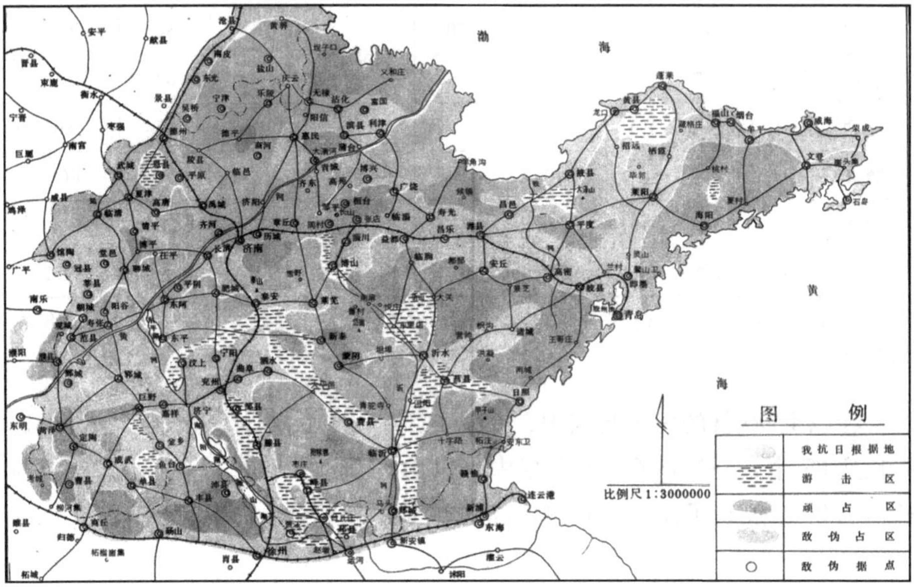

图3－1　1940年山东抗日根据地大发展时期形势图

资料来源：中共山东省委党史资料征集研究委员会．山东抗日根据地［G］．北京：中共党史资料出版社，1989：插图．

山东抗日根据地统一而迅猛的发展，引起日寇和反共顽固派的重视。1940年9月，日寇纠集5个师团10个旅团，对根据地抗日军民轮番“扫荡”，尤其1941年开始治安强化，对根据地拉网式“扫荡”的人数增加，规模扩大，时间延长。1941—1942年两年，日军万人、千人以上的

① 山东抗日根据地［G］．北京：中共党史资料出版社，1989：11.

② 山东省临时参议会议员誓词［N］．大众日报，1940－08－16.

“扫荡”各9次、70余次，是1939—1940年两年的5倍、3倍，其中9次较大“扫荡”，耗时137天，占全年的38.1%，千人以下的“扫荡”天天都有①。截至1943年5月，日伪在鲁共设据点2184个，修公路6900余公里，封锁沟、墙4240余公里，被蚕食村庄共2291个，泰山、鲁南大部被吞食分割，冀鲁边平原7200个村庄基本变成游击区②，截至1942年末，根据地面积缩至2.5万平方公里（如图3－2所示），人口减至730万③。

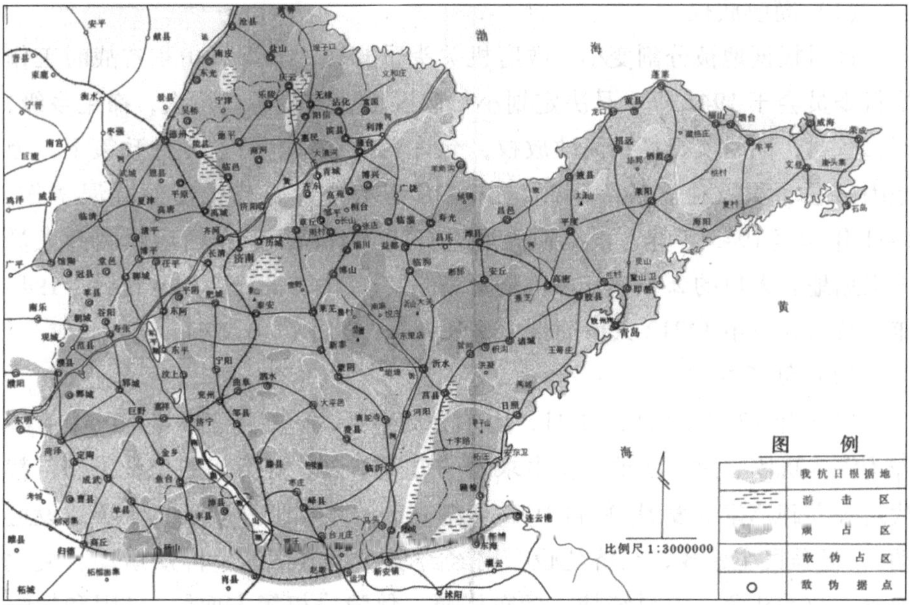

图3－2 1942年山东抗日根据地形势

资料来源：山东省地方史志办公室编．山东抗日根据地图志［G］．济南：山东人民出版社，2015：16.

面对残酷的斗争，中共依然迎难而上，正如山东分局书记朱瑞所言：残酷的“扫荡”，只会扫掉懦怯老腐落后反动的一切，而对于山东党政军

---

① 岳海鹰，唐致卿．山东解放区史稿（抗日战争卷）［M］．北京：中国物资出版社，1998：109.

② 山东抗日民主政权上册［G］，北京：中共党史出版社，2015：667－668.

③ 山东抗日根据地［G］．北京：中共党史资料出版社，1989：11.

民及各抗日党派和部队，却是个“空前有决定意义的大锻炼”①。遵循中共中央“熬过时间、储蓄力量，长期坚持敌后游击战争，准备将来反攻”的方针，山东分局号召全鲁全党全军全民咬紧牙关，继续坚持长期作战，坚持巩固山东抗日根据地。在军事斗争中，实行主力部队地方化，分散活动，游击作战，组织武工队，实施敌进我进的“翻边战术”；在统一战线工作中，主动团结主战抗日的国民党军队于学忠部，反击以沈鸿烈为首的顽固派的反共行为；在政权建设中，则采取了如下举措。

（1）简政放权。

针对根据地被分割变小，政府机关头重脚轻的状况，山东省战时工作推行委员会于1941年4月决定划小行政区域，减少行政层次，撤销乡级，区直管村，同时实行精兵简政放权，允许各地在不违背总方针政策下，因地因事主动积极独立解决问题，以免因请示报告等待批复而耽误工作。1941年初至1943年春，根据地先后进行了3次精简，精简后的脱产人员占根据地总人口的2.4%。② 据胶东、清河、鲁中、滨海四地区统计，1942年，政府人员由17212人精简到10293人③，精简了40.2%。

（2）创新方式。

1941年12月20日、31日，山东分局指示，要变过去顺境下的大刀阔斧为深入巩固、脚踏实地、实事求是的方式，以点滴真实的建设工作，替代过去零碎草率的发展。④ 自1941年7月起，根据地开展了“十项建设运动”，涵盖民主建政、经济建设、财经经验、地方武装、群众运动、文化教育、政治斗争、农村统战、拥军优属、保障民权等方面⑤，巩固和加强根据地各方面建设事业；实行自下而上的定期的真正民选和普选，以赋权于民；按照“三三制”改造各级政权和群团组织，以巩固统一战线；组织大生产和合作贸易，以实现自给自足；规范财政收支，以确保不扰民；开展减租减息增资，以调剂劳资利益；开展文化教育，以开启民智；普遍组织各种群众团体，以参与根据地建设。

① 山东革命历史档案资料选编第7辑［G］．济南：山东人民出版社，1983：298.
② 山东抗日根据地［G］．北京：中共党史资料出版社，1989：12.
③ 山东革命历史档案资料选编第10辑［G］．济南：山东人民出版社，1983：240.
④ 山东革命历史档案资料选编第8辑［G］．济南：山东人民出版社，1983：11、22－23.
⑤ 山东抗日根据地［G］．北京：中共党史资料出版社，1989：76－83.

(3) 创建法制。

包括颁布并实施1940年8月7日由山东省临时参议会通过的《战时施政纲领》(又称“八七纲领”);开始建立政权各部门行政、报告检查制度;颁行如公平负担,减租减息,县各级政府、参议会组织法与选举法,锄奸、惩治贪污条例,公安局工作纲要与组织法等系列法令与司法制度;开始建立正规财政政策与统一收支。① 在巩固期的3年内,通过山东党政及山东省临时参议会颁行了54种法规,使抗日民主政权由“人治”进入初步“法治”②。

通过以上系列有力举措与对敌斗争的胜利,山东抗日根据地形势于1943年秋冬趋于好转。7月初,国民党军队于学忠部奉命自沂、鲁等山区西撤,八路军滨海与鲁中部队乘机接管,基本控制了于部所驻形势险要,纵横数百里,战略地位极其重要,令周边顽、伪军垂涎已久之鲁中最大山区——沂鲁、和诸(城)日(照)莒(县)山区,新开辟解放区2000余平方公里,打通了胶东区与鲁中区的联系,之后,重点寻歼新入鲁的国民党顽军李仙洲部,迫使其于1943年中秋节前后撤离鲁境。清河军区于7月也先后收复被日伪“蚕食”的根据地,基本改变了被敌分割封锁的局面。至此,国民党军队正规主力全部撤离山东,中共领导的军民开始主撑山东抗日建设大局,实现了“山东军民的杰作”③。

总之,从1941年起,历经2年多抗战最艰难时期,到1943年8月,全省共有行署(包括相当的专署)、专署、县政府、区公所、根据地村政权、游击区村政权各为4、12、90、663、10128、12443个,另据不完全统计,另有县、专署、主署参议会各42、7、2个④,解放区面积达到4.6万平方公里(如图3-3所示),比1942年扩大了2.1万多平方公里⑤。

① 山东抗日民主政权上册[G].北京:中共党史出版社,2015:593.

② 山东革命历史档案资料选编第10辑[G].济南:山东人民出版社,1983:230.

③《罗荣桓》编写组.罗荣桓传[M].北京:当代中国出版社,2006:183.

④ 山东抗日民主政权上册[G].北京:中共党史出版社,2015:674.

⑤ 山东的减租减息[G].北京:中共党史出版社,1994:12.

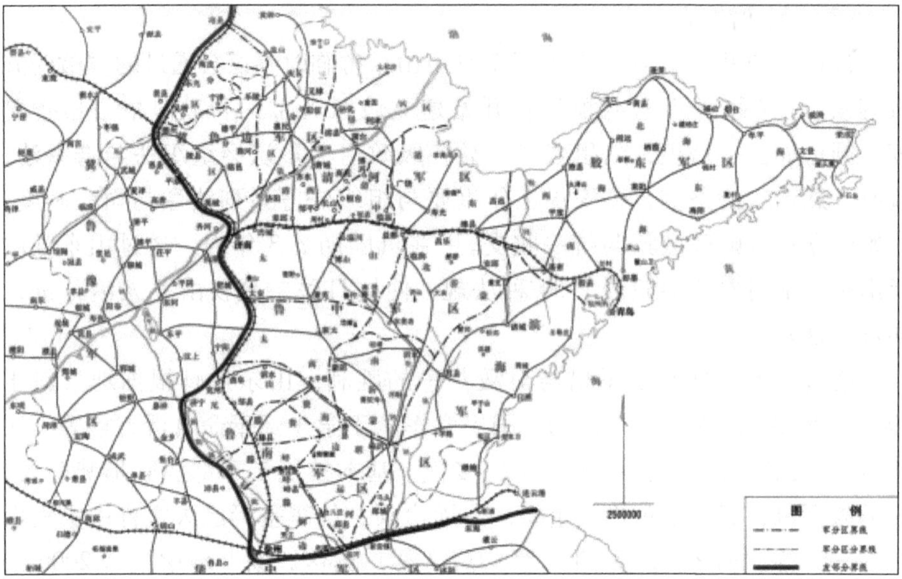

图 3－3　山东根据地行政区划示意图（1943 年）

资料来源：山东省地方史志办公室编．山东抗日根据地图志［M］．济南：山东人民出版社，2015：121.

3.1.3　政权发展期（1943.9—1945.8）

1943 年 8 月，山东省临时参议会一届二次议员大会召开，1 日通过了《山东省战时施政纲领》（又称“八一纲领”），决定将山东省战时工作推行委员会更名为“山东省战时行政委员会”，下设工商管理、财政、民政、教育、公安等若干机构，标志着山东省战时行政委员会已是一个正式和完善的领导全山东政权工作的最高行政领导机构，根据地政权建设进入发展期。

为加强对敌斗争和各方面工作的统一领导，1943 年 8 月 1 日，八路军 115 师和山东纵队合为山东军区，下辖鲁中、滨海、胶东、渤海、鲁南 5 个军区，主力部队 13 个团。9 月，罗荣桓任山东分局书记兼山东军区司令员、政委，通过全面领导，全鲁抗日根据地在战略方针、军事建设上达到完全统一。1944 年，山东分局所辖党委已遍及胶东区、滨海区、鲁南区、鲁中区、渤海区共五个区，如图 3－4 所示；山东军区先后发起春、夏、秋、冬四季攻势作战，各区不断收复国土，在中共所有解放区中优先实现对敌占区的优势，见表 3 – 3。

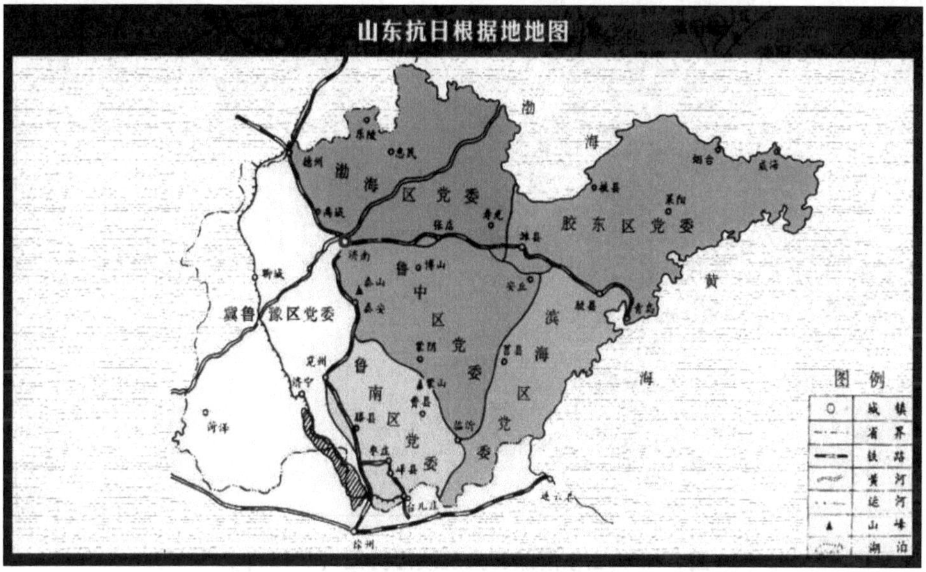

图 3 – 4　中共中央山东分局所辖区党委分布示意图（1944 年）

资料来源：山东省地方史志办公室编．山东抗日根据地图志［M］．济南：山东人民出版社，2015：93.

表 3 – 3　1944 年我占区与敌占区面积、人口、村庄占比　单位：%

类别 / 地区	占全省面积	占全省人口	占全省村庄
解放区	56	52	48
敌占区	26	28	30

资料来源：岳海鹰，唐致卿．山东解放区史稿（抗日战争卷）［M］．北京：中国物资出版社，1998：237.

到抗战大反攻前后，山东解放区面积 12.5 万平方公里（见图 3 – 5），人口 2800 万，占全省和全国比重见表 3 – 4，辖渤海、胶东、滨海、鲁中、鲁南 5 个行政公署、22 个专署、129 个县府[①]。

① 岳海鹰，唐致卿．山东解放区史稿（抗日战争卷）［M］．北京：中国物资出版社，1998：289.

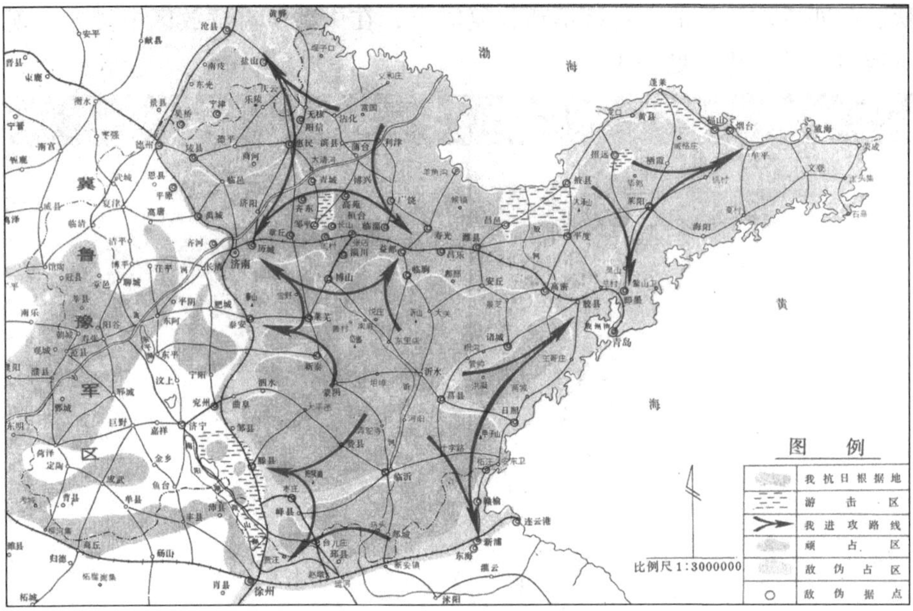

图 3－5　山东解放区大反攻形势图（1945 年）

资料来源：中共山东省委党史资料征集委员会．山东抗日根据地［G］．北京：中共党史资料出版社，1989：附图。

表 3－4　　1945 年 8 月山东解放区面积、人口占比

类别	面积占比		人口占比	
	全省	全国解放区	全省	全国解放区
%	85	13	74	24

资料来源：中国中共党史研究会编．抗日民主根据地与敌后游击战争［M］．北京：中共党史资料出版社，1987：171—172.

山东抗日根据地这一阶段在政权建设上，主要做了以下几方面的工作。

（1）不懈整顿政风。

1944 年 11 月至 1945 年 1 月，山东省战时行政委员会召开全省第二次行政会议，提出“三个反对和三个树立”，即反对官僚主义的忘本意识，树立为人民服务唯一宗旨；反对官僚主义的管教统治权威，树立不分等级贵贱民主平等为人民办事的思想；反对个人英雄主义、本位主义，树立集体主义观念，把依靠民众改善民生，提高民众的政治地位放在第一位①。黎玉②撰文《政权工作干部需要好好整风》③，艾楚南④撰文《反对贪污浪费》⑤，罗荣桓强调“共产党政权是要向人民负责的”，号召政府工作人员和党外人士“经常给共产党提供意见和批评”⑥。1945年3月10日，山东省战时行政委员会公布施行了《山东省惩治贪污暂行条例》，通过政风整顿，真正树立勤政爱民、廉洁奉公的新政风，进一步提高了行政效率。

（2）开展民主运动。

山东省临时参议会一届二次会议将民主作为新时期抗战工作的四大方针之一⑦。1944年4月27日，山东分局发出《关于展开民主运动的决定》，指出“民主运动的开展已成为刻不容缓的急务”，其原因主要有三：一是“各级政权与群众的结合还不甚紧密”；二是“还未完全具备一套优良的民主制度和民主作风”；三是“某些党委和党员在思想上还不重视“三三制”政策，还忽视或轻视政权在中国革命和当前民主斗争中的重要性，对政府的领导或则不管放任，或则包办代替”，“不善于与党外人士合作”，“也不善于通过党团争取党的决定实现”，为此，决定在全省各地开展普遍深入的民主运动，以村政改造为经常性任务，以县及行政区的参议会和政府为运动重点，进行自下而上的改造政权，按照“三三制”改造充实各级参议会和政府，改造党对政权的领导。⑧针对老解放区“数年来战争频繁、工作紧迫、各级参议会与各级政府多未能按期改造，新解放区政府多系上级委派”的状况，山东省战时行政委员会于1945年5月1日发布《关于开展民主运动的训令》，要求自夏季起开展全省性的民主运动，配合各级群众团体的整理与改造，深入改造村政，普遍建立和改造各级参议会和政

---

① 山东革命历史档案资料选编第14辑［G］. 济南：山东人民出版社，1983：22－33.

② 黎玉1936年春起历任山东省委书记，山东省战时工作推行委员会主委、党团书记，山东分局副书记、组织部长，山东军区副政委，山东省战时行政委员会主委、工商管理处处长等职。

③ 山东抗日民主政权上册［G］. 北京：中共党史出版社，2015：1215－1220.

④ 艾楚南1939年被派到山东抗日根据地，任八路军山东纵队供给部政委，历任山东省战时工作推行委员会委员、常委，财政经济组组长，山东分局政府工作委员会委员、财经委员会副书记，山东省战时行政委员会委员、财政处处长。

⑤ 政权建设的创举［G］. 济南：山东人民出版社，1990：513－521.

⑥ 山东革命历史档案资料选编第14辑［G］. 济南：山东人民出版社，1983：150－153.

⑦ 山东省临时参议会一届二次全体议员大会宣言［N］. 大众日报，1943－09－23.

⑧ 山东抗日根据地［G］. 北京：中共党史资料出版社，1989：180－182.

府，健全民主制度，深入民主教育，以进一步加强民主政治建设。[①]

（3）完善法制体系。

此阶段颁布了山东省临时参议会一届二次会议、山东省战时行政委员会及各级政权组织条例，惩治贪污暂行条例，工商管理暂行规程，土地租佃条例，征收公粮条例，统一财粮收支暂行办法，婚姻暂行条例，女子继承暂行条例，陪审暂行办法，惩治战争罪犯及汉奸暂行条例，汉奸自首自新暂行条例，处理汉奸财产暂行办法，战俘管制条例等，涉及政治、经济、军事、社会、司法等多个方面，将党的意志和民众的愿望转化为法律规范，有力地配合和指导了中心工作。

（4）着手城市工作。

1943 年 12 月 10 日，山东分局就颁发了关于城市工作的指示。1944 年 8 月 7 日，在“为贯彻执行中央关于城市工作指示的指示”中，山东分局指出：“依靠农村包围敌人正是为了占领城市”，要求各级党委加强对城市工作的领导。[②] 为培养建国理政人才，1945 年 1 月 3 日，山东省战时行政委员会发布《关于成立抗战建国学院的决定》，“为山东政权中最高的干部学院”，[③] 4 月 25 日该校开学。同年 8 月，山东军区、山东省战时行政委员会联合发布《军事时期城市管理纲要》，对接管城市后建立革命秩序，保障人民生命财产及合法权利等作出规定[④]。上述工作，为战略大反攻，解放山东全境，接管敌占城市，奠定了坚实的思想基础、干部基础和里应外合的组织基础。

归纳之，山东抗日根据地各时期政权建设成果见表 3 – 5。

表 3 – 5　　山东抗日根据地各时期政权建设成果

类别	时期	初创期（至 1940. 8）	巩固期（至 1943. 8）	发展期（至 1945. 8）
基本情况	面积（平方公里）		46174. 25	125000
	人口（万人）	1972	847. 7	2800 **
	正规军（万人）			27 **
	民兵（万人）			71
	自卫队（万人）			200

① 山东抗日民主政权上册［G］. 北京：中共党史出版社，2015：179.

② 山东抗日根据地［G］. 北京：中共党史资料出版社，1989：159 – 164.

③ 山东抗日民主政权上册［G］. 北京：中共党史出版社，2015：177.

④ 山东抗日民主政权上册［G］. 北京：中共党史出版社，2015：182.

续表

类别	时期	初创期（至1940.8）	巩固期（至1943.8）	发展期（至1945.8）
政权建设情况	行署数（个）	1	4	5
	专署数（个）	10	12	22
	县数（个）	90	90 *	129
	区公所数（个）	352	663	
	村政权数（个）		25027	

说明：* 未包括新解放区的县。

** 未包括划入冀鲁豫边区根据地的2000万人口、10万正规军。

资料来源：山东抗日民主政权上册［G］. 北京：中共党史出版社，2015：674；岳海鹰，唐致卿. 山东解放区史稿（抗日战争卷）［M］. 北京：中国物资出版社，1998：289；山东的减租减息［G］. 北京：中共党史出版社，1994：12.

3.2 经济发展概貌

山东地形复杂，兼有山地、河湖港汊、平原及滨海地貌。其中，山地占陆地总面积的15.5%，丘陵占13.2%，洼地占4.1%，湖沼占4.4%，平原占55%，其他占7.8%。既有昆嵛山、天宝山、沂山、蒙山、鲁山、泰山等山区，又有运河纵贯南北，东临渤海、黄海，西、北部位于黄河下游冲积平原。齐鲁大地，人众物博，盛产小麦、棉花、花牛、原煤、原盐、黄金等，为山东抗日根据地的经济发展提供了必要的物质条件。

依据根据地政权初创、巩固和发展三个阶段划分，其经济发展也相应分为经济自立、经济自保和经济自主三个阶段。

3.2.1 初创期经济自立（1937.7—1940.8）

山东抗日根据地初创期，抗日民主政权所控制的区域多分散于敌人统治相对薄弱的县境相邻地区或丘陵地区。这些地区易于发动群众，对敌斗争回旋余地大，但自然条件差，商品经济不发达，加之日伪实行封锁禁运，频繁抢掠“扫荡”，使军政给养筹集困难，新生政权面临生存危机。在基本无外援的情况下，根据地只有依靠全体军民的创造力，“自己动手，克服困难”[①]，采取了如下主要做法。

(1）实行战时经济。

一是镇压汉奸，没收财产，充公使用。二是就地摊派，部队进驻哪里，就向当地政权摊派，就地解决吃穿用问题。由于地区间贫富不一，后来将就地筹集改为政权划定筹集地区或批条子指定地区筹粮，部队成立募集队分散到各地筹粮募捐。三是按照“有粮出粮，有力出力，有钱出钱，有枪出枪”[②] 的原则，向商号、富农、地主征爱国捐，动员群众募捐，支援抗日军队。山东抗日根据地的第一个抗日民主政权——掖县政府“通过整顿盐务、税收，每月可收入十五六万元，加上向大地主、巨商、富户征收爱国捐，每月收入达30万元左右”[③]，不仅解决本县军政所需，还可支援兄弟部队、胶东区党委、山东分局。据不完全统计，胶东抗战初期发动的献金运动中，捐金50多两、银1.24万（两）、法币7.12万元，捐款占财政收入的71%[④]。仅1939年冬季，全省各地妇救会员为部队捐献的短期慰劳品（除大米、白面、鱼、纸烟外）及数量见表3－6。四是接管盐政海关。1938年8月，胶东北海专署成立了盐务机构，统一管理食盐产销和盐税征收，并派员接管国府控制的龙口海关税收权，至12月，就征得约20万元关税[⑤]，以充作国府不拨发的抗日军政经费。五是建立专门募集供给机构，如部队支队以上、团、营各设供给部、供给处、供给科或供给员。1940年3月，负责制定财经工作方针政策的财政经济委员会，被山东分局设立。六是统一财政收支。推广掖县政府统筹军政财政收支的经验做法，1940年11月7日，山东省战时工作推行委员会颁布《关于统一财政之决定》，统一变初期的自筹自用为统收统支，规范钱粮征收，废除苛杂，防止滥筹款，建立金库制度、预决算制度、会计制度、领发制度和各地货币互汇制度[⑥]，规定

① 毛泽东选集第三卷［M］. 北京：人民出版社，1991：931.

② 中共中央文件选集第13册［G］. 北京：中共中央党校出版社，1991：329.

③ 亲历者说——山东抗战编年纪事（1938年卷）［G］. 济南：山东人民出版社，2015：197.

④ 山东抗日民主政权上册［G］. 北京：中共党史出版社，2015：20.

⑤ 山东抗日民主政权上册［G］. 北京：中共党史出版社，2015：20.

⑥ 山东抗日民主政权上册［G］. 北京：中共党史出版社，2015：302.

一切收入归金库，一切支出有预算，一切出纳经批准。[①]

表3-6　　1939年冬季山东省妇救会捐献的慰劳品统计

类别	鞋（双）	袜（双）	毛巾（条）	背包（个）	棉被（床）	棉花（斤）	子弹袋（个）	口罩（个）	衬衣裤（件）
数量	72433	25960	7051	6280	450	500	2270	5000	410
类别	鸡蛋（个）	肉（斤）	羊（只）	牙粉（包）	枕头（个）	肥皂（条）	耳套（仅清河）（副）	枪套（个）	凯旋帽（胶东造）（顶）
数量	17377	700	7	211	17	212	12000	85	400

资料来源：山东革命历史档案资料选编第5辑［G］．济南：山东人民出版社，1982：218.

（2）大力发展生产。

一是农业生产。1938年3月掖县政府对3亩以下地免征官税，并奖励粮食生产。1940年2月，山东分局颁布春耕运动指令，所有在职者在不妨碍战斗、工作和学习的条件下，一律都要参加春耕生产。二是军工生产。1938年山东根据地首个兵工厂在胶东黄县圈杨家创办，土法生产枪炮弹药，到1939年初已初具规模，如表3－7所示。至1939年11月，胶东地区、鲁中的兵工厂各发展到5、2个，鲁中还建立了刺刀厂、铁工厂。三是轻纺生产。到1940年秋，各抗日民主政府共开办织布、织机、制鞋工厂各4、2、3处。四是黄金生产。1938年7月，在招远九曲村，中共胶东特委成立了采金委员会，加强对当时全国最大的金矿招远县玲珑金矿及周边金矿的领导，并常驻兵一个团，以保护矿区，防敌袭扰。8年全面抗战中，胶东向中共山东分局和中共中央输送黄金13万两[②]，为全省和全国抗战作出了卓越贡献。五是合作生产。如胶东成立渔业、花边、发网合作社，清河成立木业席业合作社，莱芜推行产销合作运动。[③]

① 申春生，刘大可．山东抗日根据地财经工作述要［J］．中国社会经济史研究，1987（02）：101－108.

② 孟英．山东抗日根据地向延安输送黄金的回忆［J］．百年潮，2013（5）：49.

③ 朱玉湘．山东抗日根据地财经建设的艰苦创业［J］．山东大学学报，1991（3）：42－47.

表 3 – 7　　1939 年初山东抗日根据地第一个兵工厂发展情况

类别	职工（人）	机器（台）	月产量					
			步枪（支）	迫击炮（门）	炮弹（发）	复制子弹（万发）	手榴弹（枚）	地雷（个）
数量	5000	50	30	3 ~ 5	400	6	5000	200

资料来源：朱玉湘．山东抗日根据地财经建设的艰苦创业［J］．山东大学学报，1991，(3)：44.

（3）搞活商品流通。

各地依托商会，充分发挥私商在生产、商品流通和对外穿越封锁线的作用，仅泰山和胶东区就组织商号 614 家①，当时占工商税收半数左右的食盐、花生油外销就是靠私商完成②。1940 年 3 月，山东分局成立贸易局，吸引地方游资，开拓海外贸易，采购军用物资，当年曾用 50 万元资本赚利 20 万元③。

（4）创建货币金融。

1938 年 10 月，北海专署在掖县创办北海银行总行，设蓬莱、黄县二处分行，发行北海币，作为法币的辅币，先在掖蓬黄抗日根据地，后在全胶东流通，同时禁止使用伪联银券等敌钞。1940 年 5 月，鲁西银行成立。一些地方也发行了地方流通券，见表 3 – 8。

表 3 – 8　　山东抗日根据地初创期发行的地方流通券

地区	鱼台县	临郯费峄	益寿临广	莱芜	泰莱区
券名	地方流通券	临郯费峄四边流通券	益寿临广流通辅币	农民合作流通券	农民合作社券
发行时间	1939. 9	1940 年春	1940. 5	1939 年冬	1940. 2

资料来源：金诚．“益寿临广流通辅币”券［J］．安徽钱币，2000（3）：16 ~ 17；山东抗日民主政权上册［G］．北京：中共党史出版社，2015：295.

① 朱玉湘．山东抗日根据地财经建设的艰苦创业［J］．山东大学学报，1991（3）：44.

② 刘大可．山东抗日根据地财政经济工作的经验和启示［J］．史海钩沉，2015（6）：43 – 47.

③ 朱玉湘．山东抗日根据地财经建设的艰苦创业［J］．山东大学学报，1991（3）：44.

（5）保护民众利益。

1938 年 8 月，山东省高等法院北海分院（简称北海高分院）成立，掖蓬黄 3 县地方分院亦成立。到 12 月，受理田产纠纷、汉奸等 8 类案件 144 起，开了抗日根据地司法建设的先河，有力地维护了民众的合法权益。

总之，在该阶段，分散且弱小的山东各地抗日根据地，尤其首个县级抗日民主政权掖县政府及北海专署，在中共领导下，依托政权力量和武装力量，开始构建起独立自主的根据地经济的“四梁八柱”，展开了一系列有成效的财经建设，不仅抵御了敌伪的封锁和国府的“断供”，保证了自己的军政所需，而且还力援了友军、兄弟部门和上级军政的供养，为根据地的巩固和发展提供了宝贵经验。

3.2.2 巩固期经济自保（1940.8—1943.8）

此时期为中国抗战相持阶段的中后期，也是最为艰难困苦时期。在经济上，日、国、共三方围绕战争资源展开了激烈的争夺，因而战争的胜败不仅取决于军事、政治的较量，更取决于经济的较量和支撑。在日方，日寇在对我实行残酷的经济封锁禁运的同时，借军事“扫荡”大肆掠夺壮丁、粮棉、牲畜等战争资源，“以战养战”。仅 1940 年被征发去东北的山东劳工即达 70.8 万人，占华北地区劳工总数的 53%①。临朐县 1940 年人口 38 万人，到 1942 年只剩 8 万人②。1941 年日寇“扫荡”沂蒙山区，仅耕牛损失就在 60% 以上③。据战后调查，日伪在沦陷区抢掠的物资和毁坏的东西见表 3－9。

表 3－9　日伪在山东侵占区所抢掠毁坏的物资统计

类别	粮食（亿斤）	耕畜（万头）	家禽（亿只）	猪羊（万只）	毁坏房屋（万间）	破坏家具（万件）	车辆（万辆）	衣服（万件）
数量	145	174	1.45	1400	580	1300	24	8700

资料来源：郑伯彬．日本侵占区之经济［M］．资源委员会经济研究处，1945：32.

① ［日］松崎雄三郎．北支那经济的新动向［M］．株式会社大日本雄辩会讲谈社，1942：200.

② 山东省临朐县档案馆档号 1－13－89．参看解放日报，1944－11－19.

③ 逄振镐，江奔东主编．山东经济史［M］．济南：济南出版社，1998：371.

在国民政府方面，山东省府不仅不发给八路军粮款，甚至密令各级政府及军民，如有“供给八路军粮食者，依资敌论罪”，国民党顽军在“宁亡于日，不亡于共”的口号下，大搞反共摩擦，仅1939年6月至11月就发生军事摩擦90余次，所造成的损失见表3－10。

表3－10　1939年6月至11月国民党顽军反共摩擦造成的我方损失

类别	杀害（人）	扣押（人）	缴枪（支）	子弹（粒）	掳去骡马（匹）	资财（元）	粮食（斤）	被服（套）
数量	350	812	2057	19000	47	24000	15000	463

资料来源：朱玉湘．山东抗日根据地财经建设的艰苦创业［J］．山东大学学报（哲社版），1991（3）：42～49.

面对上述严峻局势，山东抗日根据地党政领导深刻认识到，“经济抗战和军事政治抗战在今天敌后的山东省有同等重要的地位，我们需要从努力生产中来打破敌寇的经济侵略与经济封锁，力求自给自足，以至供给后方”①。该时期根据地的经济工作大体可分为两个阶段：前期（至1941年7月）工作重点是调整分配关系，以统一收支，合理负担；后期工作重点是调整生产关系，以促进生产建设。其主要工作有以下几点。

（1）建立机构明确方针。

山东省战时工作推行委员会内设财政经济组（翌年改称处，并分为财政、经建两处），专署和县财政设财政科和经建科，区设财经助理，村政委员会也设专人分管，自上而下建立起财经工作领导系统和下情上传的定期汇报制度。1940年夏的《山东省战时施政纲领》将“努力战时财经建设，充裕抗战经费，发展国民经济，实行自力更生”定为当时财经工作的指导思想②。1941年夏，山东省战时工作推行委员会召开全省财经大会，将“力争自力更生，达到自给自足，发挥民力，发展生产建设，实行统筹统支，严格各种制度，开源节流，反对浪费贪污”作为今后经济工作的目标。至此，在山东抗日根据地，自力更生发展经济以保证供给自足的财经总政策已形成。③

① 山东革命历史档案资料选编第7辑［G］．济南：山东人民出版社，1982：167.

② 刘大可．山东抗日根据地的经济［M］．北京：中共党史出版社，2005：6.

③ 刘大可．山东抗日根据地财政经济工作的经验和启示［J］．史海钩沉，2015（6）：43－47.

（2）健全财经法规。

山东省战时行政委员会颁行了比重较大的系列财经法规、政令、条例，内容包括税赋征收、土地清查、救国公粮、减租减息增资、公平负担、劳工互助、合作组织、募捐罚款、金库管理、支粮票使用、节支奖励、贸易交易、棉粮禁运、禁杀耕牛、禁止酿酒、推行新钞、惩治贪污、整理村财政、优待抗属、救济灾难民等各个方面，使全面开展的财经工作有章可循。

（3）加强人才培训。

1938年10月，省委财政经济委员会在沂水举办财政训练班，比中央指示要求早半年[①]。1940年8月山东省战时工作推行委员会成立当年，培养财经干部60余人。次年8月1日，山东省战时工作推行委员会又办财政经济学校，分税务、财政、银行、经济建设4个队，学期4个月，首期培训200多名干部。各行署开办农林、工艺、纺织、造纸等各种职业学校，培养专才。1942年4月，设华北财经学校第二分校，专门培养县以上财经干部，每期学员100名；各地自办短期训练班，培养县以下干部。1941—1942年，共培训区级以上干部2450人，轮训村级干部7354人。各级政府重视人才，延揽人才。1941年7月，山东省战时工作推行委员会提出重金聘用专门技术人才，1942年9月，山东省战时工作推行委员会颁布决定，对公营企业技术人员实行年功加薪制，并延揽薛暮桥[②]、石英[③]等经济专家来鲁工作，委以重任。到1945年，山东全区财政干部及工作人员达8000人。[④]

（4）完善税赋征收。

国府统治时期，苛捐杂税达70多种。1938年8月北海专署成立后，即宣布废除其中的30多项。1940年山东省战时工作推行委员会设税务局

---

① 山东抗日民主政权上册［G］. 北京：中共党史出版社，2015：206.

② 薛暮桥时任抗大华中分校训练部长，1943年来山东工作，历任山东分局政策研究室主任（协助黎玉领导工商管理工作）、省工商局长、省政府秘书长兼实业厅厅长。他对山东抗日根据地金融市场进行调查后，与艾楚南一起建议在禁用伪币的同时驱逐法币，使根据地发行的北海币独占市场，从而提高了北海币的币值，稳定了物价，成功领导了对敌货币斗争和贸易斗争。

③ 石英曾任太行抗日根据地太北工商局长，1943年经中央批准被山东分局请来山东，9月起任滨海工商管理总局局长，对敌经济斗争中善于发挥比较优势。

④ 刘大可. 山东抗日根据地财政经济工作的经验和启示［J］. 史海钩沉，2015（6）：43－47.

整理税收，一方面废除苛捐杂税，另一方面开征规范税种，逐步停止募捐摊派。一是开征田赋（即土地税），按每季每亩3~5斤标准，分夏秋两季征收，成为根据地主要财源。1940年田赋收入占财政总收入的35%，居第二位（第一位为募捐），1941年增至54%，居第一位。① 二是保留盐税、矿务税、货物税、田房契税、营业牌照印花税、牲畜屠宰税6种，规范税制，不得巧立名目任意收税和超过税额任意加税，使之成为仅次于田赋的一项主要收入，1940年占财政总收入的9%，居第五位，1941年、1942年各占19%、41%，均居第二位。② 三是征收救国公粮（其实质是一种农业收益税），变初期的动员募捐、标准不一，负担不均为规范的公平负担的公粮征收。历经三次修改，从开始阶段照顾各阶层公平负担，累进征收，到后来从实产量征收，变为按应产量征收，方法简便，日趋公平，农民拥护，踊跃交粮，保证了战时粮食的供给。

（5）开展货币斗争。

1939年8月，北海银行复业，1940年秋更名为“山东北海银行”，1941年按照“总行—分行—支行—县办事处—代办所”建立起独立的银行系统。1942年前坚决保护法币，严禁使用伪币，部分地发行地方货币，取缔土杂钞，对敌展开货币金融斗争，使土杂钞在根据地绝迹，伪银行票（如民生银行和伪平市官钱局纸币）在根据地无市场；1942年后，则连续开展“排法斗争”，意将法币贬值。当年1月，山东省战时工作推行委员会指示各地：法币按7~9折使用，民主政权所发行的纸票如北海票为本位币；5月29日财政经济委员会《关于法币问题的指示》规定：用北海银行票—山东抗日根据地的本位币来计算军政民间一切借约契据、来往账目，法币与本币间的折价由各地区视我钞流通量自定，同时统一管制贸易，要求以货易货，阻止物资低价外流与法币内流。

（6）加强贸易管理。

根据地采取“对外统制，对内自由”的贸易政策。1940年8月便将“统制对外贸易”和“禁止运粮资敌并限制种植资敌产物”作为战时财经政策列入《战时施政纲领》，1940年12月14日扩大到禁止运棉资敌，并

① 山东革命历史档案资料选编第10辑［G］. 济南：山东人民出版社，1983：268.
② 山东革命历史档案资料选编第10辑［G］. 济南：山东人民出版社，1983：268.

将贸易物品分为必需品、通用品、非必需品、奢侈品四大类，征收不同的进出口货物税（见表 3－11），运用税收杠杆调节物品流向，增加外汇收入，确保根据地军需民用。

表 3－11 山东抗日根据地进出口货物税率 单位：%

类别	必需品	通用品	非必需品	奢侈品
代表品	军火材料、器材、粮食棉花、中西药品、钢铁、纸张、洋线、金银等	火柴、煤炭、木料、鞋袜、颜料、粗肥皂、肥料、五金品等	水泥、香皂、绒呢、陶瓷、茶叶、手电灯、成衣、肉蛋等	照相器材、音乐器具、金银首饰器皿、毛织品、化妆品、罐头、奶类、糖果、海味参燕等
入口税率	免征	免征，或 5% ~20%	免征，或 10% ~50%	20% ~100%
出口税率	禁出	禁出，或 5% ~100%	5% ~10%	免征，或 5% ~50%

资料来源：山东革命历史档案资料选编第 7 辑［G］．济南：山东人民出版社，1983：270 ~275.

各地贸易局成立输出合作社，统制一切出口货物，实行以货易货，统制对外汇兑，禁止使用伪钞。根据地内商品则采取自由贸易政策，允许自由买卖，扶持、保护、引导私人资本开展富国利民的商业活动，并通过海外贸易及跨区调剂，平抑物价，互通有无，安定人民生活。

（7）开展精兵简政和生产节约运动。

1941 年 12 月，山东分局通过总结鲁中反“扫荡”的教训，提出了“充实部队，缩减机关，力求地方化”的任务。1942 年春夏，精兵简政以紧缩编制为中心自上而下逐步展开；9 月 9 日，山东分局作出《关于贯彻精兵简政的决定》，要求坚决执行党中央提出的党政军民脱离生产人员总人口不得超过根据地总人口 3% 的规定，同时，改革各种冗长、重复、迂曲、繁琐的工作方式，废除一切不必要的工作制度和设施，以提高干部质量和工作效率为中心。到 1942 年底，党的机关减少 52%，政府机关减少 46%，政权干部减少 7000 人，根据地每人每年可减轻负担 8.9 元①。全省精简人员占原脱产人员的 27%，精简后的军政人员比例为 2∶1②，脱产人员数约占

① 山东革命历史档案资料选编第 10 辑［G］．济南：山东人民出版社，1983：256.

② 朱玉湘．山东抗日根据地财经建设的艰苦创业［J］．山东大学学报（哲社版），1991（3）：42 -47.

基本区（游击区除外）人口总数的2.4%，低于中央规定3%的标准①。

从1941年起，大生产运动不仅在山东抗日根据地民众中开展，同时，连同节约运动还在机关、部队、团体中开展。1940年12月10日，山东省战时工作推行委员会作出《关于服装的决定》，1941年9月3日发出《关于节约运动的通知》，10月8日再作出《关于政权机关团体生产节约的决定》，要求部队及机关团体一手抓节约，减少会餐、慰劳、限制支差、自磨自食；一手抓生产，开荒种地，榨油喂猪，开办磨坊、粉坊、合作社等。1942年各项行政费开支较上年压缩1/3到1/2，生产节约2000万元以上②，部队、机关、团体达到自给或半自给③。

总之，山东抗日根据地在这一阶段走向统一，经济工作亦在全面展开中更加制度化和规范化。面对敌人的分割封锁和经济"剿杀"，根据地军民在党的领导下自力更生，开源节流，针锋相对地展开了艰苦卓绝的经济抗战。财粮税收、金融贸易和生产建设事业的发展开拓了财源；精兵简政，节约运动及金库、预决算、会计、支粮票、报销等财经制度的建立保证了节流。在抗战最为艰苦的1942年，山东抗日根据地财政收入108.9亿元，支出100.7亿元，实现了自给有余的自保目标④。

3.2.3 发展期经济自主（1943.9—1945.8）

1943年，山东抗日根据地在对敌顽的三角斗争中取得初步优势，9月，山东省战时工作推行委员会改组为山东省战时行政委员会，标志根据地发展进入新时期。山东分局对该阶段全盘工作总的指导思想是"争取主动，争取发展"，相应地，财经工作的主要目标是"提高生产，增加富力，注重财政，力争主动"⑤。1943年春，通过学习考察晋察冀、陕甘宁、太行等根据地经济抗战的经验做法，山东抗日根据地确定了生产、货币、贸易三位一体的基本任务：在生产中，以"减租减息"发动民众为先导，有效

①③ 刘大可．山东抗日根据地的经济［M］．北京：中共党史出版社，2005：43－44、47.

② 申春生，刘大可．山东抗日根据地财经工作述要［J］．中国社会经济史研究，1987（02）：101－108.

④ 山东革命历史档案资料选编第9辑［G］．济南：山东人民出版社，1983：185－186.

⑤ 刘大可．山东抗日根据地的经济［M］．北京：中共党史出版社，2005：50.

组织民力，着力发展农业为基础；在对敌斗争中，以货币斗争为突破口，坚决禁用伪钞停用法币，建立自主的单一本位币制度；在贸易中，改变以货易货策略，充分发挥比较优势，严格管理外贸，争取高价输出我土产，低价输入军民必需品，新开财源，支持货币斗争与生产。在工作进展次序上，则是货币斗争—贸易管理—扶助生产—保障供给。即通过停用法币，禁用伪钞，建立独立自主的本位币，为贸易管理提供一个币种单一币值稳定的货币金融市场；通过贸易管理统制重要物资，争取有利交换，为发展生产积蓄财力物力，通过发展扶助生产，自力更生，争取自给，改善生活，又为贸易管理和货币斗争提供更为强大的物质基础。

(1) 扶助生产。

自 1943 年冬起，山东抗日根据地开展了轰轰烈烈的大生产运动。1945 年 3 月 3 日，山东省战时行政委员会发出《关于开展大生产运动》的指示，分别就农业生产、工业生产和机关生产提出明确具体的目标任务，要求将大生产运动作为“贯穿全年之一中心工作”①。为此开展了如下工作：

①把发展农业生产摆在首位。一是通过减租减息调整农村阶级关系，消除超经济剥削，解放农村劳动力；二是通过劳动互助调整农村生产关系，重组劳动要素，释放协作生产力；三是通过奖励扶助措施，引导生产方向，调动生产积极性。

通过上述举措，山东抗日根据地的农业生产蓬勃发展，山东省战时行政委员会提出的超产计划超额实现。期间全省农业大生产成果见表 3－12。

表 3－12　　山东抗日根据地农业大生产成果

类别	1944. 1—1945. 8					1945		
	扩大耕地（万亩）	打井（万眼）	开渠（条）	修堤（道）	植树（万棵）	增产粮食（亿斤）	种棉（万亩）	产棉（万担）
数量	70	5. 2	327	732	1181	6	151. 3	32. 8

资料来源：申春生. 山东解放区的政权建设［M］. 北京：中共党史出版社，2005：112－113.

②着手发展工业生产。一是大力发展以纺织为中心的农村手工业，要求每 20 人平均有一辆纺车，每 200 人平均有一张织机，保证军民所需布匹

① 山东抗日根据地［G］. 北京：中共党史资料出版社，1989：175－179.

的全部自给①。到抗战胜利，完全实现土布自给，具体成就见表 3－13。

表 3－13　至抗战胜利前夕山东抗日根据地纺织工业发展成就

类别	纺车（万架）	织机（万部）	年产土布（万大匹）	参加纺织人数（万人）	纺织收入（亿元）	人均收入（元）
数量	100	16	180～200	80	8	1000

资料来源：申春生．山东解放区的政权建设［M］．北京：中共党史出版社，2005：116.

二是发展公营工业。至抗战胜利，共有工厂 88 处，工人 3000 余人，资金 3000 万元；肥皂、毛巾等日用品自给有余，文化用品大部自给。②

群众性手工业和公营工业的发展，不仅增加了根据地实力，而且广开了财源，使工商收入成为政府的主要财政收入，田赋降至次要地位，政府财政主要取之于农的局面发生根本变化，农民负担进一步减轻。1944 年工商收入占政府财政收支比见表 3－14。

表 3－14　1944 年山东抗日根据地工商收入占财政收支的比重　单位：%

工商收入占全省财政收支比		工商收入占各地财政支出比				
收入	支出	滨海	鲁中	鲁南	胶东	渤海
50. 02	43. 62	70. 8	35. 65	23. 73	35. 69	47. 74

资料来源：山东抗日民主政权上册［G］．北京：中共党史出版社，2015：1298.

（2）贸易管理。

根据生产、货币、贸易三位一体的基本任务和斗争策略，该时期贸易管理的基本方针是：对外管理输出输入，展开经济斗争，争取有利交换，对内调剂物资，稳定物价，扶助生产，保证供给。为此在贸易管理中，一是实施严密管理，二是实行专卖制度，三是采用弹性税率，使山东抗日根据地掌握了对外贸易的主动权和调控内地市场的物资权，促进了经济发展，改善了人民生活，增加了政府收入，打破了敌人的经济封锁，支持了对敌货币斗争。

① 山东抗日根据地［G］．北京：中共党史资料出版社，1989：177.
② 朱玉湘．山东革命根据地财政史稿［M］．济南：山东人民出版社，1989：236.

（3）货币斗争。

1943 年 7 月 9 日，山东分局《关于停用法币的指示》限期将法币兑换成本币。到 1944 年春，山东抗日根据地全面确立了北海币的本币地位①。1944 年 12 月，滨海、鲁中、鲁南三地区统一发行北海币。至次年春，北海币在根据地，被占人口 2/3 的 1000 万人完全使用，在游击区与伪币交错使用，在敌占区亦暗中流通②。1945 年 8 月 1 日，山东省战时行政委员会通令全省各地北海币统一流通，北海币占领山东全境，独立自主的本币市场完全建立。

总之，在该发展阶段，山东抗日根据地党政军民按照货币、贸易、生产三位一体的战略部署和斗争策略，通过积极主动的发展，取得了经济自主，为抗战的战略反攻和新中国的创建，提供了雄厚的经济资源和宝贵的政治经验。

3.3　逆向因果链：山东抗日根据地政经互动的基本模式

第 2 章依据马克思主义生产力与生产关系/经济基础与上层建筑的理论，从顺向和逆向因果链，阐述了政经互动的一般原理。从前两节分别描述的山东抗日根据地政权建设和经济发展概况来看，同样地存在经济发展决定政权建设和政权建设决定经济基础两种情形。

3.3.1　经济发展对政权建设的影响分析

（1）经济危机决定政权的创建。

山东抗日民主政权是在日寇入侵、省府及国民党军队溃退、国难当头、民不聊生、生产力遭受严重破坏的境地下，为着生存救亡揭竿而起，为着保境安民挺身而出，为着民主自由创建而生。也就是说，山东抗日民

① 王波，郭金鹏．抗战时期山东北海银行历史贡献评析［J］．山东广播电视大学学报，2013（1）：68－72.

② 山东革命历史档案资料选编第 14 辑［G］．济南：山东人民出版社，1984：394.

主政权创建的初心就是为了让老百姓过上好日子。

（2）经济实力决定政权的规模。

如前所述，1941 年 4 月，山东抗日根据地撤销乡级，区直管村，减少行政层次，1941 年初至 1943 年春，先后三次精简人员，使精简后的脱产人员占根据地总人口的 2.4%。缩减行政层次和精简脱产人员固然有提高行政效能之目的，但更重要的是受根据地财力之约束，进而受经济状况之制约，“要在敌人残酷‘扫荡’、清乡、‘三光’政策的摧残下，照顾到群众的物力、人力，因生产力的不断下降，人力之不断地减少，使根据地受到难于支持人力、物力枯竭的现象。”①

（3）经济斗争决定政权的机构设置。

如贸易局、工商管理局等机构的设立，系出于对敌展开经济斗争的需要，但归根结底是服务于经济建设，是为了“发展经济，保障供给”。1940 年 3 月设立贸易局后，一是组织中小商人突破敌之封锁线，采购根据地军民的必需品，有计划地输出剩余产品；二是用各种途径吸收地方游资，用以发展抗战的经济事业；三是组织一批合作社，通过互济合作，发展生产；四是在上海、大连、哈尔滨等地设立秘密据点，开展海外贸易，深购远销“违禁物资”，打破敌之封锁，保障军需民用。1943 年 10 月成立的工商管理机构，则集扶助生产、贸易管理、货币斗争于一体，三者联动，为根据地经济发展提供币种单一币值稳定的货币金融市场和对外统制对内自由的商品市场，并为发展生产提供直接的资金扶助和技术支持。

（4）经济结构决定政权的财力来源。

抗战初期，山东抗日民主政权的运行主要依赖没收敌产和多方募捐，1940 年规范税制统一收支后，主要来自以农为主的田赋和救国公粮，1944 年起工商收入成为政府的主要财政收入。上述财政收入结构的演进变化，反映了根据地经济发展产业升级的结构性变化。

3.3.2 政权建设对经济发展的影响分析

与经济发展推动政权建设相比，山东抗日根据地政权建设对经济发展

① 山东抗日根据地［G］. 北京：中共党史资料出版社，1989：115.

的拉动作用更为直接更为主要更为明显更为显著。具体表现在以下几个方面。

（1）顶层设计决定经济发展的指导思想和发展方针。

山东抗日根据地所处地区经济落后，工业薄弱，农业和家庭手工业相结合的自然经济占据统治地位。在外敌封锁外援匮乏的情势下，山东抗日民主政权确立了“独立自主，自力更生，自给自足，丰衣足食”的战时财经指导思想和“发展经济、保障供给、开源节流、充裕抗战经费”的战时经济发展方针。上述指导思想和发展方针的核心是自力更生，既切合山东的客观实际，又符合中共中央的指示要求，实事求是的顶层设计，为根据地经济的发展指明了正确的方向，为具体经济政策的制定提供了顶层依据。

（2）民主建政决定人民当家作主的政治地位和经济热情。

自力更生的思想源于相信群众依靠自己的力量解放自己的马克思主义世界观。要不要自力更生，能不能自力更生，其实质就是对群众力量是否相信是否依靠。山东各级抗日民主政权在建设中，始终不渝地赋予民众选举、罢免、创制、复决四权，村以上各级政权一律民选，按照“三三制”原则组建和改造各级政权和群众团体。在政治上能够当家作主的人民群众，在经济上油然焕发大生产的积极性，成为自力更生、发展经济的主力军。

（3）保护民力决定一切经济政策的出发点。

自力更生的伟力在于民众，保护民力便是保护生产力。山东抗日民主政权在“保障各阶层人民土地与财产之所有权”① 的基础上，从废除苛杂、公平负担到规范税赋、统一财政，从减租减息、增加雇工工资到敬养耆老、优待抗属、安置抗战伤残人员、救济灾民难民及失业人员，从鼓励垦荒、扶助生产到党政军民一齐参加、身体力行，从鼓励家庭生产、组织合作生产到公营经济“统一领导分散经营”，“公私兼顾、军民兼顾”，从统制流通、管理贸易到确立本币、废除土杂、取缔敌钞、驱逐法币，从节衣缩食、生产节约到精兵简政、严格支差、武装护秋，无一不是从维护好、发展好人民群众的利益出发。与此同时，山东抗日民主政权着眼于取消超经济剥削，依法保障拥护抗战、赞成民主的爱国士绅、资本家、地主富农

① 山东抗日根据地［G］. 北京：中共党史资料出版社，1989：138.

的合法权益。一方面强调减租减息，另一方面强调交租交息；一方面强调增加雇工工资，另一方面保证资本家有利可图。通过“减租减息双交增资”，形成新型平等互利关系，使外逃的地主、资本家纷纷返回，发展实业，参政议政。山东抗日民主政权保护民力的上述政策做法得到了最广泛阶层、最广大民众的由衷拥护，他们投桃报李、涌泉相报，以积极发展生产、踊跃交纳公粮、慰劳抗战将士的实际行动，来表达对民主政权和人民军队的拥戴。

（4）组织职能决定经济的结构调整和转型升级。

山东抗日民主政权充分发挥组织经济的职能，将民众焕发的生产活力引导到自力更生、保障供给的战略目标上来。为实现棉布自给，山东省战时工作推行委员会规定种植面积的比例为粮食、棉花、麻、蔬菜各占75%、15%、5%、5%，在无种棉习惯的滨海、胶东等地，采取政治动员、经济奖励、技术支持、种子配给等举措①，使1945年棉田达到151.3万亩，产棉近328万担②；进而扶助纺织业发展，要求每20人平均有一辆纺车，每200人平均有一张织机。到抗战胜利前夕，根据地拥有纺车100万辆、织机16万部，年产土布180万~200万大匹，实现了土布完全自给③。与此同时，大力鼓励发展染织、鞋袜、印刷、制皂、卷烟、造纸、文具等日用品工业，使肥皂、毛巾自给有余，文化用品大部自给，产业结构相应发生变化，自给自足经济体系初步形成。山东抗日民主政权还充分发挥各种救国职业团体及群众组织的作用，组织互助合作，发展公营经济，推广先进技术，表彰劳动模范，培育新型生产关系，拉动先进生产力形成。

3.3.3 结论

由此可见，在山东抗日根据地的政经互动中，沿着逆向因果链的政权建设对经济发展的决定作用更具整体意义和持久意义，因而可将之归纳为逆向因果链的政经互动模式，也即以科学正确的思想的上层建筑为指导，通过加强和改善政治的上层建筑，带动经济基础发生变革，进而通过对生

① 朱玉湘．山东抗日根据地的经济建设［J］．东岳论丛，1981（6）：88－94.

② 申春生．山东解放区的政权建设［M］．北京：中共党史出版社，2005：112－113.

③ 申春生．山东解放区的政权建设［M］．北京：中共党史出版社，2005：116.

产关系的全面调整，拉动生产力发展。

根据这一逆向因果链政经互动模式，第 4 章将进一步阐述山东抗日根据地政权建设对经济基础的变革，第 5 至第 8 章分别从调控交换关系、调节分配关系、调配生产关系、调整消费关系四个方面，阐述山东抗日根据地的生产关系的全面调整对生产力的拉动。

第4章　山东抗日民主政权建设对经济基础的变革

根据第3章所确立的山东抗日根据地政经互动的基本模式为逆向因果链方式，本章分析第一个层面即政权建设对经济基础的变革。根据杜赞奇关于现代国家治理表现为政治权力自上而下逐步覆盖和人民权力自下而上逐步渗透的论述①，本章分别从民主建政和法制治理角度，阐述山东抗日根据地人民权力和政权权力的渗透和覆盖情况，最后作出简评。

4.1　民主建政

4.1.1　通过民主立宪保障民权

全面抗战伊始，中共中央就宣告：实现民族解放、民权政治、民生幸福是中共奋斗的三大目标②。毛泽东指出，战争的深厚伟力“存在于民众之中”③。山东分局书记朱瑞也指出，“抗战的任务在解放整个民族与人民”④，“只有动员组织了广大群众，领导并依靠他们”，才能战胜日寇⑤。

---

① ［美］杜赞奇著，王宪明译，从民族国家拯救历史：民族主义话语与中国现代史研究［M］．北京：社会科学文献出版社，2003：前言2.

② 周恩来选集上册［M］．北京：人民出版社，1980：77.

③ 毛泽东选集第二卷［M］．北京：人民出版社，1991：511.

④ 山东革命历史档案资料选编第7辑［G］．济南：山东人民出版社，1983：330.

⑤ 又是一种扫荡——朱瑞在集总随校的演讲［N］．大众日报，1940-02-22.

山东省战时行政委员会主任黎玉指出，想实现推翻几千年的封建统治，打走凶恶日寇这些“千百万人解救自己的事业”，少数人包办不了，“必须依靠群众自己求翻身求解放”①。

1940 年 7 月 26 日至 8 月 26 日，山东分局召集“乡贤宿老、抗战先进、政党领袖、军队首长以及各政府、各种族、各教派、各阶层之代表”②，即鲁国大初选代表、工农青妇文化界动委会 6 个团体代表共 300 余位召开联合大会，颁行了由山东分局起草、经山东省临时参议会通过的具有临时宪法性质的《战时施政纲领》，明确规定：根据三民主义与抗战建国纲领，落实民主政治，使一切赞成民主、拥护抗战者，不论种族、男女、信仰、党派、学历、财产，皆能践行选举、罢免、创制、复决等四权；民选村以上所有政权和参议会等民意机关；整饬司法，保障人民抗日之言论、出版、集会、结社、武装之完全自由；以发动民族一切生动力量，坚持抗战与彻底完成我全民族之统一与团结。1943 年 8 月山东省临时参议会一届二次会议通过同样具有临时宪法性质的《山东省战时施政纲领》也规定，“按照新民主主义原则，加强民主建设工作”，“实行‘三三制’，欢迎各党派、各阶层拥护抗战及赞成民主的人士参加政权”，“发扬民主精神，健全各级参议会和各级行政机关”，“保障一切抗日人民言论、出版、集会、结社、思想、信仰之自由，保障一切抗日党派、抗日团体之政治自由及合法权利”，从立宪角度赋权于民，落实民权，为民主建政奠定了宪法基础。

4.1.2　通过群团组织落实民权

“把千百万劳动群众组织起来，这是革命最有利的条件，这是革命取得胜利的最深的泉源。”③ 山东分局遵照 1939 年 11 月 1 日、12 月 1 日中共中央先后下发的《关于深入群众工作的决定》和《关于组织进步力量争取时局好转的指示》精神，以大力发展各种群团组织为依托，组织民众，训练民众，发展民力，落实民权，实现战时各项任务。

---

① 山东抗日民主政权上册［G］. 北京：中共党史出版社，2015：987.

② 联合大会宣言［N］. 大众日报，1940－08－29.

③ 列宁选集第三卷［M］. 北京：人民出版社，2012：709.

（1）组织群团举措。

在组织人民团体中，山东抗日根据地主要采取了如下举措：

①加强党的领导。以覆盖面最广的农救会为例，为推动减租减息增资这一民生中心工作，山东分局指示各级党政军民抽调一切可以抽出的干部，统一归所在地区的党委领导，以同级或上级农救会干部名义出现，并“挑选与群众有密切联系的党员，尤其是群众领袖到农救会工作，加强对农救会的领导”；改造支部尤其村支部“对农救及各救①的领导”，“号召全体农民党员积极参加农救会”，同时吸收农救会中的优秀分子入党。当时的农民党员比例情况见表4－1。农民党员加入农救会有天然优势，“党才真能够达到依靠群众又领导群众并在群众斗争中改造党，提高党的领导”②。

表4－1　1941年初山东抗日根据地湖西、胶东、清河、鲁中四区农民党员占党员总数比重

单位：%

区名	湖西	胶东	清河	鲁中
农民党员占总党员数的百分比	72	56	97	82

资料来源：山东革命历史档案资料选编第8辑［G］．济南：山东人民出版社，1983：106.

针对一些地方没有同步发展的情况以及纠正各会间分立、孤立甚至对立的现象，山东分局于1942年再次提出整理改造支部，并真正建立村支部对农救及各救的领导，充实工农青妇委员会，要求各委员会在党委领导下，互相配合地工作，发挥“组织与领导群众运动的作用”③。

②抗日民主政权扶持。1940年9月，山东省战时工作推行委员会秘书长陈明指出，要改变“政府不善于配合各群众团体”的做法，“承认农会是合法团体，为代表全体农民之机关”④，打破官僚主义，把群众工作提到建设根据地工作的第一位，“上下一致、政民一致动作”，依靠群众团体开展有关工作和斗争。当时群众斗争频繁之况可见表4－2。

① 各救即指当时的农民救国会（简称“农救会”）、青年救国会（简称“青救会”）、妇女救国会（简称“妇救会”）、职工救国会（简称“职救会”）、文化界救亡协会（简称“文救会”）等的简称。

② 山东革命历史档案资料选编第8辑［G］．济南：山东人民出版社，1983：287－288.

③ 山东革命历史档案资料选编第8辑［G］．济南：山东人民出版社，1983：287.

④ 山东革命历史档案资料选编第5辑［G］．济南：山东人民出版社，1982：354、372.

表4-2　1943—1944年山东抗日根据地发动群众斗争的次数

类别	减租	反恶霸	反贪污	反资敌	反黑地	反奸	增资	其他	合计
次数	46772	5201	3186	192	518	215	3369	1954	61407

资料来源：王启云．山东抗日根据地的减租减息［M］．北京：中共党史出版社，2005：100.

③八路军拥政爱民。徐向前指出，“各种群众团体是民主政权联系群众的桥梁，八路军的得力助手”[①]，大大地推动了根据地的巩固扩展。罗荣桓亦常言，“人民战争是要靠人民供给和支援才能打赢的，我们应当尽量减轻人民的负担，不浪费一粒粮食，不多用一个民夫、一辆大车、一匹马”。八路军严格执行群众纪律，自觉维护群众利益，广泛拥政爱民，保护群众秋收，战斗间隙帮助兴修水利抢耕抢种，开盐场，生产自救互救。“群众工作做好了，我们才有靠山”[②]。

④扩大群众基础。1938年11月底，“五战区工会”迁至沂水南庄村后，将工作重点转向组织广大农村工人。于是在农村，凡与“工”相关者，不论瓦工、木工和手工业工人，都以自然村为单位组成工会小组，后扩至雇工、小学教工。再如青救会，最早以中共领导的学运为主体，在城市并多在上层，主要从事战争动员与战时服务等，后根据山东分局青委指示，注意组织农村青年、“参加生产，开展宪政运动”[③]等，至1940年7月，80来位县青年参加了如青年抗日先锋队、工作团、锄奸团等共40多种青年组织，下层组织及活动约占全省85%，说明青运团体已走入工、农、学的广大园地。

⑤及时提升发展。在根据地党政军的全力扶持下，山东各地工农青妇等抗日救国群众团体如雨后春笋，到1940年7月，参加者已逾200万，建立统一的领导机关条件成熟。8月，全省各界联合大会召开，山东全省总动委会、山东省各界、职工、青年、妇女，或农民救国、文化界救亡动员会等救国联合总会，或总会及其各自的领导机关、委员分别由民选产生后，又各订章程统一领导各分会，使各分会更有序发展，组织群众300万人[④]。

① 徐向前．历史的回顾（下）［M］．北京：解放军出版社，1988：434.

② 宗言．罗荣桓：群众工作做好了，我们才有靠山［J］．新长征，2014（12）：63.

③ 山东革命历史档案资料选编第5辑［G］．济南：山东人民出版社，1982：166.

④ 山东省地方史志编纂委员会．山东省志·农民团体志［M］．济南：山东人民出版社，1996：152.

至1943年，群众组织已在根据地62%的村庄达32%的总人口中建立，至次年末，有组织的群众达404万人。具体情况见表4－3。

表4－3　1944年末山东抗日根据地群众组织发展情况　单位：万人

类别	农救会	工救会	青救会	妇救会	儿童团	合计
会员	133.6	15	36	131	88.7	404.2

资料来源：山东解放区史稿（抗日战争卷）[M]. 北京：中国物资出版社，1998：176.

（2）群团主要活动。

各级各类群众团体成立之后，在中共的领导下，广泛参加了各项政治活动，维护和发展自己的合法权益。

①参政议政主政。妇救会使妇女走出灶台，走出家门，组织起来的妇女参政热情非常高涨，不论是选举下至村长上至国大代表，还是解决女性自我解放，都积极热心。如湖西某地成立妇女宪政促进会时，正遇鬼子出动，于是约定晚上12点在20里外集合继续开会，结果代表们准时到齐，直开到次晨才散。鲁西某村选村长时没通知妇救会，选出的村长妇救会不承认，后来重选，选了个女庄长。抗战3年来，青救会员任行署委员1人、专员1人、县长7人、县政委员20余人，任区、乡、村长众多。建立县级青年宪政促进会48个，各级县以上参议会的青救会员50多人，在胶东蓬、黄、掖3县政权和沂水某区乡村政权里各占80%、50%以上。

②参军拥军劳军。招远县在青救会的带头和动员下，参军青年1.28万人，仅沂南青驼寺一个村就有110名。四县边联妇救会动员家人参军，不到2月便动员了2000多人；鲁南某区15天内动员了100多人，36条枪。1939年冬，各地妇救会为部队缝制棉衣10万余件，劳军慰问品随时随地捐赠，不计其数。

③配合政府中心工作。如开展减租减息增资，便是依托农救会进行，此外，如开展大生产运动、救济灾难民、查禁运粮资敌、反对贪污腐化、锄奸反恶霸、严防走私等，都有群团组织参与。通过参与政府工作，也树立了群众团体的威望，群众则从切身利益的提升中受到教育，“感觉到群众团体是自己的依靠”①，参加群团人数增多，热情高涨。而群众“真正以

①　山东革命历史档案资料选编第5辑［G］. 济南：山东人民出版社，1982：83.

自觉的政治力量开始参加村政权，各阶级、阶层站在政治平等的基础上，才有了民主的实质”①。

4.1.3 通过“三三制”贯彻民权

1931年“九·一八”事变后，尤其在1937年全面抗战前后，中共中央多次表示，即使是旧仇宿怨，只要是现在抗日的政府、军队、各党派、各阶级、各族人民，均愿意与其精诚团结，结成最广泛的抗日战线，共赴国难。山东抗日根据地积极贯彻“三三制”，团结和巩固最广泛的抗日民族统一战线，为各阶层践行“选举、创制、复决、罢免”四权提供了体制、机制保障。

所谓“三三制”，即在行政、民意机关中实行的中共党员、非党左派进步分子、不左不右的中间派各占1/3的人员分配②体制。山东党政认为其“是适合于敌后山东的”，是“体现抗日民族统一战线最好的政权组织形式”，③ 其实质就是“人民的政权”④。中共没有自己的私利，是全心全意为民族、民众谋福利的政党，就应站在民众中，“受人民的监督”，“请党外同志了解”其主张，“学会善于同别人商量问题”，接纳任何兴利除弊的意见，“即使意见片面不对，亦不能当场打击，多做善意解释”⑤，“中共对政权是要向人民负责的，始终如一地要和党外人士密切合作，每个党员必须保证这一合作”，并将其作为首要任务⑥，“反对事先不同人商量”，“要克服不愿与不同党外人士合作的狭隘性”⑦。中共只要存在，就只有与占多数的“党外人士实行民主合作的义务，而无排斥别人、垄断一切的权利”⑧。“与国民党执掌全国政权后，不允许其他政党分享政治资源”⑨ 不

---

① 山东革命历史档案资料选编第8辑［G］. 济南：山东人民出版社，1983：335-336.

② 毛泽东选集第二卷［M］. 北京：人民出版社，1991：742.

③ 山东抗日民主政权上册［G］. 北京：中共党史出版社，2015：677.

④⑥ 山东革命历史档案资料选编第14辑［G］. 济南：山东人民出版社，1984：151.

⑤ 山东革命历史档案资料选编第11辑［G］. 济南：山东人民出版社，1983：395.

⑦ 山东抗日民主政权上册［G］. 北京：中共党史出版社，2015：301.

⑧ 毛泽东选集第三卷［M］. 北京：人民出版社，1991：809-810.

⑨ 王奇生. 党员、党权与党争—1924—1949年中国国民党的组织形态［M］. 北京：华文出版社，2010：246.

同，只要是愿意抗战赞成民主的，中共“愿以2/3权利予其他各阶层各党派共同抗战建国”①。这就约束中共不能以多数去压倒少数，倒逼中共务必先使自己的政策策略正确，再靠自身的模范作用，争取士绅名流及一切抗日的地主资本家、其他党派人士的同意和拥护，而自愿积极地参加抗日民主政权工作②，促成各阶层人民的团结。

“三三制”政权的建设过程，是一个民主实验、实践的过程。③从1940年3月“三三制”提出以后，山东分局一直强调“三三制”的重要及其落实。从最早的贯彻民主，实行“三三制”，到改造政权，认真实行“三三制”，再到认真实行民主，彻底实行“三三制”，山东分局多次批评对这一民主制的怀疑态度，和不全面不彻底的执行，反复要求所有政府、参议会等，逐步经过民选实行“三三制”，在我党我军较巩固地区，我党数目还可少于1/3，建设真正进步与彻底民主的抗日政权。6月8日，山东分局指示：按“三三制”新建政权；党员占比太高之民主政权，“根据中央指示人员配备比例原则及当地具体情形”，急速通过各级参议会选举改造④。中共党员纷纷带头贯彻，如滨海、胶东参议会的部分中共参议员主动退出，将位置让给党外人士。本于1940年5月被清河区首届参议会选举兼任议长的清河地委书记景晓村，收到分局指示，即举行第二届参议会，爱国民主人士李植庭被选举为议长。清河区参议会和行政委员会较切实贯彻了“三三制”，见表4-4。

表4-4　1940年清河区参议会、行政委员会成员党派结构

类别	总人数（人）	其中			
		中共党员人数（人）	占比（%）	党外人数（人）	占比（%）
参议会	98	27	27.5	71	72.5
行政委员会	11	4	36	7	64

资料来源：山东抗日民主政权上册［G］. 北京：中共党史出版社，2015：6.

1940年7月31日，山东分局召开各界代表参加的联合大会，选举范明

① 山东抗日民主政权上册［G］. 北京：中共党史出版社，2015：734.

② 山东抗日民主政权上册［G］. 北京：中共党史出版社，2015：620-621.

③ 陈先初. 从“三三制”看抗日根据地的政权建设［J］. 求索，2005（10）：191.

④ 山东革命历史档案资料选编第4辑［G］. 济南：山东人民出版社，1982：323.

枢等山东省临时参议会议员81位，候补参议员26人，推选黎玉等山东省战时工作推行委员会委员23位，其中，中共党员均超过了1/3。1943年9月，山东分局书记朱瑞建议，在山东省临时参议会中，超过“三三制”的中共17位参议员、8位候补参议员“辞去参议员职务”，山东省临时参议会一届二次会议全体议员盛赞并接受这“忠实于人民、忠实于民主事业的大公无私的模范行为”①。通过无记名投票，全体监选，分别选出了山东省战时行政委员会、驻委会委员各11、15位，“均严格遵守”“三三制”②。

山东党政不断改进和监督落实“三三制”。从1940年8月起，山东抗日根据地实行“山东省战时工作推行委员会—行署—专署—县—区—乡—村公所”行政层级，乡以上各级设相应的参议会③和行政委员会，实行委员会制，各由21～25（山东省战时行政委员会时为9～12人）、7～11、7～9、5～7、3～5人组成，各级参议会均由民选，各级行政委员会均由同级参议员选举；最基层的村政委员会，其委员3～7名，由村民或村民代表大会选举，村长、副村长等则由村委互推。1941年划分小区取消乡后，山东抗日民主政权的组织系统从下到上为“村公所—区公所—县政府—专署—主署—山东省战时工作推行委员会”六级④。1940年9月，山东省战时工作推行委员会再强调“实行行政人员‘三三制’原则”：村、乡、区等政权，应以工农革命知识分子、进步分子为主，彻底保证进步法令的执行；县以上政权应号召、吸收名流士绅参加；选举工、农、青、妇、文各界比例，按照选举法中的原则进行；未按上述比例原则的现有各级政权，有步骤地改选⑤。11月，在省首次行政会议上，山东省战时工作推行委员会秘书长陈明强调：抗日民主政权未实行“三三制”，说明其“未被非党人士及士绅名流所了解时，应立刻与审查自己的政策，经过座谈会及参议会方式”，进行宣传说服解释，执行正确的统战政策，发动工农、革命知识分子群众及士绅名宿、其他抗日党派人士参政认识和热情后，通过民选实行“三三制”⑥，选举结果若不符合“三三制”时，“就要依靠各级政府

①② 山东省临时参议会一届二次全体议员大会宣言［N］. 大众日报，1943-09-23.

③ 山东革命历史档案资料选编第4辑［G］. 济南：山东人民出版社，1982：158.

④ 山东革命历史档案资料选编第7辑［G］. 济南：山东人民出版社，1983：447.

⑤ 山东革命历史档案资料选编第5辑［G］. 济南：山东人民出版社，1982：363.

⑥ 山东抗日民主政权上册［G］. 北京：中共党史出版社，2015：621.

与参议会的筹备会加以适当的调整"①；"某些开明士绅必须说服群众选举，防止群众自发的狭隘性"②，并布置"我们将以'三三制'的真正实行与否，作为各级民主政权民主化测验的标准"③。

村乡政权按"三三制"改造，在根据地是经常性的任务，早于1940年就已开始，要求民选的村乡长以工农和革命知识分子为主，在行政委员会上要有士绅名宿、其他抗日党派人士，政治上热心国事坚决抗日、赞成民主政权与制度、不贪污浪费、廉洁自奉俭朴者。1942年按刘少奇《改造政权问题》报告指示，根据地各级党政在减租减息基础上，普遍成立村政委员会，组织改选村长，多方培训村干，开始整理村财政。人民在切身利益的改善中，提升了民主觉悟，群众当家作主意识明显增强，用投豆法、投纸法、画圈法、画杠法、画点法等方法参加选举，至1943年春，村级选举参加的选民达到80%左右，如胶东所到选民472083位，占其登记选民总数的88.5%④。少至风华正茂蹦跳小伙，长至华发曲背扶杖爷娘都来选举，如此珍惜自己的公民权、选举权，史上空前，是国统区和"资本主义国家做不到的"⑤。据不完全统计（缺鲁南、冀鲁边的材料），1941年鲁中沂蒙改选了所有我占区村庄，有的甚至改选过两三次。通过改选各阶层比例逐步合理化，见表4－5。

信毅学术文库

表4－5　1942年底山东抗日根据地典型地区当选村长数及各阶级占比　单位：%

地区	村长数	富农	中农	贫农	中贫农合计	其他	商人	工人	雇农
胶东黄县	173	8.4	39	50	89	2.6			
滨海莒南临沭赣榆3县	648	16	45	28	73	7	2	2	
鲁南费滕边岳明乡	51	10	50.7	27.3	78	2			
鲁中泰山	村干数	1.5	35	53	88	2.4	5	2	1
沂蒙沂南	村干数	11.3	37	46.3	83.3	1.4	2	2.3	
沂临边中心区	村干数	12	25	62	87	1			

资料来源：山东抗日民主政权上册［G］．北京：中共党史出版社，2015：674～675.

① 山东抗日民主政权上册［G］．北京：中共党史出版社，2015：734.
② 山东革命历史档案资料选编第11辑［G］．济南：山东人民出版社，1983：394.
③ 山东革命历史档案资料选编第6辑［G］．济南：山东人民出版社，1982：49.
④ 山东抗日民主政权上册［G］．北京：中共党史出版社，2015：675.
⑤ 朱玉湘，吕伟俊．抗日根据地的民主与法制［J］．中国现代史，1982（8）：56.

“三三制”还进一步拓展到群团组织。1943 年 8 月，山东分局指示还应定期民主改选村级工农青妇文救会、村团部、民兵自卫队队长指导员等，“三三制”不应只限于政权机构，也应在青年、妇女、文救会中施行，就是工会、农会也应施行党员和非党员干部各半，通过将民主运动由村向上推进，实现民主运动的目的—密切党群联系，发现各类人才和真正的群众领袖。①

经过改选后，发动起来的群众推动了村政的发展，村务公开透明度大大增强；广大村干大进步，与国民党官员一遇“扫荡”逃得不见影②相比，少则 84.2%，多则 95% 的村庄长在 1941 年的大扫荡中，均带领村民，为保村建村恪尽职守。

按“三三制”进行的民主选举说明，山东抗日根据地各阶层均践行选举权与被选举权，真实实现了主权在民，其作用至少有三个方面：一是形塑了中共民主开放的形象，与国民党渐趋严重的专制独裁形成对照，巩固了中共对政权的实际领导，大大提高了根据地抗日民主政权的政治合法性③，亦为后来新中国的人民民主政权建设提供了理论依据和崭新经验；二是对受减租减息和合理负担冲击的地主士绅或乡村精英的一种补偿，让其感觉“在政治上是有出路的”，大大增强了党外人士的政治归属感；三是使山东党、政、民意机关、群众团体的所有成员协商解决问题中接触多交流多，“单是社会接触就会引起竞争心和特有的精力振奋，从而提高每个人的个人工作效率”④ 和平等意识。

4.1.4　通过选举罢免行使民权

检验是否民主和主权是否在民的试金石，就看民众是否有选举权⑤和罢免权。在落实选举权中，根据地一是放宽选举人资格条件。1938 年 11

① 山东革命历史资料档案选编第 10 辑［G］. 济南：山东人民出版社，1983：82.

② 徐向前. 历史的回顾（下）［M］. 北京：解放军出版社，1988：434.

③ 李里峰. 中国革命中的乡村动员：一项政治史的考察［J］. 江苏社会科学，2015（3）：198.

④ 马克思恩格斯文集第五卷［M］. 北京：人民出版社，2009：378 – 379.

⑤ 丁龙嘉. 山东抗日根据地的民主政权建设［J］. 炎黄春秋，2008（3）：25.

月 1 日，国府所颁《省临时参议会组织条例》规定临时参议员的推选资格为：民国男女，年满 25，曾受中等学校教育（或同等教育），有该省籍贯，曾在该省县市公私机构、团体，或重要文化、经济团体服务 2 年以上，著有信望者；惟现任官吏不得参选，但办理地方自治及学校人员不在此限。① 1939 年 9 月 19 日，国府颁发《县各级组织纲要》规定，乡（镇）候选人资格为：经自治训练及格者、普通考试及格者、曾委任职以上者、师范或初中以上毕业者、曾办地方公益事务有成绩者这 5 种中居一种者；保长候选人资格为：师范或初中以上毕业者、在下列 4 种：曾办过地方公益，或训练及格或在文教部门服务 1 年以上且有成绩，或任过公务员中居一种者。以上候选人资格，排除了大多数民众，使他们"仅有选举权而无被选举权"②。

中共则极大地拓宽了以上资历条件。1940 年 3 月，中共中央在《抗日根据地的政权问题》中指示，如选国大山东代表，不论是否"救亡团体、抗日部队之会员、战士"，只要年龄在 18 岁以上之公民，不分民族、党派、性别、财产、职业、学历、宗教，"无精神病及褫夺公权者，均有选举与被选举权"；按农、兵、妇女、青年、其他文化界及职业界士绅各占 25%、25%、15%、12%、13%确定候选人；团体会员不得歧视，并应力劝非会员公民前来投票与竞选，各地区选出的代表占 60%，抗日组织代表 40%，女性比例不少于 1/10。③ 之后，又规定山东县或省级参议员、各行政委员会，只要是民国公民，年龄 18 岁以上而居住于本省或本县内，均得选举或被选举④，但有汉奸嫌疑，有吸毒或精神病，抗战中受刑事处分被夺公权尚未复权之一者，无选举、被选举权选举省临时参议员。这样，就最大限度地保证了 18 岁以上成年公民的选举权与被选举权，也在一定程度上保证了女性的参政权。

二是突破直选范围。1941 年，中共中央规定："抗日统一战线政权的产生，应该经过人民选举"⑤，"各县选举以村为投票单位"，"不能实行普

---

① 钱端升等．民国政制史（下）［M］．上海：上海人民出版社，2011：449－450.

② 李精华．抗战时期国共两党农村基层政权建设比较研究［D］．东北师范大学，2012.

③ 山东全省出席国大代表试选办法［N］．大众日报，1940－03－22.

④ 山东革命历史档案资料选编第 5 辑［G］．济南：山东人民出版社，1982：42－45.

⑤ 毛泽东选集第二卷［M］．北京：人民出版社，1991：743.

选的，以工、农、青、妇团体及各救亡团体、抗战部队分区直接选举”①。后来在各级参议会、政府组织、选举条例中，中共再次强调“以普选为原则”，先在可能的区域内施行普选，否则，“由选举委员会协同各抗日党派团体，按其性质比例，提出候选名单由各级选举单位选举之”②。相应地，颁行了各相关选举委员会工作细则、选举中营私舞弊处罚办法系列等，并且成功地贯彻到国大代表、各级参议员，各级行政委员会，及区、乡村长选举上。③ 以 1940 年 6 月“三三制”实行为界，之前直选了谁就由谁任职，之后有的则重新改选，以逐渐落实“三三制”。

山东各级抗日民主政权不仅赋予民众选举权，而且“接受广大人民的批评监督”④，尊重人民的意志罢免不称职的政府长官，民选称意的各长官等。滨海区参议员王子金欺压群众、霸占公地、贪污公款，被群众举报，于 1944 年被滨海区参议会罢职，并由政府法办。村镇财政事关广大农民的切身利益。村财政费由村自定自筹自用，多筹乱支时有，人民负担重，还有部分村干损公肥私，贪腐浪费，有的正款不足，收附加外还另立名目甚至摊派。1942 年 5 月 30 日，山东省战时工作推行委员会颁行《关于统一村镇财政及人民负担的决定》《关于配合减租减息整理村镇财政工作的指示》，提出发动群众清理村公款，清算完毕后，进行改造村政工作，民选 3 ~5 名公正无私忠实负责为民众信仰者组成财政委员会，负责讨论执行村镇财政工作，并以集体力量监督检查本村镇财粮开支。经群众举报，各地整理出不少贪污浪费行为，据不完全统计，如表 4 –6 所示。

表 4 –6　1943 年清河 55 村、滨海 281 村通过整理村财政清理的款粮贪污数

整理的地区村数	贪污款（元）	贪污粮（斤）
清河 55 村	80000	22000
滨海 281 村	630491	76139
合计	710491	98139

资料来源：朱玉湘．山东革命根据地财政史稿［M］．济南：山东人民出版社，1989：110.

① 山东全省出席国大代表试选办法［N］．大众日报，1940 –03 –22.

② 山东革命历史档案资料选编第 6 辑［G］．济南：山东人民出版社，1982：269.

③ 胶东区行政主任公署五年来的民主建设总结（1938 –1942）．山东省档案馆馆藏第 31 号全宗第 3 卷。

④ 山东抗日民主政权上册［G］．北京：中共党史出版社，2015：991.

4.2 法制治理

4.2.1 依法实施宪政治理

（1）力促宪政实施。

①中共力推成立国民参政机关。全面抗战初期，国民党正面战场作战不利，急需群策群力。1938 年 3 月底，国民党接受中共“建立民意机关”主张，召开临时全国代表大会，通过的《抗战建国纲领》第四条规定，“组织国民参政机关，团结全国力量”①，加速地方自治等。在中共力促下，1939 年 9 月国民参政会一届四次会议有 7 个提案提议结束训政，实施宪政，并最终决定：请政府明令定期召开国民大会，制定并在短期内颁布宪法实行宪政；由议长指定若干参政员，组织国民参政会宪政期成会，协助政府促进宪政以“治本”②。

②中共力推成立山东宪政促进会。1939 年 10 月 2 日，中共中央首次发出推进宪政的指令，要求各党部主动积极参加领导当地的宪政运动，“使之成为发动广大民众，实现民主政治的有力的群众运动”③。12 月 1 日，中共中央再催促各党部推进宪政，“各地应成立国民宪政促成会群众团体”，“力求经过赞成宪政的政客军人、公正士绅、名流学者、‘左倾分子’等来发起，我们则积极参加”④。1940 年 2 月 22 日，山东分局以“抗协”和动员委员会（简称动委会）为中心，团结国民党左派、名流学者，成立山东宪政促进会。3 月 10 日，山东宪政促进会“承全省各界敦促成立，博采众意，宣传研究，用副中央实施宪政之至意”⑤，通电提出了实施

① 荣孟源主编．中国国民党历次代表大会及中央全会资料下册［G］．北京：光明日报出版社，1985：425.

② 荣孟源主编．中国国民党历次代表大会及中央全会资料下册［G］．北京：光明日报出版社，1985：1168.

③ 山东抗日民主政权上册［G］．北京：中共党史出版社，2015：197.

④ 山东抗日民主政权上册［G］．北京：中共党史出版社，2015：198.

⑤ 山东全省宪政促进会通电［N］．大众日报，1940－03－10.

宪政的积极意义、时限、国大职权、宪草修订、沦陷区重新选举国大代表及改变促进宪政宣传方式等6点建议。

③中共力推民选国大山东代表并坚持宪政方向。为“促进宪政、测验民意、民众行使民权”①，按照1940年3月22日、4月25日先后颁布的山东全省出席国大代表试选办法、临时办法②，以村为单位，中共组织普选了150位国大试选代表。7月底，山东分局组织召开山东各界联合大会，“上体国府团结抗战之意旨，下顺山东人民同舟共济之舆情”③，公推了周毓英、马保三、张里元等抗战有功及德望者35位候补代表，补足国大代表全额150人。7月31日，票选亓养斋等61位出席国大山东代表。

因国民党坚持一党专政，宪政运动出现曲折并转入低潮。原定召开的国民大会一再被延期。后迫于民意，1943年9月，《关于实施宪政报告之决议案》于国民党五届十一中全会通过，拟抗战胜利后一年内，召开国民大会，实施宪政。1944年3月1日，中共中央《关于宪政问题的指示》指出：国民党重提宪政，意在拖延时间欺骗人民，稳定其专制统治；但只要其允许人民讨论宪政，其限制就可能被冲破，民主运动被推动，中共决定继续团结一切民主人士，以建立民主国家。

（2）颁行系列宪政纲领。

①颁行《战时施政纲领》。全面抗战时期，中共重申了对国民党“一大”宣言所提保障民权的认同与遵从，郑重宣告：孙中山的三民主义，即三大近期目标，民族独立解放、民权政治、人民幸福愉快生活“为今日中国之必需”，“本党愿为其彻底的实现而奋斗。”④ 中共在山东抗日根据地积极贯彻落实，1940年山东分局起草山东省临时参议会颁行的《战时施政纲领》宣告“坚决拥护”国府和“抗战建国纲领”，“实施民主政治”，对一切赞成抗战、民主者实行选举、罢免、创制、复决四权等，“实行民生主义”⑤。

②颁行《人权保障条例》。1940年11月11日，“为贯彻法律保障人权

① 山东全省出席国大代表试选办法［N］. 大众日报，1940－03－22.

② 山东全省出席国大代表试选办法的临时办法［N］. 大众日报，1940－04－25.

③ 山东革命历史档案资料选编第5辑［G］. 济南：山东人民出版社，1982：269－272.

④ 毛泽东选集第二卷［M］. 北京：人民出版社，1991：648－649.

⑤ 山东省战时施政纲领［N］. 大众日报，1940－09－07.

之真精神”，山东省临时参议会根据抗战建国纲领和国府法令颁行《人权保障条例》共12条。《人权保障条例》规定：凡民国国民有身体与抗日武装之自由，有言论、集会、结社、通讯和政治活动之自由等；凡民国国民，不分种族、性别、职业、阶级，在政治、法律上一律平等，“均享有建国大纲所规定的选举、罢免、创制、复决之权”①。其中第十条对公务员违法侵害人民自由和权利惩处的规定，充分彰显了在严酷的反侵略战争环境下对人权的尊重、保障，弥足珍贵。

③颁行《山东省战时施政纲领》。1943年8月1日，山东省临时参议会一届二次会议颁布《山东省战时施政纲领》，继续强调保障抗日人民言论等系列自由，和抗日党派团体之政治自由及合法权利，提出健全司法、公安机关，贯彻法治，彻底废除刑讯，禁止肉刑，按新民主主义原则加强民主、经济建设，“保障各阶层人民土地与财产之所有权”，在民主政府法令范围内，“一切人民均有营业营利及契约自由，反对操纵垄断”，“改善工农生活”等系列举措②。

“八一施政纲领就是山东人民自己的宪法”③，“解决了各地区工作原则上的分歧。从此，山东抗日民主政权从‘人治’到初步‘法治’，从不统一到统一，从对民主政治之模糊认识到民主政治之普遍发展。几千年来封建统治、黑暗重重的山东，遍地揭起了民主的鲜明旗帜。”④

4.2.2 建立法制机构组织

（1）建立立法机构。

1940年7月26日，山东省临时参议会 — 代表山东省全体人民之民意机关按《山东省临时参议会组织条例》成立，“公推范铭枢为议长，马保三、刘民生为副议长，郭洪涛等十七人为参议会驻会委员”，其职权为“制定或通过本省施政纲领，制定本省单行法规……”，标志着山东抗日根据地正式建立立法机构。之后，山东省临时参议会颁行《山东省行政区临

① 人权保障条例［N］. 大众日报，1940-12-10.

② 山东革命历史档案资料选编第10辑［G］. 济南：山东人民出版社，1983：168-169.

③ 山东革命历史档案资料选编第12辑［G］. 济南：山东人民出版社，1983：27-28.

④ 山东革命历史档案资料选编第10辑［G］. 济南：山东人民出版社，1983：230.

时参议会组织条例》《山东省县参议会组织条例》，各自职权得以明确，行政区、县的立法机构得以建立健全，为根据地大规模立法奠定了组织基础。①

山东省临时参议会成立后先后颁行系列法令，推动了政权建设和经济发展。主要有《山东省临时参议会颁行山东省战时工作推行委员会组织大纲》《战时县区乡村各级政府组织条例》《县各级参议会组织条例》《各级贸易局组织暂行条例》《合作社暂行规程及其施行细则》《优待抗日军属委员会组织条例》《县区联合社章程》《改进司法工作纲要》《调解委员会、县司法处、高级审判处、地方法院等 4 个暂行组织条例》《各级检查委员会组织条例》等，使政府各级组织依法组建，并初具规模。1942 年 2 月，山东省临时参议会成立调查研究室，指导“村以上各级政权一律民选，成立各级参议会等民意机关”②。至此，3800 万山东人民依托下至村，中及各乡、区、县，上达山东省临时参议会、山东省战时工作推行委员会较完整的集中、发扬、践行、推广抗战意见、民主政治、改善民生的畅通网络，掀起参政建国的巨浪。

（2）建立司法机构。

根据地为加强司法建设，1941 年 4 月，《山东省改进司法工作纲要》经山东省临时参议会通过，规定：在正式成立高等法院前，暂设高级审判处作为山东最高司法机关，高级审判处分处代行高级裁判处之职权，专署区地方法院、县司法处。在同级政府行政委员会领导下，各级司法机关组织系统保持独立。县司法处处长、地方法院院长、高级审判处分处处长、高级审判处处长皆经同级参议会选举产生，同时，当然成为同级政府成员。各司法机关安排审判或推事官审理案件，安排若干检察官执行检察职务。检察官经同级参议会选举的检察委员会推选。

①高级审判处。其设于山东省战时行政委员会内，主要管理全鲁司法行政，有提免司法干部，培训司法人员，审核各司法机关审理的案件，复审下级司法机关判决而未上诉的重要刑事案件，受理特种刑事第一审案件和不服直接下级司法机关裁定或判决而提起抗告或上诉的案件等职权。

① 王勇．新民主主义革命时期中国共产党在山东的法制建设［D］．山东师范大学，2003.
② 山东省战时施政纲领［N］．大众日报，1940－09－07.

②高级审判处分处。其设于各行政主任公署内，负责各公署司法行政，提免所属司法干部，审核下级司法机关审理的案件，其他职权与高级审判处相同。

③专署司法科。1941 年 9 月，改专署区原设之地方法院而来，复审转呈县级司法机关判决而未经上诉的重要刑事案件，受理重大刑事第一审案件、不服县司法机关裁定而抗告或判决而上诉的案件。

④县司法处。受理民刑诉讼案件第一审事项，组织、领导各调解委员会和巡回法庭事项，积极检举所有贪腐浪费、渎职枉法、扰乱治安及管理与教育罪犯等事项。

由此，山东抗日根据地的司法系统得以初步健全，得以发挥审理各类刑事案件，处理司法纠纷，镇压汉奸敌探，打击违法行为，力保民众合法权利的重大作用。①

4.2.3 构建地方法律体系

（1）法律文献概况。

依据《山东省战时施政纲领》宪法性指导性文件，系列刑事法规、行政法颁行，确保了山东抗日根据地民众的生命、财产安全，使其生活、生产能较有序开展。就内容而言，可分为如下几类。

①国家法方面主要有四类：一是宪法性文件，如 1940 年的《山东全省宪政促进会通电》（3 月 10 日）、《山东省临时参议会宣言》（8 月 28 日）等。二是政权机构组织法，如 1940 年的《县各级参议会组织条例草案》（3 月 25 日）、《山东省临时参议会组织条例》（7 月 30 日）等。三是选举法规，如《山东全省出席国大代表试选办法》（1940 年 3 月 22 日）、《县各级参议会选举条例草案》（1940 年 3 月 25 日）、《山东全省出席国大代表试选办法的临时办法》（1940 年 4 月 25 日）和《县各级参议会选举条例》（1941 年 1 月 22 日）等。四是有关公民权利的规定，如《人权保障条例》（1940 年 11 月 10 日）。

②行政法方面主要有八类：一是民政，如《山东省战时工作推行委员

① 王勇．新民主主义革命时期中国共产党在山东的法制建设［D］．山东师范大学，2003.

会关于救济旱灾预防粮荒的指示》(1942年7月18日)、《山东省战时行政委员会关于救济春荒问题的指示(救字第一号)》(1944年2月11日)和《山东省战时行政委员会关于产妇保健和婴儿保育的决定》(1944年12月8日)等。二是公安交通,《山东省公安局暂行条例》(1941年10月1日)。三是科教文卫,如《山东省战时国民教育实施方案》(1940年12月22日)、《山东省战时工作推行委员会关于教育经费的决定(教字第八号)》(1941年6月20日)和《山东省各级文化教育宣传委员会组织条例》(1941年6月24日)等。四是农林水管理,如《山东省战时行政委员会关于半年农林工作的指示(农字第一号)》(1943年10月15日)等。五是群团,如《山东妇联总会工作纲领》(1940年8月26日)、《山东青年救国联合会工作纲领》(1940年8月29日)和《山东职工抗日联合总会成立宣言》(1940年8月)等。六是战勤,如《优待抗日军人家属条例》(1940年12月13日)、《优待抗日军人家属委员会组织条例》(1941年1月4日)等。七是干部管理,如《山东省行政人员奖惩暂行条例》(1941年1月13日)、《山东省战时工作推行委员会关于处理精兵简政后被裁减人员的指示》(1942年10月)和《山东省政府关于干部工作的指示(总字第二十六号)》(1945年9月14日)等。八是其他,如《山东省战时工作推行委员会关于统计工作的决定(秘字第十二号)》(1941年2月16日)、《山东省优待朝鲜人民暂行条例(民字第二十六号)》(1943年5月3日)和《山东省保护反侵略战争之日本军民暂行条例(民字第二十七号)》(1943年5月3日)等。

③刑法方面有三类:一是惩治贪污贿赂方面的法规,如《山东省惩治贪污暂行条例》(1940年12月3日)、《山东省战时工作推行委员会关于严禁贿赂的决定》(1942年7月28日)和《山东省惩治贪污公粮暂行条例》(1943年8月1日)等。二是惩治盗匪、禁烟、禁毒和禁赌等治安管理方面的规定,如《山东省惩治盗匪暂行条例》(1942年9月6日)、《山东省禁烟治罪暂行条例》(1943年4月2日)、《山东省禁毒治罪暂行条例》(1943年4月2日)、《山东省战时工作推行委员会关于赌博罪的训令(法字第〇〇一号)》(1943年4月)和《山东省战时工作推行委员会关于制止抢劫寡妇的训令(法字第〇〇二号)》(1943年4月)。三是处理汉奸和管理战俘的规定,如《处理汉奸财产条例》(1941年4月18日)、《山东

省战时行政委员会、山东军区关于执行宽大政策的决定（联字第一号）》（1945 年 3 月 15 日）、《山东军区司令部关于管制战俘暂行办法（1945 年 8 月 13 日）》和《山东军区处理伪军伪警条例》（1945 年 8 月 20 日）等。

④民法方面有两类：一是婚姻条例，如《山东省战时工作推行委员会保护抗日军人婚姻暂行条例（民字第二十八号）》（1943 年 6 月 27 日）、《山东省婚姻暂行条例》（1945 年 3 月 16 日）。二是产权归属方面的法规，如《山东省租佃暂行条例》（1942 年 5 月 15 日）、《战时工作推行委员会关于陈报清查土地人口决定》（1941 年 4 月 4 日）等。

（2）经济法。

经济法方面主要有四类：一是财税，如《货物税征收施行细则》（1940 年 12 月 14 日）等。二是工商贸易，如《各级贸易局组织暂行条例》（1940 年 12 月 14 日）、《贸易暂行条例》（1940 年 12 月 15 日）和《战时工作推行委员会关于开展合作事业的指示》（1941 年 4 月 15 日）等。三是金融，如《山东省财政经济委员会关于发行北海银行辅币的通知》（1940 年 11 月 22 日）、《山东省战时工作推行委员会关于查禁北海银行假钞问题的通知》（1941 年 5 月 5 日）和《山东省金库暂行条例》（1941 年 6 月）等。四是劳动法令，如《劳动互助队组织大纲》（1941 年）、《山东省改善雇工待遇暂行办法》（1942 年 5 月 15 日）和《山东省总工会对目前雇工工作的指示》（1942 年 12 月）等。

以土地法规为例，山东抗日根据地及时将中共减租减息的土地政策转变为相关法规，首见于《抗日民主政权之农民土地政策—山东省战时工作推行委员会秘书长陈明在山东省行政会议上的报告提纲》（1940 年 9 月）。陈明明确指出孙中山所提耕者有其田不是“目前的工作”，据“国民政府修正惩治汉奸条例，没收死心塌地大汉奸的土地”，“规定农民的最高租额与息额和农民之永佃权”[①]。1940 年 11 月 11 日，山东省临时参议会出台《减租减息暂行条例》，将减租减息政策首次以法律形式确立下来。[②] 1941 年 4 月 4 日、6 月 5 日、10 月 20 日，1942 年 5 月 15 日，山东省战时工作推行委员会分别颁行《关于陈报清查土地人口决定》《关于陈报清查土地

① 山东革命历史档案资料选编第 5 辑［G］. 济南：山东人民出版社，1982：372.

② 山东革命历史档案资料选编第 6 辑［G］. 济南：山东人民出版社，1982：64－66.

决定与乙种公平负担办法及其修正决定的几个修正》《山东省清查土地登记人口暂行办法草案》《山东省租佃暂行条例》。山东分局也根据情况变化不断完善减租减息政策，于1942年5月4日至20日期间，颁行了《关于减租减息改善雇工待遇工作开展群众运动的决定》《为保证实现关于减租减息改善雇工待遇工作的补充指示（一）》《为保证实现关于减租减息改善雇工待遇开展群众运动给各级党委及组织部的工作指示》和《关于实行减租减息改善雇工待遇开展群众运动的补充指示（二）》等，从不同角度和层面保证和促进了减租减息工作的施行。

4.2.4　建立新型司法制度

抗战时期，根据中共抗日民族统一战线政策，创建适合于人民大众的新民主主义政治的司法制度，山东抗日民主政权创立了下列新型司法制度。

（1）诉讼审判制度。

1941年4月后，从山东省战时工作推行委员会、山东省临时参议会陆续制定的《调解委员会暂行组织条例》《各级司法办理诉讼补充条例》《关于厉行判决批答严格审级的通令》《改进司法工作纲要》《关于民事案件厉行调解的通令》《山东省陪审暂行办法》《关于盗匪案件划归为公安局审理的命令》等来看，山东抗日民主政权渐次创建了整套适合敌后环境推动司法公正的诉讼制度。具体如下：

①人民陪审员制度。各抗日民主政府确认司法工作群众化、民主化的同时，对陪审制度又作出新规：各审判机关审理特种刑事案件、普通民刑案件时，皆得实行人民陪审。采取选派制、聘任制，并以前者为主产生的人民陪审员，主要包括地方公正人士、同级参议会驻委会代表、群众团体代表。

②各行政委员会决定案件制度。因为各司法机关隶属各级政府机关，所以由政府行使司法权，凡不能直接判决之案件，应该提交给各级行政委员会决定后，再行判决。

③管辖送达制度。为安定社会秩序，肃清盗匪，1942年7月山东省战时工作推行委员会经三十次常务委员会决定，普通民刑诉讼不准越诉，为

方便群众诉讼，受理口头或书面起诉；当事人须向其居住地之司法机关起诉，凡未判决而上诉或越诉的，应面告或驳回。同时，盗匪案件均经各县公安局直接审理，县行政委员会决定，呈由专署转报行政主署或山东省战时工作推行委员会之公安处复审，分别提交山东省战时工作推行委员会常务委员会或主署行政委员会决定。各司法机关对受理的案件应厉行批答，并送达有关诉讼进度及本人权利义务，一般批答可斟酌贴挂，案件终结时，还务须依法送达判决。

④上诉复审制度。在民事、刑事各为10日、20日的上诉期内，各司法机关判处案件不得执行判决；当事人上诉，全案卷证应由原审机关移送受理上诉之司法机关，若逾期未提起上诉，判决生效，原审机关即执行判决。对于徒刑复审，一般凡判处有期徒刑二年以上的案件，当事人虽不上诉，其判处机关也应递送该管主署司法机关复审。对死刑复审较严格，死刑案件经各司法机关判处后，纵使当事人不上诉，复审应送山东省战时工作推行委员会的只有滨海区，余则全部送报各区最高司法机关，并由该区最高行政委员会核准确定。①

（2）人民调解制度。

同时，多形式的人民调解工作也被着力培植推广，山东抗日根据地带头实现了调解工作的法律化和制度化。1941年4月，《改进司法工作纲要》规定："为便利诉讼及易于了解案情，缩短民众诉累计，各区乡成立调解委员会（以下简称调委会）。"之后《山东省调解委员会暂行组织条例》《关于民事案件厉行调解的通令》颁行，由区乡长任主委和公正进步士绅、各群众团体代表组成的人民调委会，在根据地各区乡（村）大批建立，"处理会内一切日常工作，指挥调解事宜及指导下级调解委员的工作"，调解"民间民刑争执，或情节轻微，不经诉讼即可调解完结之案件"。

依据调委会如上性质、任务，相应规定了整套符合根据地各实体法精神，又"不受诉讼法规限制"调解程序的主要原则：自愿、合议、回避三原则，以事实为根据、以政策法律为准绳、兼顾民间习惯的原则等，对根据地诉讼法及程序中适合调解的一些重要原则和我国民间调解中合理的民

---

① 林明．民主政府法制建设的新篇章—山东抗日根据地人权保障立法及司法制度概论［J］．东岳论丛，2009，30（10）：166－170.

主因素加以吸收，强化了调解工作的法律地位。因为积极采用了以上调解程序原则，各调委会的调解质量日益提高，人民内部矛盾和诉讼之累减少了，根据地抗日秩序更安定，人民群众更广泛支持。从山东省战时行政委员会工作报告中所统计的司法办案数据来看，根据地多以调解方式解决民刑案件，如 1943—1944 年，鲁南专署、滨海专署、胶东司法分处，滨海司法分处、临沂县等各县通过调解解决的民间纷争多达 20094 起，各司法机关均降低了收案率，从而更有精力对重大刑事案件进行处理。[①]

4.3　经济基础的变革

政权建设属于政治的上层建筑，山东抗日民主政权在中共中央、北方局的领导下，一方面坚持民主建政，通过民主立宪，保障民权，通过群团组织，落实民权，通过“三三制”，贯彻民权，通过选举罢免，行使民权，使人民权力自下而上逐步渗透，密切了党与人民的血肉联系，夯实了立党之本、执政之基；另一方面坚持法制治理，以《战时施政纲领》《山东省战时施政纲领》为宪法，通过构建涉及政治、经济、军事、社会等方面的法律体系，使各项工作有法可依，通过建立自上而下的司法组织和制度，使政权权力自上而下逐步覆盖，由人治走向法治，政权的合法性、执政地位进一步巩固。通过上述民主和法治，更使根据地的经济基础发生深刻变化。其表现如下。

在所有制关系上，《山东省战时施政纲领》第四条甲款明确规定“保障各阶层人民土地与财产所有权，在不违反民主政府法令范围内，一切人民均有营业营利及契约自由，反对操纵垄断”，有关土地、租佃、减租减息等法律法规进一步界定了相关产权关系，从法制层面保障了各阶层人民的合法产权权利，组织起来的民众团体则通过参政议政，参加斗争活动，依法打击各种违法侵占自身权利的行为，维护和发展自身的切身利益。有恒产则有恒心。所有权关系的明晰保障了各阶层人民凭借生产要素的所有获取合法剩余的权利，深深激起广大民众发家致富追求美好生活的愿望，

① 王勇．新民主主义革命时期中国共产党在山东的法制建设［D］．山东师范大学，2003.

这就从根本上解决了生产力的发展动力问题。

在人与人之间的关系上，《山东省战时施政纲领》明确规定“保障人权”“民族平等、男女平等”，“保障一切抗日人民言论、出版、集会、结社、思想、信仰之自由，保障一切抗日党派、抗日团体之政治自由及合法权利”，风起云涌的宪政促进运动和民主建政实践，则使在法律面前人人平等的理念深入人心。政治上的官主转变为民主、治理上的人治转变为法治，导引出经济上的由依附向自强转变，并通过互助合作运动（详情请见 9.1.3）由“一盘散沙”向强力内聚转变。这种新型的人与人间的平等关系，为广大民众自主地生产和生活，提供了更多的发展机会和创造平台。

在产品分配关系上，《山东省战时施政纲领》明确规定“调整阶级关系，改善工农生活”，“普遍并彻底执行一面减租减息、一面交租交息之土地政策”，“普遍并彻底执行一面增加工资，改善雇工待遇、一面遵守劳动纪律，努力增加生产之劳动政策”，“贫富团结”“贫富互助、共同抗日”。在民主建政实践中，既保障各阶层人民凭借对生产要素的所有获得合法剩余，并通过“三三制”使赞成抗日和民主的开明士绅享有必要的政治地位，从而结成最广泛的抗日爱国统一战线，又发动和组织群众坚决打击凭借操纵垄断生产要素采取的超经济剥削行为，打击贪污贿赂行为，同时通过规范税赋、统一财政、生产节约、精兵简政等调剂军政民关系，做到贫富兼顾、公私兼顾、军民兼顾，发展成果由全民共享。这种多方兼顾的政治变革和分配政策，充分调动起全民大生产的积极性，有力拉动和促进了生产力的发展。

第5章　山东抗日民主政权对交换关系的调控

本章及后续三章针对山东抗日根据地逆向因果链政经互动中的第二个层面，即生产关系全面调整对生产力发展的拉动展开分析，本章专述山东抗日民主政权对交换关系的调控及对生产力发展的拉动。之所以首析交换，一是因为战时经济首先要能控制货源，掌握和盘活经济存量尤为迫切，方能保障军需民生；二是因为日、国、共占区犬牙交错，各种货币流通混乱，货币斗争频仍，直接影响军民生产生活；三是因为交换在再生产过程中处于中枢和中介环节，搞活和调控好流通有利于充分发挥交换对生产、消费和分配的反作用。本章分别阐述山东抗日民主政权对商品和货币的调控，最后简评之。

5.1　统制商品流通

5.1.1　建立物资保护网络

（1）设立封锁线加强缉私。

山东抗日民主政权按保护生产、保障军需民用、加强对敌经济斗争的原则，在边沿区建立封锁带，严禁内地粮棉等重要物资输出，严防非必需品和“奢侈品”输入，便利贸易①，全民打击、没收向日占区贩运禁运物

① 山东抗日民主政权上册［G］. 北京：中共党史出版社，2015：635－636.

资，补充抗日军政所需。如1940年春，鲁苏边区粮食出境资敌甚多，郯城自卫队在夜间放哨时，一次就查获偷运40石小米，当即没收①。儿童团放哨时查禁了大爷资敌所运的粮食②。清河、泰山，青救团员每查着，没收奸商走私，将所运资敌粮送县府充公③。1940年12月，山东省临时参议会通过的《贸易暂行条例》规定，"贸易局边境站为检查出入境货物之走私、偷漏，配合群众团体于接近敌占区各村庄组织封锁线。过往商人、小贩、合作社、机关、军队如运有货物者，均须依章服从检查与处理"④。该条例一经颁布，各地纷纷建立封锁线。1943年各地成立工商局后，又开始建立边沿区缉私网，开展群众性缉私运动；组建经济工作队，负责缉私市场检查、海口防卫、货物护送等⑤。日照县由负伤未能归队的八路军战士和农民组成缉私队，在1943年春至1945年秋，进行大小"战斗上百次，缉查收缴各种税款上千万元，查禁货物上百万余斤"⑥。

（2）设立税卡控制进出。

①建立税收网络。1941年根据地各大区设税务局，沿敌我边缘交通要道、集镇设立属县民主政府征收处或财政科的税务所、税卡和税务武装，征收出入我占区的货物税、盐税，查禁走私等，直接受省财政处与各主署财政处领导，税收工作开始步入正轨。1943年秋各大区设立工商管理局后，内地分局下设税务科，所辖县局下设税务股、事务所、检查站⑦，还在各海口、陆地敌我对峙边缘区设立工商事务所、检查站，管理进出口船只、行商、稽征进出口货物税，查缉走私等。

②调整出入境货物税率。根据我占区军民需要，针对不同货物和不同地区，制定不同的税率，以奖出限入，或奖入限出，运用经济杠杆调控出入境贸易。如1940年12月颁布的《山东省税收暂行条例》，将出入口货物按必需品、非必需品，通用品、奢侈品、迷信品，分成奖励、禁止、允

---

① 朱玉湘．山东革命根据地财政史稿［M］．济南：山东人民出版社，1989：36.

② 山东革命历史档案资料选编第6辑［G］．济南：山东人民出版社，1982：177.

③ 山东抗日民主政权上册［G］．北京：中共党史出版社，2015：495－496.

④ 山东革命历史档案资料选编第6辑［G］．济南：山东人民出版社，1982：179.

⑤ 山东抗日民主政权下册［G］．北京：中共党史出版社，2015：1849－1850.

⑥ 亲历者说—山东抗战编年纪事（1943年卷）［G］．济南：山东人民出版社，2015：204－206.

⑦ 山东革命历史档案资料选编第11辑［G］．济南：山东人民出版社，1983：214.

许、特许 4 种规定税率：一切军需品，如各种粮棉土布等必需品一律不准出境，入境免征，贸易局统制出口者例外；对鞋袜、毛巾、豆油花生油、肥料等通用品的出境税均比免征或 5% 左右的入境税高 5% ~10%，对五金出境税更高达 100%；对非必需品、奢侈品入境征收 10%、30% 或 50% 的重税，而出境税则多为免征或 5% 等。具体货物税率见表 3－11 所示。

③严查偷漏税行为。1940 年 12 月起，"各税收机关在所辖区域内之冲重地点或市镇，得酌派稽查员随时查验往来货物以防偷税"，凡漏税货物除补征应纳税款外，并照所征税额处以 50% 至一倍罚金；偷税商人在 6 个月内重犯或三犯，罚应纳税额的一至两倍，或没收货物并视情节轻重课以罚金，但不超过货物之总价①。凡商人违犯税章所出之罚款或没收物品拍卖款，系群团和人民、税收和各机关团体人员告发或查获者，得各提罚金的 10%、5% 作奖金，总数各不得超过 100 元、20 元②以鼓励全民监督。

（3）坚壁清野武装护秋。

日寇入侵根据地夺取物资，极力破坏生产设施、运输工具及被服粮库，抢毁粮棉等。对此，根据地远打近藏，坚壁清野，还研创了分散埋藏、掺沙灰等藏粮办法，将士"组成代收队帮助麦收"③，或保卫收割。如 1943 年，根据地以伤亡 200 人左右的代价保证了麦收。滨海临沭醋大庄在军队保护下，将日伪据点周围严密监视下的几百亩麦子，一天一夜全部割完。

5.1.2　改革多头管理体制

（1）财经管理体制的创设。

1940 年 3 月，根据北方局指示，从山东分局到战略区党委，都设立了财经委。8 月，山东省战时工作推行委员会下设财经组（次年分为财政、经建两处），专管根据地财经工作。12 月，按《各级贸易局组织暂行条例》《贸易暂行条例》，财经组下设贸易总局、每行政区设分局或专署设联合办事处、县设县局，确定了各级贸易局的任务和组织原则、机构设置及

① 山东革命历史档案资料选编第 6 辑［G］. 济南：山东人民出版社，1982：171.

② 山东革命历史档案资料选编第 7 辑［G］. 济南：山东人民出版社，1983：270.

③ 李竹如. 怎样开展秋收工作［N］. 大众日报. 1941－08－10.

人员编制。1941 年 4 月，山东分局决定山东所有民政、财政、经济、地方性武装、教育、公安、司法等统归山东省战时工作推行委员会管辖。第二季度，省首次财经会议决定，将原省财政经济处一分为二，设粮食管理总局，在各专署及县设财政科、经建科，配专职干部，基层村政委员会设专人分管财经。由此建立了从上到下的财经工作领导系统，以及下情上传的定期汇报制度。

（2）工商管理网络的一统。

为统制商品流通，打破部门和地方的保护主义，同时提高流通效率，缩短流通时间，提供良好体制环境，根据地进一步改革多头管理体制，建立了单一的工商管理网络。1943 年 10 月，山东省战时行政委员会开始建立全省工商管理机构，落实生产、货币、贸易三位一体的经济建设任务，学习“把税收和贸易两个部门置于工商管理局单一领导之下”①，将政府系统的经建科、纺织局、矿务局、税务贸易管理局、盐务署、交易所、银行兑换所等撤销，统归工商局统一领导，负责工业生产、贸易管理、货币金融管理、税收缉私、合作事业诸多领域。山东省战时行政委员会设工商管理处、战略区设工商管理局、专员区设分局、县设县局、各县之中心集市、土特产集中产地、重要关卡设事务所，一般地区和边沿要道设检查站，自上而下形成精干高效的管理网络。

5.1.3 统制重要商品物资

山东抗日根据地自始至终都重视统制重要的粮、棉、油、盐等战略物资，严厉禁止我占区战略物资的流出，禁止日占区非必需品与奢侈品的流入。具体来看，山东抗日根据地统制重要物资经历了一个以货易货到发挥比较优势的过程。

（1）初期实行以货易货。

根据地最初通过以货易货统制重要物资。与根据地大力发展农业、手工业生产相配合，1940 年 8 月山东省战时工作推行委员会要求，“奖励与暗中联络敌区大小商人运输必需品进来，并把内地非必需品带出去”，禁

① 邓小平文选第一卷［M］．北京：人民出版社，1989：83.

止粮棉、煤铁、羊毛等“一切足资敌人军需原料输出”，在贸易中要严防“奢侈品的输入”①。12月，各级贸易局开始采购军用物资，组织内外贸易，有计划地输出剩余产品，从敌方换取必需品。期间主要采取以货易货。其原因为：一是资本有限，截至1943年8月，虽贸易工作开展3年，但运作资本只有500万元（除滨海区）。二是便于统制物资，如封锁土产出口，禁止洋货进口。三是避免汇率波动和防止伪钞袭扰。

但以货易货，更多的是防御日寇经济掠夺，防止资敌，只因根据地可供输出物资有限，以我所余易我所需就更困难②，故贸易工作较为被动。贸易局仅为采买机构，主要代办军需物品，至1943年8月采购布1.6万余匹、棉花11.5万余斤、羊毛7000余斤等。③

（2）后期发挥比较优势。

自1943年起，山东抗日根据地为改变被动对敌经济斗争，根据生产、货币、贸易三位一体的基本任务和斗争策略，实施对外管理输出输入，展开经济斗争，争取有利交换，对内调剂物资，稳定物价，扶助生产，保证供给的基本方针，为此展开了如下工作。

①实施严密管理。所谓严密管理，即利用行政力量掌握重要物资，控制输出输入。取消以货易货政策限制，根据物资的重要性、大宗性和余缺状况，实施不同的统制政策，或禁止贸易，或政府专营，或税率调节，确保有利输出，以吸收外汇或换取根据地必需物资。

②实行专卖制度。严密管理并非统制一切物资，而是“掌握若干重要物资，这些物资能够大量输出，又能为敌人或敌占区所必需的物资”，以争取有利交换和主动地位。④

第一，食盐专卖。山东海岸线长，食盐资源丰厚，历来为大宗输出物资，主销皖、鄂、豫等地。主产区滨海、渤海工商局成立后，实行食盐专卖，生产运销均由政府统制经营。在政府强有力的扶持和管理下，食盐产量猛增（滨海食盐生产地柘汪盐业生产发展情况见表5-1）。食盐销路打通，食盐价格提高（由未管理前15元/担，提至1943年底40元/担），使

① 山东革命历史档案资料选编第5辑［G］．济南：山东人民出版社，1982：303、312.
② 申春生．山东抗日根据地的对敌贸易斗争［J］．齐鲁学刊，1995（5）：92.
③ 山东抗日民主政权上册［G］．北京：中共党史出版社，2015：704，705.
④ 山东抗日民主政权上册［G］．北京：中共党史出版社，2015：1261.

盐民增收，政府增税，鲁中、鲁南等非产盐区因处运盐要道也获利。

表 5 – 1　　　　1942 年—1944 年滨海柘汪盐业发展情况

类别 年份	盐田面积（亩）	年产量（万担）	从业人员（人）
1942 年底	2000	20	
1943 年底	3000	50	1000
1944 年底	10000	120	3000

资料来源：朱玉湘．山东革命根据地财政史稿［M］．济南：山东人民出版社，1989：224.

第二，花生油专卖。花生油也是山东大宗输出物资，远销华中、津、沪，也为敌占区军需民用，但其生产季节性强而价格波动性大，春夏油价比秋冬高出一倍以上。实行统制管理后，一是采用机动税率，按敌占区油价的高低，随时调整出口税率；二是由公营商店垄断购销，低进高出，赚取差价利润；三是工商部门秋冬低价收贮，春夏高价出口，或委托榨油农民或合作社贮存，高价输出时返利 30%，进而推动了制油篓业的发展。山东年产花生油 8000 万斤，输出 5000 万斤，由于实行统制争取高价出口，内地油价由每担 270 元提高到 320 元，甚至于 400、500 元，出口油价则涨至 600 ~ 1000 元。①

③采用弹性税率。改变将货物分为必需品、通用品、非通用品、奢侈品征收固定税率的做法，根据各地实际情况及敌我双方经济斗争的发展变化，按照便民利民和争取贸易出超的原则，实行灵活机动的进出口税率。如对军民必需的重要物资如粮棉，出口征重税，不能自给或仅能自给的禁止出口，自给有余的实行专卖或征机动性的出口税；进口则免征或轻征。对布匹、肥皂等工业产品。如已能自给，可禁止进口或征重税，如不能自给，则按市场需求决定税率高低。对外贸易尚未显著出超的地区奖出限入，已显著出超地区则适当降低入口税放宽入口货的限制。游击区和新解放区的进出口税目较少税率更低，而老区则保持税目和税率基本稳定。

上述贸易管理措施，使根据地掌握了对外贸易的主动权和调控内地市场的物资权，促进了经济发展，改善了人民生活，增加了政府收入，打破了敌人的经济封锁，支持了对敌货币斗争。

① 刘大可．山东抗日根据地的经济［M］．北京：中共党史出版社，2005：87.

5.2 统制金融货币

针对根据地创建初期多种货币流通，金融秩序紊乱，抗日民主政权在统制重要物资的同时，着手统制货币金融。

5.2.1 创立自主金融

（1）创办北海银行。

1938年10月，北海专署在掖县创办北海银行总行，初始本金公私合筹，由山东人民抗日救国军第三军投资7.5万元，掖（县）、蓬（莱）、黄（县）私人股10万余元[①]。设蓬、黄两处分行，开始发行纸币，称为“北海币”。因掖县被日所占，1939年1月，北海银行被迫解散。4月中共中央批评山东在统战政策下对国民党“退让太多”，“接受”“取消”北海银行[②]。5月又指示，在财经上“已得财源决不应放弃”[③]，强调银行对抗战生产之重要。8月，平（度）招（远）掖（县）莱（阳）抗日根据地开辟后，胶东党委在莱西张格庄重建北海银行[④]。

此后，遍布整个山东抗日根据地的北海银行网络逐渐建立起来。1940年4月15日，中共中央指示，在各地重要点建立银行网。6月1日，北海银行清河分行在寿光成立，“清河”版北海币发行。8月，“山东北海银行总行”于鲁中设立，由财政处领导，胶东之北海银行改为分行。1941年，滨海区分行建立。1942年，鲁南区支行设立。翌年春，北海银行总行由鲁中迁至滨海，和滨海分行合并，鲁中区分行建立。1945年日寇投降前，北海银行总行又由滨海迁回鲁中，与鲁中分行合并。于是，北海银行遍布山东根据地。分行、总行间由分别独立经营，到形成北海银行网络互相支撑。

---

① 中国革命根据地北海银行史料第一册［G］．济南：山东人民出版社，1986：22－24.

② 山东革命历史档案资料选编第4辑［G］．济南：山东人民出版社，1982：60.

③ 中共中央文件选集第12册［G］．北京：中共中央党校出版社，1991：75.

④ 1939年8月，北海银行在山沟里重新开业。

(2) 健全金融体系运行。

以银行网络的建立为核心，山东抗日根据地的金融体系逐渐健全，并在服务经济中日益发挥命脉作用。1940 年 4 月 1 日，北方局指示，“积极运用银行去发展生产事业”，反对“把无限制发行新钞当作解决经济困难唯一办法的错误观念”，不得自由增发新钞，发行须随时报告北方局，对北海币加强了监管①。4 月 15 日，中共中央指示，利用各地重要点银行网，实行低利借贷，帮助民众生产，依靠银行建立公营商店，帮助真正群众性的生产、消费合作社等。5 月 5 日，又指示各银行发行纸币额的标准，须以部分改善民生。1941 年 7 月，山东抗日根据地号召“开展根据地十项建设运动”，提出建立独立的银行业务，将银行打造调剂金融、投资生产经济命脉的中心系统。1943 年 6 月，《北海银行组织章程》由山东省战时工作推行委员会发布，规定了银行的设立宗旨、银行业务、组织领导等，标志着独立的北海银行金融体系在全省正式形成。山东抗日根据地印发一定量的北海票作为本位币，依托各地独立的北海银行办事处与银行网，广泛开展业务，开始自主掌控经济命脉。主要体现在两个方面。

一方面，发展储蓄、汇兑、借贷和保存、防阻法币外流，保证一定的基金等银行业务，便利金融流通，见表 5 - 2。

表 5 - 2　　1943 年北海币本币部分用途　　单位:%

类别	现存款	政府往来	基金	信用贷款	材料费	损失费	合计
占比	11.78	14.39	12.52	6.52	4.45	2.25	51.91

资料来源：朱玉湘．山东革命根据地财政史稿［M］．济南：山东人民出版社，1989：159 ~ 160.

另一方面，投资支持生产建设事业。1943 年 9 月，山东省战时行政委员会强调“建立地方性银行，并以大量资金发展根据地生产事业，尤其是农业生产。使根据地经济达到繁荣，以便有利地对敌开展经济金融货币斗争，以粉碎其封锁、破坏、倾销、掠夺等阴谋”②。北海银行贷款扶持各业生产情况见表 5 - 3 至表 5 - 5。

① 王士花．北海银行与山东抗日根据地的货币政策［J］．史学月刊，2012（1）．

② 山东革命历史档案资料选编第 10 辑［G］．济南：山东人民出版社，1983：267.

表 5－3　1943 年滨海区纺织贷款用途　单位：元

类别	每张土机贷款	每张洋机贷款	每架纺车贷款
数量	500～1000	2000～4000	50～80

资料来源：朱玉湘．山东革命根据地财政史稿［M］．济南：山东人民出版社，1989：158.

表 5－4　1943 年北海银行山东抗日根据地各业生产贷款比例　单位:%

类别	农业贷款	工业贷款	合作贸易贷款	信用贷款	合计
占比	25.41	12.25	10.43	6.52	54.61

资料来源：朱玉湘．山东革命根据地财政史稿［M］．济南：山东人民出版社，1989：159～160.

表 5－5　1945 年北海银行发放各地春耕贷款金额　单位：万元

地区	鲁南	鲁中	滨海	渤海	胶东
贷款数	800	1500	1500	1000	2000

资料来源：朱玉湘．山东革命根据地财政史稿［M］．济南：山东人民出版社，1989：220.

北海银行等持续提供的系列生产建设贷款，大大推动了各业生产，支持了贸易和货币斗争，生产、货币、贸易三位一体斗争形成良性循环，改善了民生，减轻了民负，保障了军需民用，获得了军民广泛支持，对壮大根据地贡献巨大。① 所以，创办北海银行发行北海币，“是这一时期经济工作中的一件突出大事”。②

5.2.2　创建独立货币

针对根据地币制紊乱、多种货币共存流通的局面，山东抗日民主政权确立了以北海币为根据地本位币，以统制的商品为其物资本位，打击“三伪”货币，驱逐法币的斗争。

（1）开展货币斗争。

①抗战初期北海币对法币的依附。抗战初期，山东货币金融状况紊乱，既有国民政府的中央银行、中国银行、交通银行和中国农业银行发行的“法币”，又有省府民生银行发行的“民生票”，以及日伪的联合准备银

① 王士花．北海银行与山东抗日根据地的货币政策［J］．史学月刊，2012（1）.

② 申春生．中国共产党领导山东经济工作的最初实践［J］．发展论坛，1996（3）：54.

行发行的“联银券”，还有国民党军队各自在驻防区印发的地方流通券50多种[①]及各地钱庄、商会、商号发行的土杂钞300余种（仅滨海区一地）[②]，但法币占流通优势[③]。因法币主要为面值元以上的大钞，市场辅币短缺，故1938年10月成立的北海银行发行的货币为壹角、1940年发行壹角、贰角、伍角和壹元，作为法币辅币，“十足兑换（凑足十角换法币一元）”[④]，“便利收付找零”[⑤]。此时北海币的价值依附于法币，通过法币来体现和维持其信用。[⑥] 1940年10月，北海银行总行成立，发行面值种类增加（见表5-6），发行规模扩大[⑦]，初步改变了辅币地位，但依然维持与法币的等值流通和兑换关系，且以法币作为准备金维持北海币的信用[⑧]。

表5-6　　北海银行总行成立初期发行北海币种类统计

面值年份	伍分	壹角	贰角	贰角伍分	伍角	壹元	贰元	伍元	拾元	合计
1941					1	1		1		3
1942	1		1			1	1		1	5
1943				1					1	2
合计	1		1	1	1	2	1	1	2	10

资料来源：北海银行在沂蒙［M］. 北京：中国金融出版社，2014：82.

②抗战中期法币与北海币共存。1941年1月4日皖南事变，国共关系恶化，1月20日，国民政府令山东省主席沈鸿烈封存北海银行资产，禁止北海币流通。7月1日，山东分局针锋相对，要求各地将北海币“作为山

---

① 王士花．北海银行与山东抗日根据地的货币政策［J］．史学月刊，2012（1）.

② 王菠、郭金鹏．抗战时期山东北海银行历史贡献评析［J］．山东广播电视大学学报，2013（1）：68－72.

③ 申春生．山东抗日根据地的两次货币斗争［J］．中国经济史研究，1995（3），139.

④ 中国革命根据地北海银行史料第1册［G］．济南：山东人民出版社，1986：23.

⑤ 邢松岩．我对北海银行创始阶段的回忆．北海银行五十周年纪念文集［M］．山东金融学会，1988：108.

⑥ 刘卫东．抗战时期山东北海币与法币的关系述论［J］．中国经济史研究，2010（3）：108－115.

⑦ 1940年、1941年两年累计发行北海币2246.3万元，比1939年增长近70倍；1941年至1942年发行伍角券1.5万元，壹元券346万元，伍元券503.5万元，拾元券2110.6万元，大面值币居多，见中国革命根据地北海银行史料第4册［G］．济南：山东人民出版社，1988：565、568.

⑧ 刘卫东．抗战时期山东北海币与法币的关系述论［J］．中国经济史研究，2010（3）：108－115.

东市面流通的本位币”①，并加大发行规模。1941 年 12 月 7 日，太平洋战争爆发，日本从所占津、沪、港等地银行掠得巨额法币，但因失去套汇功能，遂由吸收法币改为排挤法币，主要措施有二：一是大量在日占区发行伪币，以取代法币；二是将法币向我根据地和国统区倾销，大量收购物资，“以战养战”，1942 年，流入根据地的法币不下 5 亿元②，致使根据地物资外流，物价暴涨。同年 5 月 29 日，在《关于法币问题的指示》中，财政经济委员会正式提出“展开对敌金融斗争”，“阻止法币内流及物资低价外流”，宣布以北海币为本位币，折价征收法币，“逐渐达到取消法币”。但这次货币斗争除在胶东部分地区获得成功外，其他地区均告失败，法币继续涌入，物资继续外流，通胀日趋严重，法币折价遭遇强劲抵制，“官折民不折，上折下不折，明折暗不折，进折出不折”③。究其原因，客观上是因为法币作为法定货币可全国流通，市场流通量远大于北海币，为北海币的 2～3 倍④，而北海币币值一直依附法币而升降，当政府宣布法币折价后，民众则以为政府是为了收储法币，于是抢购法币而弃用北海币。主观上一是因为没有坚决停用法币，实行独立自主的单一本位币，而是担心影响国共合作，害怕脱离法币后，本币价值无法保证，于是维持法币、本币两种货币同时流通；二是将货币斗争简单化，认为两币比价可靠行政手段规定来实现法币贬值，从而未能将经济力量和政治力量紧密结合。

③抗战后期北海币取代法币。第二次货币斗争始于 1943 年夏，此时山东的对敌军事斗争形势明显好转，国民党军队主力及省府撤离山东，法币失去政权依托，根据地自上而下的统管货币、贸易、生产三位一体的工商管理网络形成，大生产运动兴起，贸易管理严密，为完全停用法币建立了坚实的物资基础和组织基础。同年 7 月 9 日，在《关于停用法币的指示》中，山东分局限期将法币兑换成本币。滨海专署率先宣布自 7 月 21 日起停止法币流通，在 20 天内完成法币与本币的兑换，其中，前 10 天按 1∶1，

① 山东革命历史档案资料选编第 7 辑［G］. 济南：山东人民出版社，1983：144.

② 申春生. 山东抗日根据地的保持币值和物价稳定的措施［J］. 山东社会科学，1995（3），33－37.

③ 山东抗日民主政权上册［G］. 北京：中共党史出版社，2015：718.

④ 刘卫东. 抗战时期山东北海币与法币的关系述论［J］. 中国经济史研究，2010（3）：108－115.

后10天按2∶1，自8月11日起查出使用法币者一概没收。鲁中、鲁南、清河各区也先后禁止法币流通，胶东区则将禁法范围扩大到全区。到1944年春，山东抗日根据地全面确立了北海币与本币地位[①]。同年12月，滨海、鲁南、鲁中三地区实现北海币统一发行。至1945年春，根据地总人口的2/3即1000万人完全使用北海币，游击区则是北海币与伪币混用，敌占区则是暗中流通北海币[②]。1945年8月1日，山东省战时行政委员会通令全省各地北海币统一流通，北海币占领山东全境，独立自主的本币市场完全建立。

此次货币斗争虽仍采用行政强制手段，但否定了法币在根据地内流通的合法性，使根据地商民不再愿意持有法币，或将法币兑换北海币，或用于敌占区换购货物，从而使法币在根据地内的流通量大减，在某些地区如滨海区迅速绝迹。1943年至少有6亿元法币被排挤出根据地市场，到1945年，又有数十亿法币从新解放区排挤出去，基本实现了排法禁伪的任务[③]。与此同时，北海币迅速扩大发行量，货币流通真空被填补，主币券种更趋完善。在角券、壹元券、贰元券、伍元券、拾元券外，1943年增发伍拾元券、壹佰元券，次年增发贰佰元券；1943年北海币发行量达7984.7万元，比前四年累计发行的总量7073.2万元，多911.5万元，1944年、1945年各发行38763.6万元、155071.1万元，累计发行208892.7万元[④]。

（2）稳定本币币值。

北海币的大规模发行并非毫无节制，更非滥发货币以弥补财政亏空，而是依据根据地范围的扩大、人口的增加、商品生产的发展、市场流通的需要而审慎决策，以保证币值稳定。主要采取了以下几大举措。

①严控发行规模。如1943年9月23日，山东分局决定增发本币2亿元，本币流通量暂以根据地每人不超过30元为标准[⑤]；1944年12月，根据地人口1600万人，本币发行4.7亿元，人均不足30元[⑥]；翌年6月，根

① 王菠．北海银行对山东抗日根据地的贡献［J］．山东工商学院学报，2013（6）：31-35.
② 山东革命历史档案资料选编第14辑［G］．济南：山东人民出版社，1984：394.
③ 朱玉湘．山东革命根据地财政史稿［M］．济南：山东人民出版社，1989：217.
④ 中国革命根据地北海银行史料第4册［G］．济南：山东人民出版社，1988：565.
⑤ 山东革命历史档案资料选编第10辑［G］．济南：山东人民出版社，1983：361.
⑥ 申春生．山东抗日根据地的两次货币斗争［J］．中国经济史研究，1995（3），139.

据地人口2000万，本币流通量约7亿元，人均不过35元①。据测算至少人均50元，方能满足流通需要，② 但根据地从紧安排，有利于提升本币币值和竞争力。

②实行“物资本位”。1943年下半年起，北海币新增发行量的一部分用于发放生产贷款，充实货币发行的物质基础，50%以上作为货币发行的准备基金，由工商管理部门购存物资。工商管理部门通过物资的储备、专卖和吞吐，进行季节性、地域性调控，平抑市场物价，安定人民生活，开展对敌斗争，争取有利贸易。敌增发伪钞、贬值伪币、抬高物价时，我压低伪钞比值，同时购存敌所需物资，适当提高物价；敌紧缩伪钞，平抑物价时，我则吸收敌区物资，扩大本币流通范围，将货币发行与争夺物资紧密结合，为战时财经工作服务③。

③允许自由兑换。法币停用后，根据地加强边沿缉私，查禁黑市交易的同时，普遍在辖区设立兑换所，禁止流通的前提下，准许民众自由兑换法币，商人也可凭政府所出证明进行兑换，以利正当贸易。兑换所的外汇牌价视敌占区伪钞、法币变动规律和市场价格灵活变动，伪钞、法币变动小，物价平稳时，兑入兑出牌价差额小，反之则差额大；伪钞、法币收储“随入随出”，决不积存过多。货币的自由兑换和汇价的灵活变动，维护了北海币币值的稳定和汇兑优势。在这里，所兑换的法币作为北海币的“外汇”，被用于根据地与沦陷区的贸易。商人用法币在日占区所购货物，销往根据地后所得北海币兑换成法币后，又到日占区购物，如此循环，“不但在贸易中可能赚些利益弥补法币之损失，而且保卫了根据地之货物，可以平抑物价，提高本币币值”④，一入一出，“所保卫和换回的物资当在十亿元以上”。⑤

通过上述三大举措，北海币币值稳定，比值提高，法币、伪钞比值则因通胀而狂跌。1943年7月至1945年7月三种货币的兑换比例变化见表5－7。

---

① 申春生．山东抗日根据地的保持币值和物价稳定的措施［J］．山东社会科学，1995（3），33－37.

② 朱玉湘．山东革命根据地财政史稿［M］．济南：山东人民出版社，1989：217.

③ 逄振镐，江奔东．山东经济史（近代卷）［M］．济南：济南出版社，1998：447.

④ 清河区货币斗争工作补充指示．1944－01－24．清河区行政公署档案G033－1－28.

⑤ 朱玉湘．山东革命根据地财政史稿［M］．济南：山东人民出版社，1989：217.

表 5－7　　　北海币与法币、伪钞兑换比例变化

时间＼兑换比例	北海币兑换法币比例	北海币兑换伪钞比例
1943 年 7 月货币斗争前	1：1	1：(0.125～0.143)
1943 年 12 月	1：5	1：0.67
1944 年底	1：(20～25)	1：6.7
1945 年 7 月	已无兑换	1：(15～20)

资料来源：刘大可．山东抗日根据地的经济［M］．北京：中共党史出版社，2005：83.

本币的坚挺及生产的发展和供给的丰富，使根据地整体物价稳定且趋降，按伪联币计，1944 年敌占区物价平均上涨 9.7 倍，而山东根据地却下降 17%。① 各地物价指数见表 5－8。

表 5－8　1944 年 1 月至 1945 年 1 月山东抗日根据地各战略区物价指数

年月＼地区	滨海	渤海	胶东	鲁中	鲁南
1944 年 1 月	100	100	100	100	100
1944 年 6 月	100	79	152	87	116
1944 年 12 月	83	56	193	73	82
1945 年 1 月	98	69		69	75

资料来源：薛暮桥．抗日战争时期和解放战争时期山东解放区的经济工作［M］．济南：山东人民出版社，1984：101.

所以，针对 1944 年 10 月国共谈判中，国民党提出敌后抗日根据地不得发行银票，其已发行的“应与财政部协商处理”，薛暮桥在回复《大众日报》记者提问时理直气壮地说道：根据地本不愿自发银票，可重庆国府滥发法币，致使物价高涨币值速跌等，自 1943 年夏山东开始货币斗争一年多来，法币物价高涨了 5～10 倍，而鲁物价均跌落一半，本币与法币比值由一年多前的 1：1 升为 1：(10～15)，根据地物价平稳市场繁荣。是否“要取消本币改用法币？应由山东人民公决”，“实在用不到与财政部来协商处理，倒是几千万跌得像冥票一样的法币，却应当请财政部处理才好。”②

---

① 朱玉湘．山东抗日根据地的经济建设［J］．东岳论丛，1981 (6).

② 薛暮桥．“北海币”回忆录［M］．中国共产党临沂地委党史资料征集委员会编．政权建设的创举［G］．济南：山东人民出版社，1990：180－181.

历经上述两次货币斗争和依附、共存、取代三个阶段，北海币对法币的关系发生根本性逆转，在流通地域、流通量、比价上，均取得绝对优势，与法币的直接联系完全脱离。至 1944 年春，北海币的本币地位在山东抗日根据地全面确立①。同年 12 月，滨海、鲁南、鲁中三地区统一发行北海币。至次年春，根据地 2/3 的人口完全使用北海币，游击区则是将北海币与伪币混用，敌占区则是暗中流通北海币②。1945 年 8 月 1 日，山东省战时行政委员会通令“全省各地所发本币不分地区统一流通，之前各北海银行、工商管理局所发行的本票、流通券，立即停止流通，由各发行机关限期兑回”③，北海币占领山东全境，独立自主的本币市场完全建立。13 日，山东省政府发布通令接管城市中没收日伪资产，树立北海币“为唯一合法之本位币”④，要求立即大量调剂城市所需本币，共增发 3.5 亿元（见表5 -9），要求钱庄、银号、商会立即按本币计算一切往来收支账目票据。从此，独立的北海币制度渐趋成熟，真正成为山东抗日根据地的本位币。

表 5 -9　　1945 年 8 月接收城市各地增发本币流通量情况　　单位：万元

地区	胶东	渤海	滨海	鲁中	鲁南
数量	10000	5000	5000	10000	5000

资料来源：山东革命历史档案资料选编第 15 辑［G］．济南：山东人民出版社，1984：201 -202.

5.3　简评

为保障和盘活紧缺战略物资，冲破日寇严酷的封锁和经济掠夺，山东抗日民主政权适时调控交换关系，实施对外统制和对内自由的贸易政策，改革多头管理，建立单一的工商管理网络，为打破部门和地方的保护主义，提高统制效率和流通效率，提供一个良好的体制环境；按照市场规

① 王菠．北海银行对山东抗日根据地的贡献［J］．山东工商学院学报，2013（6）：31 -35.
② 山东革命历史档案资料选编第 14 辑［G］．济南：山东人民出版社，1984：394.
③ 山东革命历史档案资料选编第 15 辑［G］．济南：山东人民出版社，1984：181.
④ 山东革命历史档案资料选编第 15 辑［G］．济南：山东人民出版社，1984：201 -202.

律，调剂外汇管理贸易，通过季节性区域性调控平抑物价[①]，按照军需民生，统战重要物资，改变以货易货，发挥比较优势，高价输出我所余，低价输入我所需；统制金融货币，开展对敌货币斗争，创立自主金融体系，创建独立货币，施行物资本位，维护本币币值。总之，山东抗日民主政权运用“看不见的手”和“看得见的手”，通过商品与货币双管齐下的方法，调控交换关系，冲破敌人封锁，不仅保障了军需民用，而且实现贸易出超，使政府有能力加大生产投入，并通过金融贷款扶持各业生产。这对于巩固山东抗日民主政权，乃至整个抗战大局都有重要意义[②]。

① 山东革命历史档案资料选编第11辑［G］. 济南：山东人民出版社，1983：326－327.

② 山东抗日民主政权上册［G］. 北京：中共党史出版社，2015：1258、1263.

第6章 山东抗日民主政权对分配关系的调节

本章专述山东抗日民主政权对分配关系的调节及对生产力发展的拉动。在通过流通掌控商品和货币并产生盈余之后，如何分好“蛋糕”、兼顾各方利益、合理配置资源便成为头等大事。本章分别从优化税赋征收办法、开展减租减息双交增资、实行精兵简政三个方面，阐述山东抗日民主政权对阶层关系、劳资关系和军政民关系的调剂。

6.1 优化税赋征收办法调节阶层关系

“群众不是从理论上，而是根据实际来看问题的”①。山东抗日民主政权的一个中心任务“就是推行各种善政，调整各阶级的利益”，“取消一切扰民害民的苛捐杂税，整理必要的税收”②，以改善民生。

6.1.1 优化救国公粮征收办法

（1）征收救国公粮之缘起。

救国公粮实质是一种农业收益税，基于抗战期间“有钱出钱、有粮出粮”的原则，始于对抗日根据地初创期筹粮募款不合理办法的卡尔多—希

---

① 列宁全集第二十九卷［M］. 北京：人民出版社，1985：103.

② 山东革命历史档案资料选编第4辑［G］. 济南：山东人民出版社，1982：370－371.

克斯效率①改进。

山东抗日民主政权未建立前，抗日部队主要靠“吃大户”和捐献来解决给养；各地抗日民主政权建立后，相继开始募集钱粮，主要来源于募捐摊派、没收敌产及资敌物资和对奸商罚款。由于募集主体、对象、时间、数量、次数等均无统一规定，也无负担的最高限额，造成了一系列的负担不合理：一是户与户间负担不合理。在不够巩固的根据地，旧乡长、村长把持乡村政权，将负担往往转嫁给中等以下人家；在巩固的根据地，因为收“富人捐”，致使地主富农负担重。二是村与村间负担不合理。因征粮往往按地亩摊派，故实报地亩数的村庄负担重，而瞒报地亩数的村庄负担轻。三是地区与地区间负担不合理。驻军多者负担重而驻军少者负担轻，常驻军者负担重而不驻军者负担轻。四是粮食支付不统一，部队走哪吃哪、随筹随用，不上交不报账，浪费严重，加剧了不合理负担，影响了民众抗战拥军的积极性。

针对上述问题，1938 年财政经济委员会提出实行“平衡负担办法”：一是按部队、机关人数，在活动区域划区供应，不许越界。二是按吃粮标准给部队、机关发盖了公章的收据，统一核算，多用多吃一律扣还。三是组织发动敌占区或边沿区群众送粮至根据地，减轻根据地民负。以上方法因未改变募捐摊派方式，故仍未解决因募捐摊派所产生的问题。自 1940 年起，山东抗日根据地开始正式将募捐摊派改为征收救国公粮。8 月山东分局提出“按照公平负担，实行给养统筹统支。”② 9 月，全省首次行政会议的中心工作之一便是研究财经工作，提出财政的核心是对救国公粮等统一收支③，调节平衡各区的发展，保障抗日经费，减轻民负。11 月，山东省战时工作推行委员会提出征收救国公粮合理负担原则：①粮多者多征，粮少者少征，不承担公粮的贫困者不得超过 20%；②实行累进税，但负担户最高负担额不得超过其全部收入的 35%。并据之颁发了甲乙丙三种合理负担办法：要求未实行公平负担之地区先实行甲法，等出效果与清查地亩财

① 卡尔多—希克斯效率，是指如果一次社会政策或法律制度的安排使一些人的福利增加而同时使另一些人的福利减少，但只要增加的福利超过减少的福利，就可以认为这项社会政策或法律制度使社会总财富实现了增加，因而这项社会政策或法律制度就是有效率的。

② 山东抗日民主政权上册［G］．北京：中共党史出版社，2015：470.

③ 山东革命历史档案资料选编第 6 辑［G］．济南：山东人民出版社，1982：50、52.

产确实后，再实行乙法。1941 年 6 月，山东省战时工作推行委员会提出为使负担公平，要做到人口、土地 80% 以上均担负负担①。8 月，山东省战时工作推行委员会重申征收公粮"要坚决执行负担人数占全区 80% 以上的规定"，"人民必须认识到交纳公粮是光荣的抗战任务"，保证军粮充裕是抗战胜利的基本环节。救国公粮的征收，表明抗日民主政权的粮款筹措由募集向税收转变，无标准、无计划、无制度向有标准、有计划、有制度转变。

（2）征收救国公粮办法演进。

甲乙丙三种合理负担办法中，甲种办法实行单位为村，负担单位为户，依不同的贫富程度，将各户、村分等，以总收入量、总财产和人口数估计决定，按每户负担能力确定负担分数，按分均摊该村应出的"给养公费"。1941 年，鲁中区半数左右村庄、滨海区 532 村、清河区 601 村、胶东区普遍实行甲种办法：在全体户数中，负担户占 30% ~50%，地主富农负担较重，特富户因特别捐助，有的负担竟超其收入 80% 以上，"有的产量甚至不足交纳公粮，被迫典当土地者"，"致使部分地主逃往敌区"②。

乙种合理负担办法是按全县土地肥瘦，将所有村庄分为三等，以每人平均地亩为标准，按差额累进比例分摊，以土地为限，不计财产，虽较甲种合适，但内容复杂，免负担户多，总负担户低于 80%，计算困难，易为乡村中上层包庇操纵，从中渔利。但若计算好了，乙种办法操作快捷，如在工作基础较好的沂蒙，完成一区的征粮，5 天即可；完成一区的田赋，3 天就行。如滨海某个行政村，征完一村的公粮，仅用了 220 分钟。1941 年，滨海区 281 村、清河区 171 村及 1942 年鲁中区 1/2 以上的 1000 余村，实行了乙种办法③。鲁南甲乙办法都曾推行；冀鲁边与冀南同样办法征公粮，上层负担较重。

丙种合理负担办法，是自报所有财产、工资等公议，折合成小麦或现金，按照人均收入，累进征收，因其繁难计算，未广行之。

甲乙办法推行区与未实行区相比，确实减轻了广大贫、中农的负担（见表 6 -1），有利于维护其生产抗战的热情。

---

① 山东革命历史档案资料选编第 7 辑［G］. 济南：山东人民出版社，1983：3.

② 山东抗日民主政权上册［G］. 北京：中共党史出版社，2015：700.

③ 山东抗日民主政权上册［G］. 北京：中共党史出版社，2015：700.

表 6－1　　鲁南滕费边各阶级负担占其平均收入的比重　　单位：%

阶级	实行公平负担办法的村庄	未实行合理负担办法的村庄
贫农	1.6	19.8
中农	11.6	19.6
富农	37	16.9
地主		15.3

资料来源：山东抗日民主政权上册［G］．北京：中共党史出版社，2015：701.

根据实践结果，甲乙两种办法中，甲种评定等级靠估计，在群众基础不好的地区，“估等时豪强者上下其手，加重中农负担”；在群众基础好的地区，“又往往特户负担过重，以致影响社会团结。至于按亩摊派制度，其不合理更不待言。”[①] 1941 年 4 月 4 日至 10 月 2 日，山东省战时工作推行委员会分别颁发《关于乙种公平负担办法的补充与修正决定》《关于陈报清查土地决定与乙种公平负担办法及其修正决定的几个修正》《讨论修订乙种公平负担办法的通知》、拟颁《修正山东省乙种公平负担暂行办法（草案）》[②] 等，旨在总结经验，寻找更优办法。

1942 年，《全省征收公粮统一条例案》由山东省临时参议会通过，主要原则有二：一是按中中亩标准征收。将土地折合成中中亩，按每人占有的中中亩累进征收；二是按同级土地平均产量、按户按人均收入，在起征点上累进征收，最高负担量不得超过该户土地总产量的 35%。雇工计入雇主家人口，以鼓励地主富农多雇工，增加生产。8 月，山东省战时工作推行委员会又颁《关于修正征粮办法的决定》：①已实行乙法有成效地区，废除免负担地、进级办法及其他繁杂规定，仍暂按标准亩平均产量估计征收，但所征数额与累进比例按新办法；②废止甲乙办法，禁止按亩摊派，今后实行按产量征粮的新办法，务使地主负担不超过 35%，但遇军粮困难或富裕地主能力特强时，征得其同意及各战略区政府批准后，可提高累进，最高不得超过 45%。[③] 执行新办法的有滨海、鲁中、渤海的大部分、胶东一半、鲁南 1/5 的村庄[④]，农民负担与同期日占区、伪占区、国统区、

① 山东革命历史档案资料选编第 8 辑［G］．济南：山东人民出版社，1983：462.
② 山东革命历史档案资料选编第 7 辑［G］．济南：山东人民出版社，1983：372－379.
③ 山东革命历史档案资料选编第 8 辑［G］．济南：山东人民出版社，1983：462－469.
④ 山东革命根据地工商税收史料第 2 辑（1941—1943）［G］．1984：241－251、247.

游击区相比为最低[①]，见表6－2。

表6－2　　1942年4—8月各类地区典型村户负担调查

地区类别	典型村户	每月负担（元）				各方负担的百分比（%）			
		每人	为我占区的倍数	每亩	为我占区的倍数	国统区	伪占区	日占区	根据地
游击区	赵家庄	12.838	4.05	49.39	18.05	48	25	16	7
伪占区	虢家村	35.2	11.10	13.2	5.14		96.1		3.9
日占区	西辛庄	9.32	2.94	10.36	4.03			83.9	16.5
国统区	莒北洛何崖庄百福堂	98.66	31.12	22.5	8.75	69.7	30.3		
根据地	莒南大店区将军山前庄	3.17	1	2.57	1				

说明：游击区赵家庄公用费占5%。

资料来源：山东革命根据地工商税收史料第2辑［G］. 内部资料，1984：241－251、247.

新的征粮办法确实取得较好效果，但仍存在一定弊端：一是每户每年之收获量不易准确评定；二是按每户产量征收，将征收因加工、增肥而增之产，打击这类精耕细作农户之积极性；三是对“努力生产的富农或经营地主征收得特别重，而对不劳而获之收租地主则征收得特别轻”[②]，引致地主富农愿意出租而不愿意经营土地。1943年5月11日，山东分局在《大众日报》发表社论，再对该法提出修正建议：①每人至多免征半亩；②取消太复杂的级数计算办法；③租入或租出每2亩折1亩；④仍按地亩多级产量累进征收，土地未清丈地按收入征收。山东省战时工作推行委员会也再修正新办法：①雇工、自耕农除去总收入1/5的农业成本后，计征公粮；②登记各户土地按人均标准地亩数分成若干级，按同级平均产量计算产量，保护施肥加工所增归生产者所有；③雇工算雇主家一口人，以奖励富农、保证雇工不失业；④按每户总收入来征各级征收率，由政府根据实际需要，临时决定公布；⑤负担户在80%以上，建议贫农、中农、富农、地

① 山东抗日民主政权上册［G］. 北京：中共党史出版社，2015：702.

② 山东省粮食局粮食志编纂办公室. 山东革命根据地粮食史料选编第1辑［G］. 山东省粮食局粮食志编纂办公室，1985：150.

主负担数额分别占其收入的1%～8%、9%～16%、17%～24%、最高35%，最多分别不超过10%、20%、30%、35%。这样既保障了各阶级的正当利益，又使人民负担更轻了，见表6－3。

表6－3　滨海莒南筵宾东兰墩10庄和沂南孙某村负担占收入比重情况 单位：%

阶级	滨海莒南筵宾东兰墩10庄		沂蒙沂南孙某村
	1942年	1943年	
贫农	11.3	3.2	13.5
中农	16.8	11	21.7
富农	25	25.4	24.45
地主			28.7

资料来源：山东革命根据地工商税收史料第2辑［G］．内部资料，1984：241－251.

1944年3月26日，山东省战时行政委员会指示改进征粮办法三个原则：一是照顾军粮民食，确保供给军政食粮，又尽可能减轻民负；二是各阶层负担公平合理，减轻贫苦农民负担，又不使地主富农负担过重；三是奖励生产，奖励农民精耕细作多施肥、愿意多种地，又不妨碍富农经济的自由发展[①]。具体办法如下：

①按累进分级标准，如以地亩，或收入多少为标准时，应按产量折合成中亩，或各级土地均产来计算负担或收入，勤劳多产者不增，懒惰少产者不减。②出租、租种地负担，勤劳农民及苦心经营地主，负担应稍轻，不劳而获的收租地主，负担应稍重，佃农收入较小，生产成本较大，故比自耕农负担更轻；自耕、雇工所种地，从收入中除去20%农本后，计算负担；租种地应于收入中除去20%农本、所交地租后，"计算负担"[②]。③雇工生产，特殊原因低于最低标准者，算半口，工资超过政府所定最低标准者，可算雇主人口；老弱孤寡、无男壮丁之家与贫苦抗属，可酌减若干，免负担地或粮，各地可普及此法等。[③] 总之，奖励各阶层增加生产，激发所有生产要素活力。

经过不断的修改完善，1945年4月21日，山东省战时行政委员会正

① 山东革命历史档案资料选编第11辑［G］．济南：山东人民出版社，1983：297.

② 山东革命历史档案资料选编第14辑［G］．济南：山东人民出版社，1984：296.

③ 山东革命历史档案资料选编第11辑［G］．济南：山东人民出版社，1983：297.

式颁布《山东省征收公粮条例》，使各地征粮标准渐趋统一，方法更简便，效果更卓著，见表6-4、表6-5。

表6-4　1943—1945年山东抗日根据地公粮收支情况　单位：公斤

年份	公粮收入	公粮支出	收支相抵结余
1943	102161596	44707151.5	57454444.5
1944	165179718.5	146954153.5	18225565
1945	279621527.5	274297017	5324510.5

数据来源：朱玉湘．山东革命根据地财政史稿［M］．济南：山东人民出版社，1989：211.

表6-5　1938—1945年各阶层负担率比较　单位:%

地区	阶层	年份							
		1938	1939	1940	1941	1942	1943	1944	1945
胶东	地主	33.2	33.1	31.8	30.5	30.2	28.9	26.1	21.5
	富农	30.9	28.7	30.6	28.7	28.9	22.1	20.3	18.3
	中农	20.8	18.9	15.7	12.2	12.1	9.6	8.5	8.1
	贫农	16.3	12.7	9.9	7.9	8.7	3.7	3.1	1.9
渤海	地主	35.8	35.9	31.2	30.5	30.1	30.1	28.2	25.3
	富农	30.1	28.3	28	27.7	28.7	25.1	23.3	20.1
	中农	22.2	20.1	19.1	22.1	20.2	11.6	11.7	9.6
	贫农	17.8	16.1	15.2	14.1	14.4	4.9	3.9	2.1
滨海	地主	35.4	33.1	31.2	30.2	32.4	30	27.8	24.7
	富农	25.1	22.2	20.1	20.7	21.7	17.1	15.3	13.3
	中农	13.5	7.9	8.9	9.9	10.3	7.5	7.1	7.1
	贫农	10.5	8.8	3.9	4.1	3.5	3.1	3.1	1.9
鲁中	地主	36	35.7	35.6	35.1	35	32.8	30.7	25.5
	富农	21.1	22.8	21.1	20.2	19.8	15.9	15.7	14.7
	中农	21.9	19.6	16.6	15.7	15.8	9.4	8.3	7.4
	贫农	13.5	10.9	10.7	10.6	10.5	4.5	3.8	2
鲁南	地主	31.9	33.8	35.2	33.9	34.3	32.8	20.7	27.7
	富农	27.5	27	23	21.9	25.5	18.5	17.4	15.3
	中农	22.8	22.1	21.5	20.5	20.1	13.5	11.5	10.1
	贫农	13.9	11.1	10.4	9.0	9.8	9.1	5.1	2.5

说明：负担率系指每户公粮负担数占该户粮食总产量的百分比。

资料来源：山东省情网 省情资料库 群团库 第六类第七辑农救会组织群众开展生产、改善生活。http//lib. Sdsqw. cn/bin/mse. exe? seachword = &K = a&A = 11&rec = 63&run = 13。

从表6－4可见，随着征粮办法的不断改进完善，山东抗日根据地1943—1945年的收支节余各为5745.4万公斤、1822.5万公斤和532.5万公斤，呈现逐年递减之态，在保证军政所需的基础上，切实减轻了民众负担。从表6－5可见，随着募捐摊派方式的退出和救国公粮征收办法的不断改进完善，各阶层的整体负担逐年减轻，负担结构渐趋合理，实现了卡尔多—希克斯效率向帕累托改进①之转变。

6.1.2 优化田赋征收

田赋即土地税，抗战前按银两摊派。抗战开始后，田赋本应停收，但虑及其在旧税中较合理可靠，故抗日民主政权重新征收。

（1）田赋征收依据优化。

1940年，掖县开始按亩征收田赋。东海区各县则仍按银两征收田赋，存在地多赋少、地少赋多、有地无赋、有赋无地的积弊。1940年9—11月，山东省首次行政会议提出按地亩并将地按好坏分等征收田赋的原则。每年分春、秋两季，每季通常按每亩小麦1～1.5斤的标准随粮价涨落折款征收，附加不得超过田赋正税。1940年、1941年、1942年每标准亩各征2～4角、1～1.2角、5.6～6元，个别地按银两征收。1943年9月，山东省战时行政委员会指示，田赋包括正税和田赋附加，每标准亩每年不超过5斤粮食。虑及当时货币斗争刚开始，币值不稳，农民卖粮困难，山东省战时行政委员会决定改征款为征粮。1944年，因北海币币值提高，田赋部分征粮、部分征款。1945年，基本恢复征款办法。

（2）田赋征收办法优化。

抗战前田赋由乡约地保粮头等代为征收，存在中间盘剥。抗日民主政权废除此法，初期代以多种方法：一是预借，如莒南、日照、临沭等县将田赋任务分配到区，后向较富裕的花户预借，再由乡公所分别直接征收，归还花户；二是委托村长、乡公所代收，在敌占区则委托伪区长、保长代收，如胶东地区委托村长征收；三是由政府抽集干部组成突击队，突击直

① 是指在存在帕累托无效率的情况下，若进行资源重新配置，可使某些人的效用水平在其他人的效用不变的情况下有所提高，即为帕累托改进。

接征收某一地区田赋。1940 年 11 月省首次行政会议规范了征收办法，决定取消中间人剥削，统一按地亩分夏秋两季直接征收。1943 年各战略区田赋收入占财政收入第一位，见表 6－6。

表 6－6　1943 年各战略区田赋收入占财政收入的比重　单位：%

地区	胶东	鲁中	鲁南	清河	滨海	全省
比重	34.67	43.3	42.52	49.8	38.45	40.3

资料来源：逄振镐，江奔东．山东经济史（近代卷）[M]．济南：济南出版社，1998：440－441.

1943 年以后，田赋退居财政收入次位。1944 年，山东省战时行政委员会为体恤民困，促进生产，下令豁免 1941 年 12 月以前所欠公粮田赋。

6.1.3　合理征收工商税收

（1）拓宽税种。

抗日根据地初创期，工商税收在财政收入中占比小，由财政部门兼代和临时派人征收。1938 年 3 月，三支队领导掖县政府通过整顿盐务、税收，月入十五六万元①。8 月，掖（县）蓬（莱）黄（县）3 县所征税目有：契税、矿租、盐捐、油类营业税、统税、当税、烟酒牌照税、所得税、烟酒税费、救国捐、货物救国捐、荒地租、民佃灶课等 16 种。当时征收的主要税种有：

①关税。主要在沿海根据地。北海公署曾与龙口海关协商，将关税收入的 60% 充做抗日经费，设龙口海关办事处，以事监督。4 个月内，收税约 20 万元。②1939 年春，抗日民主政府退出县城即停止，但在掖县的石虎咀等 4 地仍有海关分卡。1939 年初，山东纵队二支队控制征收重镇泊尔和附近沿海地区关税。

②货物税。1938 年掖蓬黄 3 县民主政府按《货物救国捐条例》，设货物救国捐征收处，开征货物捐。因货入海关要上税，形成一货二税而停征，至 1939 年 7 月恢复，12 月 31 日制订了《货物救国捐征收总处办事细

①② 亲历者说—山东抗战编年纪事（1938 年卷）[M]．济南：山东人民出版社，2015：197.

则》，还修订条例，所订收税标准见表6－7。1940年秋，滨海区始征货物捐。同年，鲁中、清河区始收商业税，如清河当年商业税收159867元，占财政收入15%。1941年开始对出入口货物只征一次税，促进货物流通。

表6－7　　1939年底胶东货物税征收标准

征税（%）	货物名称
80	迷信物品（神香、烧纸、锡箔、冥币等）
60	国产烟酒
50	洋烟酒，奢侈品（化妆品、装饰品、丝织品、人造丝织品等）
20	洋货
10	棉布、棉纱、毛织物、毛绒及其成品、陶瓷、钟表及一切国产机制品
5	国产机制棉布、国产手工品及农产品

资料来源：朱玉湘．山东革命根据地财政史稿［M］．济南：山东人民出版社，1989：50.

③盐税。盐是山东大宗特产之一，盐税是重要的财政来源。过去盐业官营，不得自由买卖。1938年3月至1939年3月，掖县抗日民主政府通过整顿盐税，每月入十五六万元①；1939—1940年，沿旧制仍征3处盐场的盐税，允许自由买卖，初由征收处，后归税务局。到1940年，加上文登、荣成开辟的各8处，东西海两地区共20处盐场。盐税税率是斟酌人民负担、物价、收入需要、销路及不影响盐民生活等条件而定。1940年11月赣榆民主政府建立后，即改造旧盐槽，建立交易所，减少中间剥削，增加政府税收。胶东、滨海、清河等地先后开征盐税，其情况见表6－8。

表6－8　　1939—1942年胶东、滨海、清河三区盐税收入

年份	地区	盐税收入（元）	占财政收入的百分比（%）	在税收中排位
1939	胶东	48377.46	1.5	4
1940	胶东	91042.84	1.96	6
	胶东、滨海、清河		9	5
1941	胶东、滨海、清河		19	
1942	胶东、滨海、清河		41	

资料来源：朱玉湘．山东革命根据地财政史稿［M］．济南：山东人民出版社，1989：53.

① 亲历者说—山东抗战编年纪事（1938年卷）［M］．济南：山东人民出版社，2015：197.

④矿税。1938年8月北海专署成立后，当即组织金矿管理委员会，派员到招远九曲、玲珑金矿，取消旧办法与额外剥削，采取两种新办法征收矿税：一是对自行投资开采的矿税较低；二是对包租的矿洞确定好坏定出矿税标底，在商人与政府均有利可图的基础上最终确定，一般为3%～10%。1940年后，设立矿务局重建九曲、玲珑等四个金矿，1940年胶东矿税收入769502.68元，占财政收入的16.57%，居各项收入的第3位①

（2）规范税收税率。

1940年山东省战时工作推行委员会设税务局整理税收，废除苛捐杂税，开征规范税种，停止募捐摊派。12月，颁行《山东省税收暂行条例》《田房契税暂行办法》及其后的修订规定，开征的税种共7种，即盐税、矿务税、货物税、营业牌照印花税、田房契税、牲畜屠宰税等，其中前5种为国家税收，后两种为地方税收；将出入口货物按迷信品、奢侈品、通用品、非必需品、必需品，分成特许、允许、禁止、奖励4种规定税率。1941年底，山东省战时工作推行委员会颁行《盐业交易所组织暂行办法》，指导全省改造旧盐槽为盐业交易所，并指导各县在重要集镇交通要道建立盐业交易所，收5%的手续费。

1943年各地工商局成立后，吸取将大部分负担放在农业生产上，未重视管理根据地物资和增收的教训，采取了如下措施：建立边沿区缉私网，开展群众性缉私运动；审查轮训税收人员；按对敌斗争及保护小商贩、照顾群众利益的原则，各地根据实际情形重审改订税率；按不扰民又增收的原则，整理自办自收地方税，废除中间剥削；制定营业税则，开征营业税；彻底整理公有、教育等款产及没收土地，扩大政府收入；规定机关、部队、团体租种公地须交租；在巩固、已陈报土地地区，参照国府契税条例，联系保护地权的政策，实行契税，并将契税改为省款收入；及时整理清河、滨海、鲁南、鲁中等某些新地区，半年内配备干部完善机构，开征田赋、税收等。②

在上述举措下，根据地税收增长显著，有的成为地区财政的主要收

① 朱玉湘. 山东革命根据地财政史稿［M］. 济南：山东人民出版社，1989：54.

② 山东革命历史档案资料选编第10辑［G］. 济南：山东人民出版社，1983：402.

入。如1944年滨海区税收已占财政收入的80%①。各地及全省三年税收见表6-9、表6-10。

表6-9　1944年滨海、鲁中、鲁南、胶东、渤海五区工商税收占财政支出的百分比　单位:%

地区	滨海	鲁中	鲁南	胶东	渤海
比例	70.8	35.65	23.73	35.69	47.74

资料来源：山东抗日民主政权上册［G］. 北京：中共党史出版社，2015：1298.

表6-10　1943—1945年山东抗日根据地工商税收　单位：万元

年 份	1943	1944	1945	合计
税收	16452.5	14199	24445.3	55096.8

数据来源：山东省志·财政志［G］. 济南：山东人民出版社，1993：9.

1944年各地区工商税收平均各占支出、总收入的43.62%、50.02%，农民田赋负担减轻并降为次要地位，为前所未有。② 1944年、1945年滨海从贸易中所增的新财政收入，平均能使每人减负15元、30元。1945年滨海工商收入占全部供给经费的75%（未提高税率），田赋只占22%，部队虽扩大了，但民负未增。③

6.2　减租减息双交增资调节劳资关系

6.2.1　实施背景

抗战前，山东农村与全国一样，土地所有权集中于地主富农阶级，广大农民则缺地少地。以1937年鲁南农村平原地区（如滕县）和山区（如

① 山东抗日民主政权上册［G］. 北京：中共党史出版社，2015：855.

② 山东抗日民主政权上册［G］. 北京：中共党史出版社，2015：1298.

③ 山东抗日民主政权上册［G］. 北京：中共党史出版社，2015：1263、1260.

沂南县艾山区）为例，各阶级人口和土地占比情况见表6－11。

表6－11　　1937年鲁南农村各阶级人口和土地占比　　单位:%

	滕县（平原）		沂南县艾山区（山区）	
	人口占比	土地占比	人口占比	土地占比
地主	5.12	66	3	9.5
富农	3.4	6	12.4	39.5
中农	91.48	28	8.5	15.8
贫农			76	38

资料来源：王启云．山东抗日根据地的减租减息［M］．北京：中共党史出版社，2005：21.

畸形的不相匹配的人口占比与土地占比，必然导致普遍而复杂的租佃关系。据典型调查，有租佃关系的村庄占村庄总数的95%，平均每村有出租户3～5户，承租户5～10户①。分阶级租佃的典型调查见表6－12、表6－13。

表6－12　1937年山东省农村平原地区租佃关系的典型调查统计

	户数	土地（亩）	出租					佃入				
			户	占比（%）	土地（亩）	占比（%）	平均租出土地（亩）	户	占总户（%）	土地（亩）	占比（%）	平均佃入土地（亩）
地主	169	34403.85	162	95.8	32238.38	93.7	199					
富农	173	6083.89	18	10.4	329.41	5.45	18.3					
中农	717	11158.09			311.80			167	23.29	5560.98		33.29
贫农	931	5555.36			164.13			232	24.91	2161.92		9.32
雇农	157	176.49			4.01			16	10.19	112.36		7.02

说明：调查对象为平原地区的莒南大店、筵宾、沟头3个分区12个村庄。

资料来源：山东的减租减息［G］．北京：中共党史出版社，1994：2.

① 山东省档案局，中国共产党山东省委党史研究室．山东的减租减息［G］．北京：中共党史出版社，1994：2.

表 6-13　1937 年山东省农村山区租佃关系的典型调查统计

	户数	土地（亩）	出租					佃入				
			户	占比（%）	土地（亩）	占比（%）	平均租出土地（亩）	户	占总户（%）	土地（亩）	占比（%）	平均佃入土地（亩）
地主	66	6676.74	58	87.88	4014.75	60.13	69.87					
富农	108	4707.98	40	37.30	427.33	9.12	3.98					
中农	775	17266.87	72	9.29	729.44	4.59	10.13	146	18.86	1103.93		1.42
贫农	898	9547.78						446	49.67	3661.60		4.12
雇农	57	247.82						25	43.88	154.88		2.74

说明：调查对象为山区和丘陵的滨海临沭甄家河之蛟龙、大兴、石河 3 个分区 12 个村。

资料来源：山东的减租减息［G］. 北京：中共党史出版社，1994：2-3.

由此产生了一系列错综复杂的租佃关系、借贷关系和雇佣关系。从租佃关系来说，有实物地租、货币地租和工役地租三种形式及定租和分租两种形式。定租制即固定租额，一般为总产量的 50%～70%，有的甚至高达 80%～90%，不论丰歉均按原定租额交纳；分租制则为固定租率，分租率一般不低于定租。一般说来，丰年定租制和歉年分租制有利于佃户，地主则反之。据统计，山东的货币地租为 30.4%，比全国平均 21.2% 高出 9.2 个百分点①。除了上述两种形式，地主还对佃农实行五花八门的额外剥削和超经济剥削，如预押地租 1/4～1/2，小亩（不足一亩算一亩）出租，大斗（超过一斗算一斗）收租，年节供奉等，额外剥削名目达十几种至几十种之多。抗战前，各地农村负债户一般在 50%～70%。②

借贷关系主要有借钱还钱、借粮还粮、借钱还粮、借粮还钱、放工夫账、大包头利、借粗还细、贷款押地和利涨准折等形式。借贷利息一般为高利贷，月息、年息各为 4 分、5 分，超过国府 2% 的法定年利率。若加上“利滚利”“印子钱”“先扣利”“出门利”等恶利，则利息更高。③ 往往春

① 严中平，徐义生，姚贤镐等. 中国近代经济史统计资料选辑［G］. 北京：科学出版社，1955：289.

② 杜润生主编. 中国的土地改革［M］. 北京：当代中国出版社，1996：12.

③ 李金铮. 华北抗日根据地私人借贷利率政策考［J］. 抗日战争研究，2001（3）：37.

借一斗，秋还三斗①。

雇佣关系的主要形式有长工、短工等，受雇期间，雇工几无人身自由，工资很低，限定劳役外，还有繁多杂役。加上雇主七折八扣，所得工资微乎其微，特别是女工和童工境况更惨，甚至连最低生计都难以维持。

山东农民受上述高租米、高利钱、低工资压榨，终年难温饱，逃荒、乞讨、卖儿鬻女者众。据对高密县 25 个乡镇调查统计，其情况见表 6－14。

表 6－14 高密县 25 镇农民被超经济剥削生活境况

类别	逃荒		乞讨		卖儿鬻女（户）
	户数	人数	户数	人数	
数量	8296	35310	14567	36237	4890

资料来源：山东的减租减息［G］. 北京：中共党史出版社，1994：513.

上述封建剥削在根据地同样存在，明显影响了广大农民抗战和生产的积极性。开展减租减息，改善雇工待遇，已成为广大农民的强烈要求和抗日民主政权的当务之急。

6. 2. 2 实施阶段

山东抗日根据地的减租减息增资自 1939 年始，至 1945 年 8 月基本结束，大体经历了 3 个阶段。

第一阶段自 1939 年 1 月至 1942 年 4 月，为局部开展减租减息增资工作阶段。1937 年 8 月中共中央颁布的《抗日救国十大纲领》将减租减息作为党在抗战时期解决农民问题的基本政策，进而规定地租均按战前原租额减 25%，利息实行“分半减息”，即年利不得超过本金的 15%。按照中央指示，山东抗日根据地部分地区开展了减租减息运动。但由于根据地初创，战争形势严酷，减租减息尚停留在宣传政策阶段。少数地方虽初步开展减租减息，但因为发动群众不充分，出现“明减暗不减”，或农民拒不交租交息，乱打乱斗乱没收地主两种错误现象。1940 年 11 月 11 日，山东省临时参议会公布《减租减息暂行条例》，规定“地主土地收入，不论租

① 山东的减租减息［G］. 北京：中共党史出版社，1994：513.

佃、半租，一律照原租额减少五分之一”，“地租一律不准预缴”，“钱主之利息收入，不论旧债新欠，年利率不得超过一分五厘（15%）”，即“五一减租，分半计息”。但由于山东党政对发动群众开展减租减息认识不足，加之反“扫荡”任务艰巨，该工作几乎停顿。

第二阶段自1942年5月至1943年9月，为减租减息增资全面开展阶段。1942年4月25日，专程来鲁指导工作的刘少奇在山东分局召开的党政军负责人会议上严肃指出，群众运动的中心环节就是要轰轰烈烈地开展大规模的减租减息运动。山东的减租减息运动未开展起来的中心问题是没有群众观念，没有关心群众的疾苦。你不解决群众的切身问题，谁会来参加抗日游击战争呢？刘少奇的意见引起山东党政军领导的高度重视，成为减租减息运动的新起点。5月4日，山东分局作出《关于减租减息改善雇工待遇开展群众运动的决定》和补充指示，5月15日山东省战时工作推行委员会颁布《山东省租佃条例》和《山东省改善雇工待遇暂行办法》，其中，《办法》规定雇工工资交付以粮食为标准，成年男工最低工资不少于通用食粮300斤，女工不得低于男工的一半。各级党政领导深入农村发动群众，开展试点，以点带面，到6月减租减息运动在全鲁普遍展开。据不完全统计，1942年6月至1943年6月取得的减租减息增资成果见表6-15。

表6-15　1942年6月至1943年6月山东抗日根据地减租减息增资情况

类别	减租减息	减租			减息		增资		
	村庄（个）	户	地（亩）	粮（斤）	户	粮（斤）	村庄（个）	雇工（人）	人均增粮（斤）
数目	4753	18284	393482.7	6207283	151	6207283	4435	72958	165

说明：未包括鲁南和冀鲁边。

资料来源：山东的减租减息［G］．北京：中共党史出版社，1994：11.

第三阶段自1943年10月至1945年8月，为老区开展查减斗争、新区开展减租减息工作阶段。该阶段在老区10128个村庄开展了查减斗争，在新区1.5万个村庄开展了减租减息增资运动。前一阶段选派干部查减，普遍在群众中开展“谁养活谁”的教育，在干部中开展“减租减息”必要性教育，在此基础上召开说理诉苦和斗争大会，打击反动地主，巩固和扩大减租减息成果，后一阶段反对右倾思想，放手发动群众，进一步掀起减租减息和增资斗争高潮。到 1945 年 8 月，50% ~80% 的村庄进行了减租减息增资，有关成果见表 6 – 16。

表 6 – 16　　至 1945 年 8 月山东抗日根据地减租减息增资成果

减租							减息				增资			
村庄（个）	地主（户）	佃户（户）	土地（亩）	粮（万斤）	现款（元）	要回土地（亩）	债户（户）	粮（万斤）	现款（元）	要回土地（万亩）	村庄（个）	雇工（万人）	粮（万斤）	现款（元）
8444	3179	9988	58. 4	2068. 5	821. 3	6739	15801	1137. 3	366. 7	1. 0	6877	5. 5	1449. 5	377. 8

资料来源：山东的减租减息［G］. 北京：中共党史出版社，1994：15.

6. 2. 3　实施机制

（1）提高认识，加强领导。

山东抗日根据地减租减息增资工作之所以初始停滞，除了客观原因外，主观原因在于未能将解决民众的切身利益作为中心任务；之所以后来居上，在于不断提高了对减租减息增资工作的认识。1941 年 8 月 19 日，黎玉代表山东省战时工作推行委员会向山东省临时参议会一届二次会议所作的《山东抗日民主政权工作三年来的总结与今后施政之中心方案》中，归纳减租减息增资应遵循七个原则：一是“调剂各阶层关系，团结大多数人民抗战”；二是“发扬广大农民抗战和生产的积极性，因此就要改善广大工农群众生活和改善其政治地位”；三是“照顾地主利益”；四是“保护一切抗日人民的人权、地权、财权、政权”；五是“取消超经济剥削”；六是“解决土地、劳资纠纷，采取调解、仲裁、仁至义尽的说服方法；七是纠正“强硬打击或不关心群众疾苦”，忽视改善民生的“左”右倾现象[①]。上述原则代表了山东党政军领导对之的认识成果。不关心群众疾苦，不取消超经济剥削，不改善广大工农群众生活和政治地位，就不能发扬光大农民抗战和生产的积极性；不保护一切抗日人民的人权、地权、政权、财权，解决土地、劳资纠纷，照顾地主利益，调剂各阶层关系，就不能团结大多数人民抗战；不采取调解仲裁、仁至义尽的说服方法，不区别对待而

① 山东革命历史档案资料选编第 10 辑［G］. 济南：山东人民出版社，1983：246.

强硬打击，就会把运动引向歧途。为此在减租减息增资运动中，山东分局切实加强党的领导，1942 年 5 月 4 日至 15 日，山东党政各发三个文件①，提出减租减息是“山东全党当前最迫切”的“一个战略任务”，是发动群众建设根据地“第一位斗争任务”。② 山东分局书记朱瑞、山东省战时工作推行委员会主任黎玉分别带队到莒南、临沭的 2 个中心县 9 个中心区、30 个中心村、120 个外围村里试点一个月，总结经验后，组织干部前来取经，再带回各地推广。山东党政一把手的身体力行、率先垂范，为各级领导扑下身抓落实起了模范带头作用。

（2）群团牵头，发动群众。

遵循“让人民解放自己”的思想，根据地减租减息增资工作的普遍做法是党政机关通过以农救会为牵头的群团组织，动员和组织工农群众营造声势浩大的舆论，对于不愿减租减息的地主进行斗争。斗争大会由农救会主席主持，会前召开工农青妇会议，联系各自情况要求，如工人联系增资、青年联系前途、妇女联系反虐待争平等的解放斗争，做好发言组织，按联防区召开佃户大会、佃户妇女大会以及小学教员联席会、地主座谈会，还在冬学、民校、识字班、小学生、儿童团中，抓住斗争前、斗争会上、斗争结束后三个关键时机，进行减租减息意义、谁养活谁的教育，控诉恶霸欺凌群众，扩大宣传斗争态势。

斗争大会上分类对待。对于开明地主表示愿立即减租，群众马上号召其他地主向其学习；对于反动地主则进行批判，责其向与会群众认错赔礼，还钱还物，具结画押，限期赔偿；对于罪大恶极者押送政府法办。斗争大会在“政治上大大削弱地主的威风”，形成了反对超经济剥削、憎恨不法地主、赞助同情贫农翻身的氛围，以致地主听到叫他“老爷”“少爷”便认为是侮辱、难听，“使许多地主认识了群众力量的伟大”。③

---

① 1942 年，山东分局下发《关于减租减息改善雇工待遇开展群众运动的决定》（5 月 4 日）、《关于减租减息改善雇工待遇工作的补充指示》（5 月 4 日）、《关于减租减息改善雇工待遇开展群众运动的决定及给各级党委及组织部的工作指示》（5 月 10 日）；山东省战时工作推行委员会颁布了《山东省改善雇工待遇暂行办法》《山东省租佃暂行条例》《山东省借贷暂行条例》（5 月 15 日）。

② 山东革命历史档案资料选编第 8 辑［G］. 济南：山东人民出版社，1983：271、274、272.

③ 山东革命历史档案资料选编第 15 辑［G］. 济南：山东人民出版社，1984：387.

（3）掌握政策，争取士绅。

在减租减息增资中，各级党政领导努力排除来自“左”的和右的干扰，普遍并彻底执行一面减租减息，一面交租交息之土地政策，普遍并彻底执行一面增加工资，改善雇工待遇，一面遵守劳动纪律，努力增加生产之劳动政策。在具体实施过程中，既要消除超经济剥削，“使农民有饭吃”，又要“使地主也能过活”；既保持地主的地权，又保障佃户的佃权；既强制按二五减租分半减息的标准处理过去的租约和债务，又强调按自愿合理的原则签订新的租约和借约；既对地主厉行二五减租，又对一些无力耕作而出租土地的贫苦抗属，无劳动力的孤寡、贫、雇农不仅不减反而“资助农本”；既通过斗争让地主归还强占强霸的土地，又代管逃亡地主的土地，租给农民耕种，并保存其应得地租和代交田赋公粮，“使地主感恩怀德，愿与我们合作”，[1] 从而实现联合农民也“联合地主抗战这一战略目的”[2]。正因为如此，许多外逃地主纷纷回返，见表6－17。

表6－17　　1942—1944年渤海区垦利县外逃地主返回情况

类别	外逃归来的地主（户）	民主政府发还		转为租佃关系	
		地租（石）	土地（亩）	地主（户）	土地（亩）
数量	84	972.6	21057.4	68	18388

资料来源：解放日报［N］．1944－12－18.

与此同时，山东党政亦十分重视开明士绅作用的发挥。1941年9月7日《大众日报》社论指出：减租减息是今天改善民生的中心问题之一，决心长期耐心“多方面解释其对抗战利益的关系，动员地方开明士绅积极协助”。1942年7月1日，蒙阴县地主士绅座谈会召开，商讨二五减租，博得士绅一致拥护[3]；沂南刘绍云召集自己的佃户开会实行二五减租，重立契约；刘子通主动找农救会，承诺本庄工作由其推动；刘玉生主动召集群众大会宣传减租减息的好处，并以其行动，带动其他地主和其他地区的减租减息。为此，《大众日报》10月11日社论感谢地主士绅对减租减

① 中共中央文件选集第13册［G］．北京：中共中央党校出版社，1991：297.

② 山东革命历史档案资料选编第8辑［G］．济南：山东人民出版社，1983：275.

③ 蒙阴区减租增资工作收获初步成绩［N］．大众日报，1942－07－01.

息的支持，并对几个月来根据地内大多数地主士绅拥护中共土地政策致以无限敬意。

6.2.4　实施绩效

（1）有力促进了各阶层间的团结。

1942 年 6 月后，二五减租活动空前活跃。在运动中，各阶层间的一些纠纷以和解的方式解决，相关人员的认识得到提升。如滨海临沭徐议长号召："没有穷人的抗战就没有今天，我们应该帮助减租减息；农民表示：多干活，该锄三遍锄五遍，少吃烟，该抽三袋抽两袋；地主说：'多雇工，多生产，以心换心'"①。

（2）相对平衡了各阶层间的地权。

首先，通过减租减息，有 30% 的贫雇农上升为中农，买地置业行为增加。1940—1945 年胶东牙前县长沙区长沙堡村地权变化见表 6－18。

表 6－18　1940—1945 年胶东牙前县长沙区长沙堡村地权变化

年份		1940		1941		1942		1943		1944		1945		合计	
		买地	卖地	买地	卖地	买地	卖地	买地	卖地	买地	卖地	买地	卖地	买地	卖地
雇农	户									1		1		2	
	亩									4		3		7	
贫农	户			1		2	1	1		7		7		18	1
	亩			1.3		6.46	6	3.68		25.04		27.2		63.68	6
中农	户	3		2	1	5	3	3	1	12	6	10	4	35	15
	亩	10.8		7.5	5	19.69	7.7	8	2.5	29.23	24.5	44.75	12.2	119.97	51.9
富农	户	2		2							8	1	8	5	16
	亩	10.5		8.5							40.2	4	36	23	76.2
合计	户	5		5	1	7	4	4	1	20	14	19	12	60	32
	亩	21.3		17.3	5	26.15	13.7	11.68	1.25	58.27	64.7	84.4	48.2	213.65	134.1

资料来源：牙前县长沙区长沙堡村阶层变化总结（1946 年 6 月），山东省档案馆藏档，全宗号 24，目录号 1，卷号 17，册号 4. 陈国庆．胶东抗日根据地减租减息研究［M］．合肥工业大学出版社，2013：228.

① 山东抗日民主政权上册［G］．北京：中共党史出版社，2015：679.

从表 6－18 来看，1940—1945 年，该村贫、雇农中，有 20 户买入土地，占买地总户数 60 户中的 33.3%；1 户卖地，占总卖地 32 户的 3.13%。1944 年减租减息和查减运动后，土地买卖增多，卖地户皆是富农和富裕中农，其中富农卖地 77.7 亩，占同期卖地总数的 62.13%。

表 6－19　　1937 年和 1945 年各阶层户数与地亩数比较

类别 \ 年份 \ 阶层		地主	富农	中农	贫农	雇农	其他
户数%	1937	7.58	5.79	27.00	41.71	9.36	8.56
	1945	6.14	4.36	37.52	44.81	2.17	5.00
亩数%	1937	59.11	8.48	18.69	12.24	1.07	0.43
	1945	30.39	9.44	38.11	20.73	0.44	0.89

资料来源：大众日报［N］，1945－07－29.

其次，从表 6－19 对滨海沭水、临沭和莒南的 11 个村庄 3142 户的调查统计来看，地主、富农户数各下降了 1.44%、1.43%，中、贫、雇农等户数共上升了 24.37%；但地主的占地亩数由原来的 59.11% 降到 30.39%，下降了近一半，中、贫、雇农等则由原 32.43% 升到了 59.72%，上升了 27.29%。大地主经济地位下降和贫雇农经济地位上升的原因，除了因在减租减息中，过去被地主非法侵占的土地交还给了被侵占的原地之主——贫雇农，也有因减租减息中的某些过激行为，以及推行合理累进负担政策，地富基于“恐富”心理，贱卖、捐送土地。这样，使各阶层间地权相对平均。

（3）有力密切了党群关系。

通过减租减息增资运动，广大民众切实看到了中共是为自己谋利益的政党，切身体会到求解放要跟党走靠自己，从而夯实了党在农村基层的群众基础和执政基础，由于减租减息“是对封建土地所有制一种渐进性的改革”①，也团结融洽了各阶层共同抗战建国，促进了村政改造，基本群众的政治优势基本确立②，政治热情和生产兴趣高涨。

① 陈廷煊．抗日根据地经济史［M］．北京：社会科学文献出版社，2007：6.

② 申春生．山东解放区的政权建设［M］．北京：中共党史出版社，2005：109.

6.3 精兵简政调节军政民关系

在日寇的总力战下，根据地日渐缩小，一些在发展中潜伏的问题凸显。从军队看，部队不断增加，财政超支日重，吃穿渐成问题，机关架子大，人员多，战斗人员锐减，抗击日寇“扫荡”时运转不灵；从政权建设看，追求“完善”，政权层次多、机构庞大、脱产人员膨胀，行政停留于法令、条例、指示，上层干部多，下层如经建、财政、税收、敌伪工作、县区武装等部门人才少；从群众团体看，也有勤务员、伙夫、马匹、特务员及整套机关架子，官僚主义的毛病越来越重等。如上三类问题，导致根据地人财物浪费普遍，民负日重。当然，更为根本的问题是受到根据地缩小、实力锐减、难以支撑庞大军政开支的约束，因此不精不行，不简不行。

6.3.1 落实机制

（1）党政组织倡导监督。

①定任务定时间表。1941 年 12 月，鲁中反“扫荡”后，山东分局认真总结教训，提出了充实部队、缩减机关，力求地方化的任务和措施，成立后勤部统一管理后方机关，地方党政军机关编制平时减少 25% ~ 33.3%，战时疏散 33.3% 的人员到下层工作，提倡一人当几人，兼职不误职。31 日，精兵简政由朱瑞在干部大会上正式提出，并在根据地展开。1942 年头 4 个月，山东省战时工作推行委员会共下发 3 个关于精兵简政编制表的相关通知和 1 个实行精兵简政的决定①。例如，经山东省战时工作推行委员会 1942 年 1 月 15 日第 23 次常务会议通过，下发全省新的专署、县政府、区公所各 37、32、9 人的编制表，要求各机关 7 天内重新缩编完竣，区以上机关在 2 月底前完成②。山东分局群众工作委员会关于群众团

① 山东革命历史档案资料选编第 8 辑［G］．济南：山东人民出版社，1983：98 – 102、154 – 156、165 – 166、250 – 251.

② 山东革命历史档案资料选编第 8 辑［G］．济南：山东人民出版社，1983：98、155.

体精兵简政的指示提出，地委之上只保留最低限度的组织领导工作，在县以上各级党委下设立群众工作委员会，由党委或其书记兼任，以工农青妇文各会之党团书记为委员，着重充实区县两级；各区委和独立地委、地委、县级工农青妇各2~3、1~2、不超过3人；分局妇、青1~2人，农救2~3人，职工1人。原群众团体的一切机关如各救总会、工农青妇文等各会、使用马匹、特务员、勤务员、伙夫及其他一套机关架子都取消，但为加强领导工农青妇，便利上级指示、检查等，各委员会名义可保留，由各群团党团书记负责，以最大限度群众化。[①]

②中央指导与山东党政军带头。1942年4月刘少奇来鲁后，召开山东党政军联席会议，决定一切领导归山东分局，下设军政委员会，分局、山东纵队司令部和115师师部机关原本万人，合署办公后减到3500人；在根据地、游击区内，一切以适应战争、减轻民负为主，继续严格缩编，所有机关轻便化、群众化、战斗化，一切以提高干部质量、工作效率为主，改变各种烦琐冗长的工作方式，废除一切不必要的工作制度、设施。

③精简委员会的建立与监督。1942年9月7日、9日，山东分局精简委员会关于安置老弱残废人员的指示、关于贯彻精兵简政的决定指出：成立由陈光任主任委员的精简委员会，以系统计划地直接领导、督促、负责检查，要求各地坚决执行中央所提、分局所确定的各编制及精简要求：党政军民脱离生产人员不超过根据地总人数的2%（军队）、1%（党政民学），规定今后经费、粮食的预算、决算一律按脱产人员不超过根据地人口3%发给。[②] 10月，山东省战时工作推行委员会颁发关于精简工作和处理精兵简政后被裁减人员的两个指示[③]，要求各级政府成立精简委员会，把精简作为年底前的中心工作；规定根据地的行政机关为主署（直属专署）、县政府及行政村三级，一般非战略区的专署和区公所则为督察机关；专署须兼一县政府，以便直接取得经验，区公所则应将财政、经建、教育等工作并入县政府，以便减少人员；各主署、专署和县政府在不违背上级

① 山东革命历史档案资料选编第9辑［G］. 济南：山东人民出版社，1983：215-217.

② 山东抗日根据地［G］. 北京：中共党史资料出版社，1989：21-24、107-109.

③ 山东革命历史档案资料选编第9辑［G］. 济南：山东人民出版社，1983：103-105、106-107.

指示的原则下，因地制宜独立解决问题，实事求是。在精简委员会的敦促监督下，山东抗日根据地的精兵简政，到1942年底结束。

（2）多元安置策略。

①思想问题思想医治。精兵简政的推行遇到种种不解和抵制。有的人认为人多力量大，有的认为基层不能再简政，有的认为裁员裁兵是因财经困难，有的认为革命多年，“现在不要我了”；有的认为减少勤务员、马匹是对其不尊重不体谅；有的认为被送去深造是因为“吃不开了”。总之，现实中的一些问题和被精简者“利益受损，与对未来出路的迷茫，或对未来安置的不满”，使许多人对精兵简政多有怨言，① 使山东分局确定的各级党政民编制及精简要求，“许多地区皆强调特殊未能执行”，依然是机关庞大、组织重复、计划冗长、政会繁杂，门面俱全，力量不能集中使用，头大脚轻，有的地区垮完了，但空架子仍在②。针对上述思想问题，山东抗日根据地各级党政军领导反复广泛宣传精兵简政的意义，强调精兵简政目的有二：一不在减少几个人，重要的是合理科学地提高工作效率，使各尽其才各得其所；二减轻民负，蓄养民力财力，使物尽其用，以备长期斗争，让编余干部心悦诚服地去充实下层机关，或参加地方生产，或作为建国人才去学校受训等。③

②因人制宜多管齐下。以对待老弱残者这个敏感的特殊群体为例，山东分局提出了如下解决方法：

一是以情动人。要求各精简委员会保证每个处理人员精神愉快，强调老弱残者曾为抗战积劳成疾，挂花流血，有功劳最光荣，精简不是裁减他们，而是出于爱护，让他们在难苦中能较安定地生活，同时发挥开展后方工作宣传队的作用。

二是妥善安置。对于不能或不愿回家者要鉴定登记，发放生活补助、退伍军人证，能生产者参加生产，能部分工作者参加部分工作；对能回家或愿回家者按不同条件发路费、安家费、荣誉军人证，请当地高级政府发护照，负责转送回籍途中食宿，原籍当地政府按优抗抚恤优待；对于慢性

① 把增强．困局与应对：抗战时期中共精兵简政研究—以华北抗日根据地为中心［D］．保定：河北大学，2013：65－66.

② 山东抗日根据地［G］．北京：中共党史资料出版社，1989：107－109.

③ 山东革命历史档案资料选编第8辑［G］．济南：山东人民出版社，1983：98－99.

病或难治愈之伤病人员，由政府所设军民医院收容，分散隐蔽在群众家中疗养，并向其说明抗战胜利后的光明前途①。上述措施及时落实后，根据地精兵简政工作进展顺利。

6.3.2 落实绩效

通过精兵简政，到1942年底，山东党的机关减少52%，政府机关减少46%，精简人数占原脱产人员的27%，脱产人员数占基本区（游击区除外）人口总数的2.4%，低于中央规定的3%标准。② 更为重要的是，较好地达到了人尽其才，物尽其用。

（1）人尽其才。

从政府来看，例如，滨海军政合署办公后，干部减少97人，杂务人员减少55人，战士减少71人，马匹减少34匹，地委机关只二三十人，减少了2/3，③ 许多干部、女同志充实到农村基层工作；鲁中地委干部到县里任职，县委干部到各分区委任职，充实了基层，敌不来是工作队，敌来扛上枪、手榴弹后便是战斗队。从部队来看。据《晋察冀日报》1942年6月16日报道，某兵团精简杂务人员525名，其中192名强壮者下连队当战士，333名弱残者参加后方生产部门，另有650名班长以上干部或进学校或参加地方工作。④ 战斗连队得到了充实，如某部未精简的22个战斗单位，都允实全150人以上，多种武器集中使用，多余枪支有人使用，连队火力增强，战斗力较前增了"一倍至两倍"⑤。115师旅、团、营分别缩编成团、营、连，旅长、团长、营长分别下去当团长、营长、连长，这样将强兵精，腾挪敏捷，人尽其用，战斗力提升。

（2）物尽其用。

随着党政军各机关人员的精简，相应地节省了大批开支，使民负减轻，物尽其用。例如，胶东地区的东海专署裁减人员40%，全区每年可节

① 中国共产党山东分局精简委员会关于安置老弱残废人员的指示（1942年9月7日）[A]. 山东抗日根据地 [G]. 北京：中共党史资料出版社，1989：21-24.

② 刘大可. 山东抗日根据地的经济 [M]. 北京：中共党史出版社，2005：43-44、47.

③ 朱玉湘. 山东革命根据地财政史稿 [M]. 济南：山东人民出版社，1989：169.

④⑤ 钟人方. 敌后部队的精兵简政 [N]. 晋察冀日报，1942-06-16 (3).

省粮食277万余斤，经费19万元；西海专署裁减人员30%，全区每年可节省粮食274.7万斤，经费11万元。[①] 泰山区二次精简后，群众负担减轻，泰北上交公粮比上年减少60%、章丘减少52%、博莱、新浦等县减少50%。[②]据朱玉湘测算，根据地平均每人每年可减轻负担8.9元，减征公粮5斤，军政民关系得以调整，更趋融洽。[③]

6.4 简评

山东抗日民主政权对分配关系的调剂，实质上是运用行政权力对社会产品进行再分配，对利益关系进行再调节，对资源配置进行再调整。从经济学视角，对资源配置的效率评价标准有三，即帕累托效率、帕累托改进和卡尔多—希克斯效率。其中，帕累托效率为一极致的理想状况，后两者则是向这一理想状态的不同方式的趋近。一般来说，人们总是希望在不影响所有人既得利益的前提下使总福利增长，即实现帕累托改进；但在大多数情况下，对分配关系的调剂往往会使一部分人增益，而使另一部分人受损，似乎为零和博弈，但只要新形成的资源配置格局下的产出大于原资源配置下的产出，产生非零和效应，则这种调剂就是必要和可行的，即为卡尔多—希克斯效率。这就为政权运用行政力量介入分配环节、调整利益关系、优化资源配置提供了依据和标准。山东抗日民主政权在根据地分配关系的调剂过程中，同样地面临阶层之间、劳资之间、官民之间的利益冲突及其博弈，存在增进一部分人福利的同时，可能伤及另一部分人既得利益的两难选择。对此，山东抗日民主政权一是坚定不移地维护大多数人的利益，始终不渝地将利益天平向劳苦大众倾斜，坚持不懈地推进和完善各项分配政策，提高资源的配置效率；二是坚持公平负担，劳资兼顾，公私两利，化消极因素为积极因素，团结一切可以团结的力量，在分配关系的调剂中注意保护和发展生产力；三是自我革命，精兵简政，不谋求一党一军一政之私利，全心全意以人民利益最大化为出发点和落脚点，而与省府统

①② 朱玉湘．山东革命根据地财政史稿［M］．济南：山东人民出版社，1989：169.

③ 朱玉湘．山东革命根据地财政史稿［M］．济南：山东人民出版社，1989：171.

治时期的苛捐杂税横征暴敛官民对立形成鲜明的对照。正因为如此，中共及其抗日民主政权获得了山东民众及爱国士绅的由衷拥护，分配关系的变革也必然激发全民大生产的积极性，从而有效地实现了卡尔多—希克斯效率，并最终实现了帕累托改进。

第7章　山东抗日民主政权对生产关系的调配

本章专述山东抗日民主政权对生产关系的调配及对生产力的拉动。发展生产是根据地经济之基，是分配之根、流通之本、消费之源。在日寇残酷的经济封锁的背景下，根据地军民要自救，只能靠生产。本章从发展科教事业、构建新型生产关系、调整产业机构几个方面展开论述。

7.1　发展科教事业

诚如马克思所强调的，“在一切生产工具中，最强大的一种生产力是革命阶级本身”①，“主要生产力，即人本身”②。为了更好地发展生产，根据地大力发展科教事业，以提高劳动者素质。

7.1.1　优待专业技术人才

（1）优待技术人才奖励劳模。

技术人才一直在根据地颇受重视。早在1940年8月，艾楚南就强调要“大批搜罗及培养各种生产技术人员”③。1941年3月，山东省战时工作推行委员会发布的优待参加抗战工作之士绅名宿及特殊技术人才的通知规

---

① 马克思恩格斯文集第1卷［M］. 北京：人民出版社，2009：655.

② 马克思恩格斯全集第30卷［M］. 北京：人民出版社，1995：406.

③ 山东革命根据地财政史料选编第1辑［G］. 内部资料，济南：济南印刷八厂印刷，1985：16.

定：每人每日菜金二角，是当时专署以上每人每日1角菜金的1倍；每人每月津贴费5~15元，对特别者还可提高待遇①。7月，山东省战时工作推行委员会提出重资聘用专门技术人才。1943年8月，《山东省战时施政纲领》专门号召"优待技术人才"，奖励发明②。

各公营工厂中的技术工人得到充分重视。自1940年11月起，值夜班的机要人员和工厂工人所发夜餐费1角，与专署以上政府机关每人每日菜金相同。1944年4月，山东分局按公私两利原则确定公私分红比例，同时发挥公营工厂技术优势和骨干作用，带动群众性的手工业生产。公私分红实行后，滨海华祥厂工人发明了能同时织2条毛巾的大机和机械染色法，染1匹布节省1两染料；劳模金光义1944年将手绢花色由原来的2种拓展到了20余种，还创设了各色花纹的被面、毛巾、毯子；胶东兴业机械厂满书阁精心仿制成织布、纺线、倒线3种机器，为纺织业作出了贡献。

同时，奖励劳动英雄劳模和掀起向劳模学习活动。1943年10月，山东省战时行政委员会指示："创造与奖励劳动英雄"，以劳力和改良生产技术增产是当时提倡的劳动英雄特点之一③。1944年，1012名来自滨海、胶东、鲁中等地劳模劳动英雄得到表彰并奖励。在大生产运动中，各战略区普遍召开表彰大会，奖励劳动英雄劳动模范，如滨海区、胶东区于冬末春初召集有经验的劳动模范座谈生产技术，号召广大农民生产发家，推广勤劳致富先进经验。同时，还鼓励向陕甘宁边区劳动英雄吴满有学习，学习其"精耕细作、多耕多锄、多上粪"，"实行贫的变富，富的更富"的经验。④

（2）推广先进科技。

①党政机关带头推广。如1943年春，沂蒙区民主政府号召推广精耕细作经验，普遍锄麦一次，果然产量大增，其他地区在山东省战时工作推行委员会号召下，纷纷学习沂蒙经验。10月，各地又落实山东省战时行政委员会要求各地督促群众改善贮肥、积粪方法，增施肥料，以防蝗除虫⑤。

① 山东革命历史档案资料选编第6辑［G］．济南：山东人民出版社，1983：308－309.
② 山东抗日民主政权上册［G］．北京：中共党史出版社，2015：635－636.
③ 山东革命历史档案资料选编第11辑［G］．济南：山东人民出版社，1983：142－143.
④ 陈廷煊．抗日根据地经济史［M］．北京：社会科学文献出版社，2007：3.
⑤ 山东革命历史档案资料选编第11辑［G］．济南：山东人民出版社，1983：44.

1944 年 6 月，再纷纷响应山东省战时行政委员会“除害虫”，勤拔草锄草，多积肥上粪①的号召。1945 年春，山东省临时参议会一届二次会议、山东省战时行政委员会机关扩大农场 80 亩，创造了精耕细作、使用水利的经验。② 精耕细作后的棉花产量提高，1945 年，除渤海区外，共植棉 102 万亩，产棉 1894 万斤，满足了抗日军民基本需要。③

再如，推广杀虫预防虫害的技术。1945 年，山东蝗害异常严重，整个根据地几乎全遭蝗灾袭击，仅垦、寿尤为严重，“有 20 万亩之面积，小如蚁，大如蝇”④。为杀灭蝗虫，减少损失，各级政府组织民众落实灭蝗技术，成绩如表 7 – 1 所示。

表 7 – 1　　1943—1945 年山东抗日根据地灭蝗成绩

类别 年份	政府组织人数（万人）	挖捕蝗沟（里）	杀灭蝗蝻（万斤）	抢救庄稼（万亩）
1943	436	3000 多	300	8000
1944	40 多	4500	292.8	
1945			324	8476

资料来源：山东省财政科学研究所，山东省档案馆合编．山东革命根据地财政史料选编第 2 辑［G］．内部资料，济南：济南印刷八厂印刷，1985：15、49；苑书耸．华北抗日根据地的灾荒与救济［D］．山东师范大学，2006：90.

②试办典型农场。1943 年 8 月，山东分局号召：研究肥料，提倡选、育种和农业副产⑤。10 月，山东省战时行政委员会号召各地督促群众改进生产技术，提倡浸种选种，免除虫害⑥。1944 年，胶东行署《关于农场工作的指示》发布，各地纷纷建立农场、农业实验场等机构，负责研究试验防治病虫害的方法。1944 年上半年，仅荣城农场成功试验了猫眼科子配烟茎煮成水，撒布草木灰、石灰、砒酸铅，再配合除虫菊粉，棉油配制棉油乳剂等，分别喷杀各类蔬菜上的袁叶虫、蛆虫、黑毛虫蚜虫。⑦ 同时推广

① 山东抗日民主政权下册［G］．北京：中共党史出版社，2015：1859.
② 朱玉湘．山东革命根据地财政史稿［M］．济南：山东人民出版社，1989：247.
③ 山东历届政府施政［G］．北京：新华出版社，1993：170 – 171.
④ 山东革命历史档案资料选编第 15 辑［G］．济南：山东人民出版社，1983：11.
⑤ 山东抗日民主政权上册［G］．北京：中共党史出版社，2015：635 – 636.
⑥ 山东革命历史档案资料选编第 11 辑［G］．济南：山东人民出版社，1983：44.
⑦ 丁学超．山东解放区科技史料选编［M］．济南：山东省科学技术委员会，1987：112.

给群众，成绩显著。

③奖励发明。如对农具的制造、发明各地都有，政府起初对其注意很不够，未能大量采用①。1943 年 8 月，《山东省战时施政纲领》号召改良农具农技，奖励发明等②。10 月，山东省战时行政委员会指示：奖励对农业技术有所发明的人员”③。

④组织生产展览会。1943 年大生产运动后，派出工作组对基层干部进行生产政策教育，编辑印制通俗读物，组织群众学习。1944 年，滨海、胶东安排了各种产品进行展览，各地每年展览一两次，达到推广的目的。通过向各变工组、公私作坊广收典型物品和生产方法，来向民众介绍成功经验及优良品种并奖励④。

7.1.2　共办国民教育事业

正如马克思所强调的：“要改变一般人的本性，使它获得一定劳动部门的技能和技巧，成为发达的和专门的劳动力，就要有一定的教育或训练”⑤。教育是提升劳动者最快捷的方式，山东抗日根据地特别重视所有人尤其劳苦大众的教育，从以下方面进行了全新的国民教育事业的建设。

（1）高度重视教育事业。

1940 年 12 月，山东省战时工作推行委员会发布《山东省战时国民教育实施方案》，法定“以工农大众为主要对象，实施免费的普及教育”，“实现知识大众化、社会教育化、文化组织化的原则，定期消除文盲”⑥。1941 年夏，山东省战时工作推行委员会召开全省第一次教育会议，把原较薄弱的文教工作提到建设民主政权的中心工作之一，与政权建设、经济发展同等重要，在政府工作报告中置于并列地位；同时从教育宗旨确定了新民主主义的大众的、民主的、科学的、民族的教育理念，明确了山东新

① 山东抗日民主政权上册［G］. 北京：中共党史出版社，2015：705.
② 山东抗日民主政权上册［G］. 北京：中共党史出版社，2015：635－636.
③ 山东革命历史档案资料选编第 11 辑［G］. 济南：山东人民出版社，1983：142－143.
④ 山东革命历史档案资料选编第 14 辑［G］. 济南：山东人民出版社，1983：74.
⑤ 马克思恩格斯选集第二十三卷［M］. 北京：人民出版社，1972：190.
⑥ 山东省战时国民教育实施方案［N］. 大众日报，1940－12－22.

教育运动的今后任务，由此，山东抗日根据地的教育事业开始长足的进步。

为贯彻落实上述教育新理念，根据地采取了系列举措。具体如下：

①实行教育与生产劳动相结合。一是在基础教育中，对儿童的教育要指导其理解常接触到的如日月水火风雨等现象，养成其利用自然解决生活问题的智能；了解生活中所用工具的构造及其简单原理，养成改造工具之能力；认识与民生直接相关的各种生物现象，如家畜、五谷、鱼木、花草等，养成其养育、爱护的习惯；了解抗战中如飞机、汽车、坦克、大炮、火车、毒气等之简单构造原理及使用方法，利用数学来计算如斤两、地亩、公平负担、累进率等实际问题；指导其了解社会生产关系，培养儿童的生产意识与生产兴趣。对成人的教育有“生产运动方面”的专项内容，诸如培养其对生产运动正确认识，提高其生产热忱；认识生产过程中之各种生产关系；研究并改善生产技术及生产方法；理解在生产过程中的各种自然生物、生产工具之常识等。二是在社会教育中，亦有专项关于生产方面的内容，诸如扩大生产教育、组织生产运动、举办生产竞赛、举办农业生产及工艺品展览、发动生产改良实验、组织生产服务队帮助耕种收获、举办各种短期职业训练班等七大方面。总之，教育与生产劳动相结合的方针全面贯彻在基础教育和社会教育中。

②齐备教育行政机关。一是县以上各级政府、区、乡村各设文教处、文教科、文教助理员、教育委员会并采学区制，以中心小学兼管乡村教育行政，乡政委员会教育委员可兼中心小学校长。如遇必要时，可设各种专门委员会。二是设立集设计、研究、推动、监督之责的战时国民教育委员会。各级政府召集同级参议会代表、政府代表、战地动员委员会代表、抗日党派代表、群团团体代表、教育工作者代表、文协代表以及该地抗日驻军代表、学生会代表和特聘人员共8类，组织战时国民教育委员会等，以加强战时国民教育工作。三是专项组织机构。县、区、乡、村各设民众教育馆、中心俱乐部、俱乐部，俱乐部普遍至每村均有一处，民众教育馆采取流动方式，组织巡回教育团，巡视帮助各地开展社会教育。

③确保教育经费教员待遇到位。一是整理筹划教育经费。山东省战时工作推行委员会规定“每年的教育经费至少应占政府经费预算的20%”，以发展教育事业，其经费来源于学田、庙产、田赋之教育附加捐；绝产官

产及其他一切公款，得按25%拨作教育基金。[①] 二是各级学校师资享受抗战技术人员待遇，发给粮食、菜金（数量与一般政府工作人员同）、服装；虽取消薪俸制，但每月发给固定津贴3～5元；对病弱者每月酌发1～3元保健费，有病由公家给予治疗，不能维持生活的教师家属，按照抗属优待。在当时财政十分困难的条件下，如此大力度加强教育，实属难能可贵。

④设置相应学制、课程。关于学制的设置，在基础教育中，将小学入学年龄提高到8岁，小学学制改为初、中、高三级各修业二年；将民众学校年在16岁以上50岁以下未受小学教育之成年，修业年限为一年，半年一期共两期，每日晚间上课两小时，农闲时改为半日学校，凡不能入民校就学者，准其自学，经民校考验合格，与民校学生同发毕业证。在继续教育中，接受基础教育后的儿童和成人可入中学、职业学校及公学，修业期限3学年。社会教育则为不定式教育，缩短学习年限，加强教育效能。关于课程的设置，除了基础教育中上述关于生产生活的相关课程内容外，继续教育中还设置了农林、畜牧、合作、蚕桑、染织、化工、医药、军需工业、制纸等9类选修课程。

⑤灵活的教学方式。在学校教育和社会教育中，还广设各种训练班及军政干部学校，普设民众教育馆、教育巡视团、农村俱乐部，举办地方报纸，广泛开展每年4个月的冬学，以及俱乐部开办训练班、识字班、夜校、剧团、读报小组、歌咏队、图书室、出版壁报等。教学中能者为师，先学先会的小学生、学得快的成人互相教均可为师，教也不仅限于所办识字班的时间，所以当时的根据地普遍掀起了学习的热浪。

（2）教育事业成效卓著。

全面抗战8年中，尤其从1941年起，山东抗日根据地的教育工作进步长足，主要表现在以下几个方面：

①干部教育成效显著。正如毛泽东揭示的，“政治路线确定之后，干部就是决定的因素。因此，有计划地培养大批的新干部，就是我们的战斗任务。”[②] “干部是我们的资本”，没有干部就不会有工作，亦在山东抗日根

① 山东省战时国民教育实施方案［N］. 大众日报，1940-12-22.

② 毛泽东选集第二卷［M］. 北京：人民出版社，1991：526.

据地形成共识[①]。早在1938年6月、7月，山东抗日军政干部学校、鲁西北抗日军政干部学校分别成立；冬季，胶东抗日军政干部学校成立。这些学校设有政治、军事、教育、财政学员队，学员学成后输送到党政军相应岗位。11月，苏鲁豫皖边区省委党校成立，至1939年12月，共培训学员4期。1940年10月，山东分局党校改为鲁中区党委党校。12月，山东分局成立高级党校。各区党委，一些地委、县委也创办了党校。山东抗日军政干校于1939年11月间与八路军第一纵队随营学校合并。1940年3月，抗大第一分校开始招生，6月改为山东抗日军政大学，下辖3个分校。1941年后，干部教育工作日益完善。1942年5月，泽东青年学校山东分校成立。7月，山东省建国学校成立。1945年2月，为加强在职干部教育，培养经济、生产工作专门人才，成立了抗战建国学院，为山东政权中最高的干部学院。

②普通教育发展长足。截至1940年1月，根据地建立小学近1万所，受教育儿童达40万人，在职小学教师达1.3万余人。这期间还建立了数处中学，吸收学生1000余人。次年后，各区小学教育日益走向正规化，均取得较快发展，基本实现每村设小学1处，每乡设中心小学1处。中等教育要求一个行政区设立1处公学，1个专区设立1处中等学校，有条件的可设公学。胶东区中等学校有13所，其他各区中等学校一般1~2所。

③社会教育成效卓著。1940年，全山东共建14个县民众教育馆，12个巡回教育团，各地民众学校、识字班、识字小组普遍建立，并且规模较大的冬学运动于年冬发起。1941年后，社会教育更加广泛深入。县设有民众教育馆，区乡设有中心俱乐部，村设有俱乐部，同时广泛开办识字班、夜校、补习学校、短期训练班，设立图书馆、流动图书馆、农村剧团等文艺团体；冬学运动更是每年开展，且规模逐年扩大，有的甚至将季节性冬学改为常年性民校。社会教育开展过程中，各抗日民主政权、群众团体不断加强组织、指导，全民性学文化受教育在根据地蔚然成风。[②]

总之，山东抗日根据地创造性地落实了为广大劳苦大众服务的文教新理念，通过集合民智的系统组织的教育、设计和执行，通过大量的师资投

---

① 山东革命历史档案资料选编第5辑［G］．济南：山东人民出版社，1982：204.

② 刘桂林．山东抗日根据地教育工作初探［J］．山东档案，1995（6）：34－35.

人，通过课堂内外师教生、生教生等灵活的教学方式，在干部教育、普通教育、社会教育中，通过贯彻教育与生产劳动相结合的方针，切实提高了劳动者素质，为当时和以后的生产运动准备和储备了大量人才。

7.2 构建新型生产关系

根据地通过劳动互助合作和公私两利，调整生产关系，重组劳动要素，释放协作生产力，拉动新生产力的发展。

7.2.1 组织互助合作

在马克思看来，“提高劳动生产率的主要形式是：协作、分工和机器或科学的力量的应用等等。”① 毛泽东指出，“这种集体互助的办法是群众自己发明出来的”②，“目前我们在经济上组织群众最重要的形式，就是合作社”，依托农业生产、消费合作、运输合作、信用合作这四种合作社，就可“把群众的力量组成一支劳动大军，这是人民得到解放的必由之路，由穷苦变富裕的必由之路，也是抗战胜利的必由之路”③。1940年11月，山东分局书记朱瑞在山东工作报告中，要求“每个区要建设一个合作社，如各种生产消费和运销等合作事业”④。1941年1月，山东省战时工作推行委员会认为“合作社是经济建设最重要的一环”，将组织农业合作社“当作政治任务来完成”，“要配合群众团体共同进行”合作社运动⑤。同月，《劳动互助大纲》提出，“为团结群众劳动，发扬互助精神，以开展农村建设，增加农业生产起见”，各县以村为单位，在农救会领导下，组织劳动互助队⑥，进而发展成合作社。4月15日，又专门下发《关于开展合作事业的指示》，要求多组织尤其是农业生产的生产、运销合作社。1943年10

① 马克思恩格斯全集第三十二卷［M］. 北京：人民出版社1998：288－289.

②③ 毛泽东选集第三卷［M］. 北京：人民出版社，1991：931－932.

④ 山东革命历史档案资料选编第6辑［G］. 济南：山东人民出版社，1982：142.

⑤ 山东革命历史档案资料选编第6辑［G］. 济南：山东人民出版社，1982：236.

⑥ 山东革命历史档案资料选编第8辑［G］. 济南：山东人民出版社，1983：43.

月，山东省战时行政委员会下设工商管理处，各行政区设管理局，下设经营、工矿、合作等科，负责公营工厂矿产开发之经营管理技术研究及全部行政领导、对群众性各工业生产和合作事业贷款、行政管理，群众生产如纺织盐产及各种合作带来之推动计划与指导①。

（1）确定自愿互利换工互助原则。

劳动互助是建立在个体经济基础上的集体劳动。早在“减租减息”中，运用民间原有的互助方式，胶东、滨海等地成立了变工队、搭犋队，小范围内互助。后来，在代耕贫苦抗属地中，只强调借用耕牛，单向帮助，未用人工回报，以致胶东、滨海有些富农不愿多养牲口。山东省战时工作推行委员会及时总结经验，指出以后再调剂人力牛力时，要注意互助。1943 年初，山东分局要求在自愿结合和合理计工算账的原则下，以包工队、换工队、搭犋队、犋犋队等为主要形式，动员农村 10% ~15% 人口的劳动力参与到劳动互助中，“依照当地旧有习惯等价交换”②。随后在两年开春，山东省战时行政委员会、山东分局、各战略区均敦促在完全自愿原则下，将所有劳力、半劳力组织起来，帮助农民用剩余劳动力发展副业，用冬学等学会计工算账的方法；派出工作队，选择典型村，整改旧有互助形式，通过“发挥各人所长，发展副业”，“农业与副业的结合，成为发展变工重要的环节”，③ 获取经验后示范推广。

（2）发挥中共党员的模范带头作用。

山东抗日根据地对传统的劳动互助加以引导和创新，以党员和劳动模范为核心，民兵和农救会、妇救会员为骨干，将抗属和孤寡户编入，融生产组织（变工组）、群众组织（农救会、妇救会）和武装组织（民兵）三者为一体，变工互助，既提高了劳动效率，又弘扬了互助精神。正如山东分局等要求，“发展生产的中心关节是组织劳动力”，“共产党员必须学会组织劳动力的全部方针与方法”④，“每个互助队组织应有党员在内起模范

---

① 山东抗日民主政权下册［G］. 北京：中共党史出版社，2015：1849 - 1850.

② 山东革命根据地财政史料选编第 2 辑［G］. 济南：山东省财科所，1985：206.

③ 革命根据地经济史料选编下册［G］. 南昌：江西人民出版社，1986：326、331.

④ 山东革命历史档案资料选编第 11 辑［G］. 济南：山东人民出版社，1983：139.

作用”[①]，党员要“争取劳动英雄，团结群众，不贪群众的便宜”[②]，“领导全村农民发展生产”是“农会的基本任务”[③]。于是，在农救会领导及同级政府监督下，在互助组基础上，有些地方还成立了劳动互助队，队员不限多寡，彼此互助，还助帮抗属贫困者，从事如开渠掘井、秋收春耕等大规模生产事业。在边缘区有的组织了劳武互助组，敌来拿枪战斗，敌走拿锄种地。据 1945 年 8 月 88 个县的统计，变工组由 1944 年底的 6.4 万个发展到 10.8 万个，参加变工的农民由 38 万人发展到 103 万人。[④] 各级党委和政府在积极组织变工互助的同时，还以村为单位，以基本群众为主体，以私有财产为基础，将劳力、资金、工具等折价入股，并由政府提供贷款，大力发展消费、生产、运输等各类合作事业，涉及纺织、榨油、木工、铁工、医药、渔盐各业。1944 年底至 1945 年 8 月，全省合作事业发展情况见表 7－2。

表 7－2　1944 年 12 月至 1945 年 8 月山东抗日根据地合作事业发展情况

类别	合作社数（个）	入社人数（万人）	入股资金（北海币，万元）
1944 年底	1839	121	1166
1945 年 8 月	4926	144	6942
增长率（%）	167.8	19.0	495.4

资料来源：申春生．山东解放区的政权建设［M］．北京：中共党史出版社，2005：111.

（3）互助合作突出成效。

1942 年鲁中沂蒙、泰山 2 区大量发展生产小组[⑤]。从 1943 年 10 月起，在完全自愿互利原则下，更广泛地组织互助的换工组、包工队、搭犋队等，每户按制订的农家生产计划生产[⑥]，“改造‘街滑子’（流氓）”，创造劳模[⑦]。1944 年、1945 年加入者更多，情况见表 7－3，山东抗日根据地农业大生产成果见表 3－12。

① 山东革命根据地财政史料选编第 2 辑［G］．济南：山东省财科所，1985：206.
② 山东革命历史档案资料选编第 11 辑［G］．济南：山东人民出版社，1983：390.
③ 山东革命历史档案资料选编第 11 辑［G］．济南：山东人民出版社，1983：144.
④ 申春生．山东解放区的政权建设［M］．北京：中共党史出版社，2005：111.
⑤ 山东抗日民主政权上册［G］．北京：中共党史出版社，2015：704、705.
⑥ 山东抗日民主政权下册［G］．北京：中共党史出版社，2015：1859.
⑦ 山东抗日民主政权下册［G］．北京：中共党史出版社，2015：1856－1857.

表 7－3　1944 年、1945 年上半年山东抗日根据地互助组织发展情况

时间＼类别	互助组（万个）	成员（万人）
1944 年	6.42	38
1945 年上半年	14	115

资料来源：申春生．山东解放区的政权建设［M］．北京：中共党史出版社，2005：112－113.

纺织合作社蓬勃兴起。在山东农村中，到处都是家庭手工业者、流入农村的城市工、匠人。对此，“政府和群团给以各种帮助，克服小生产的弱点”①，先后成立了四类生产小组：一是附属小组，为政府纺织领取工资；二是独立小组，自备原料独立生产；三是纺线或织布小组；四是混合小组，由一个织工联合若干纺工组成。各小组因在领棉、买棉或交布、卖布及纺织者间的分工合作，节省了时间而增产。从 1943 年起开始大量发展纺织手工业生产合作社。一般由附属小组发展成独立小组，再合并若干独立小组组织合作社。这种组织形式既是私有制基础上劳力和资金的结合，也是私有经济向集体经济的过渡。到 1945 年 9 月前后，滨海日照利民、聚丰两个合作社，均已发展为拥有两三千架纺车、数百部织机的中心社，促进了周边几十个村纺织业的发展。渤海博兴县万兴成纺织合作社成立一年，便扩展到几十个村庄，若干个纺织组，仅 1943 年就生产了 25 万匹土布。②

互助合作带来了几大改变：

①提高了劳动效率，如表 7－4 所示。

表 7－4　　鲁南区变工组增产情况

类别	变工组（个）	参加者（人）	占鲁南根据地总人口（%）	粮食增产（%）	节省劳力（%）
数量	8571	83568	4.5	10	20

资料来源：逄振镐，江奔东．山东经济史（近代卷）［M］．济南：济南出版社，1998：405.

②增加了生产收入。如莒南县劳模戴公田所在村庄，全村耕地 1336 亩，合作后春耕秋收用工 5427 个，比没合作前 7017 个工节省 22.7%，因

① 山东革命历史档案资料选编第 12 辑［G］．济南：山东人民出版社，1983：260.

② 逄振镐，江奔东．山东经济史（近代卷）［M］．济南：济南出版社，1998：416.

互助分工精耕细作增产粮食14598斤，节余劳力从事打油、运盐等副业生产增收13363元。①

③改变了社会风气。在互助合作中贫富互助，先进帮落后，开展劳动竞赛和发家致富竞赛，使社会风气为之一变。滨海、胶东、鲁中、鲁南等地区开展的兴家计划覆盖了3.2万户，仅在滨海、胶东、鲁中就培养劳模1012人，在滨海、鲁中改造懒汉1401人②。

④推动了集市繁荣。互助组带来的农业生产的恢复和发展，也带动了农村副业的发展。1944年，山东我占区农民副业收入75602元，活跃了农村集市。如莒南县十字路集市，以往每集仅二三千人，到1944年已达2万余人，成交额由十几万元发展到几十万元。③

7.2.2 发展公营经济

生产资料所有制是生产关系的基础，随着生产力的发展，原来自给自足的个体家庭经济已承载不了现代化大生产。正如恩格斯所揭示的，“在土地私有制本身所导致的较高的农业发展阶段上，私有制反过来成为生产的桎梏”，必然产生发展“公有制的要求”，需要建立高级、发达得多的共同占有形式，“使现代化学上的发现和机械上的发明在生产中得到充分的利用”④，也使人们更好地自主生产并自由生活。所以，在山东抗日根据地，在战时经济中，在相对落后的农村，为保障人民生产自给，一方面坚持个体私有制，人民能办愿办的人们办，倡导走互助合作道路；另一方面，“人民不能或不愿经营的重要工业可由政府公营”⑤，在党政军的统制领导下，在公有制基础上发展公营经济，打造新型生产关系，推动生产力的发展，更好地为民众服务。

山东抗日根据地公营经济包括政府经营的工业（为支援抗日军事斗争的军事工业、盐业、食品加工、日用品工业）、商业、交通运输业和银行，

① 山东省农业合作化史料集（续编）[M]. 济南：山东人民出版社，1991：714－715.

② 山东抗日民主政权上册[G]. 北京：中共党史出版社，2015：929－930.

③ 逄振镐，江奔东. 山东经济史（近代卷）[M]. 济南：济南出版社，1998：412、413.

④ 马克思恩格斯文集第九卷[M]. 北京：人民出版社，2009：145－146.

⑤ 山东抗日民主政权下册[G]. 北京：中共党史出版社，2015：1862.

军队经营的农场、工业、商业和运输业，党政机关、学校经营的自给性工商业。毛泽东称根据地的公营经济是“新式的国家经济的模型”，是新民主主义的国家经济，实行“统一领导、分散经营”的管理原则。① 根据地政府积极发展公营经济中，曾一度出现垄断统制和与民争利的现象，但及时得到纠正。公营经济必须大力发展，但发展的重心，是促进个体经济、私人资本主义经济和合作经济等民营经济的发展。在“公私兼顾”和“军民兼顾”的方针下，山东抗日根据地在战争环境下创造了公私合营工业、公私合营商业等新的经济形式，同时在公营经济内部推行“公私两利”的改革，在促进根据地经济发展中作用重大。②

1943 年，省工商管理处以实行企业化管理和打破平均主义的分配制度为中心，对公营工厂大胆改革。经营管理由行政化管理变为企业化管理，分配制度由单一供给制变为供给制、工资制、分红制相结合的混合制。前者以山东分局机关报《大众日报》印刷厂为试点，实行厂长负责制，自负盈亏。改革前全厂分为厂长、工务主任、组长、工人四个层次，改革后除 6 名炊事员外，仅有 8 名脱产人员。后者改革即将工人工资分解为三个部分：口粮、菜金仍由工厂供给，以保障工人基本生活需要；工资按每个人的生产数量和质量发放，多劳多得；月底分红时，工厂盈利的 60% 作为公积金，20% 作为福利和保险金，20% 按工人平时得分分红，做成公私两利。同时加强思想政治教育，双管齐下调动员工的生产积极性。1944 年 4 月 17 日，山东分局指示，机关部队今后的生产节约所得按公八私二的原则分红；3 天后，山东省战时行政委员会规定，凡个人生产所得，2/3 归公、1/3 归私，个人节约所得，公八私二分配。公私分红实行后，工人的个人利益与工厂的整体利益相统一，设法节省原材料，降低生产成本，改善经营管理，大大提高了生产节约的效率。如各连队由每月超支烧柴千余斤、粮食七八百斤变为不超支并有结余；北海银行第一分厂 250 名工人，在无分红前每天总有 5 ~ 10 个病号，改革后个个争取出全勤。鲁中利源厂工人自动讨论裁减非生产人员，劳动效率和收入同步提高，见表 7 – 5。

①② 陈廷煊．抗日根据地经济史［M］．北京：社会科学文献出版社，2007：序言 4.

表7-5 1944年6月鲁中利源厂实行公私分红后效率、收入提高情况

类别	各类日用品产量						1944年获利（万元）	
	每台机器生产毛巾（打）		月产肥皂（箱）		每人每天织布（匹）		分红前半年	分红后的7月
	分红前	分红后	分红前	分红后	分红前	分红后		
数量	3	5	352	423	1.5	2	1	2

资料来源：朱玉湘．山东革命根据地财政史稿［M］．济南：山东人民出版社，1989：235-236.

公营工厂在进行内部管理改革的同时，还贯彻“统一管理，分散经营”“为群众服务”的方针，对外发挥技术优势和骨干作用，实行厂农结合，发展厂外工人，部分业务外包，举办技术培训，带动群众性农村手工业的发展。改革促进了公营工业的蓬勃发展。到抗战胜利，共有公营工厂88处，工人3000余人，资金3000万元。公营工业品品种不断增加，质量明显提高，活跃了市场，便利了人民，增强了与外来商品的竞争力。如1943—1945年秋，根据地兴办的织布厂、“开荒牌”卷烟厂、肥皂厂、被服厂、皮革厂、造纸厂、油坊、新华药厂所生产的产品，除供应部队外，多余的销于市场惠于民众。①

7.3 调整产业结构

山东抗日民主政权“着眼长期的建设根据地”②，着眼满足抗战需用，着眼自力更生，按照根据地紧缺什么，就生产什么，人民能办愿办的人民办，人民不能不愿办的公家办之原则，调整产业结构，发展各业生产。

7.3.1 首抓农业生产

（1）鼓励增产。

增加粮棉产量，最快捷方法是开荒拓地。于是抗日民主政权采取了一

① 王树林．滨北后勤在五莲山区兴办工业［M］．济南：山东人民出版社，2015：212-214.

② 山东革命历史档案资料选编第5辑［G］．济南：山东人民出版社，1982：380.

系列政策和措施来鼓励扶助。

①推行免税政策。山东抗日根据地规定：开垦生荒3年不交公粮，5年不交田赋；开垦熟荒地1年不交公粮，2年不交田赋。[①] 1944年1月，山东省战时行政委员会再布告：对开荒者“三年内不要公粮田赋”[②]。3月26日，又通令免征1941年12月以前山东各阶层大多数人因日伪摧残、负担办法欠缺、年成歉收而积欠极多的田赋公粮。1945年1月，在全省第二次行政会议上，山东省战时行政委员会提出政府对开荒仍坚持奖励，“一般可延迟10年内不交公粮田赋”，“新垦之荒山河滩得免费税契”[③]。

②提供生产基金。山东省战时工作推行委员会在各地设立贷款所，初期主要为贫农、抗属发放农业贷款或救济，见表7-6。

表7-6　1941年初泰山区低利贷款所资助农业生产的情况

类别	低利贷款所（处）	贷款（元）	主要扶持贫农和抗属的贷户（户）
数量	5	44556	167

资料来源：朱玉湘．山东革命根据地财政史稿［M］．济南：山东人民出版社，1989：158.

1942年山东抗日根据地规定，政府每年建设费中的70%～80%“作为对农民的低利贷款”。北海银行发放大量贷款支持农业生产，主要发放给互助组、变工队的中农及以下群众、抗属用于购买农具、种子、耕牛、肥料和创办典型示范农场、特约农户试验场及水利建设。具体情况见表5-3至表5-5。

③鼓励投资生产。一方面欢迎根据地外的人士来投资。1940年《战时施政纲领》规定，欢迎海外侨胞、日占区人民来根据地投资，发展生产事业，民主政府保护其所有财产、营业安全及自由。这一政策取得部分成效，一个敌占区商人携伪钞3万元来根据地营业[④]。1945年山东省战时行政委员会又强调“奖励敌区工商业家”前来“投资发展生产”[⑤]。另一方面注重发挥本土士绅的作用。1941年10月山东省战时工作推行委员会再

① 逄振镐、江奔东．山东经济史（近代卷）［M］．济南：济南出版社，1998：408.
② 山东革命历史档案资料选编第11辑［G］．济南：山东人民出版社，1983：252-253.
③ 山东革命历史档案资料选编第14辑［G］．济南：山东人民出版社，1983：74.
④ 山东革命历史档案资料选编第12辑［G］．济南：山东人民出版社，1983：257.
⑤ 山东抗日民主政权下册［G］．北京：中共党史出版社，2015：1862.

指示，努力争取抗日地主士绅名流联合、依靠农民，去提高农业生产，是抗日民主政权的基本政策之一。

④严格支差政策。所谓支差，即军政机关临时支用根据地内的人、畜、车。1941 年山东省战时工作推行委员会颁行《山东省支差办法》规定：要差 10 人以下者，须持支差票向就近村公所要差；若差 10 人以上至 100 人，或 100 人以上者，须由乡公所或区公所统筹拨派。除战斗运输及特殊情形外，严禁任何部队不持支票向村庄要差。春耕、秋收等农忙季节，一般停止支差。应差的村民，每人每月不得超过 3 日，全村每次出差人数最多不得超过村民的半数；公私企业或军政合作社需用人、畜、车辆时，得按时价出资雇用；被支差者得由要差军政按日供给饭食草料、受伤损害要赔偿等①。从而保证了农业生产的人力物力。

⑤界定土地产权。俗话说："荒地无人耕，耕了有人争"。清河垦区县政府根据中共土地政策，设立垦区土地整理暂行方案，既保障农民"又须保障地主的人权、政权、地权、财权"，规定：地主依法"对自己土地出卖、出典、抵押，及作其他处置"时，"必须顾及农民的生活"②；无人管理的"被迫汉奸的土地不应没收，以示宽大，争取其悔过自新"，其土地与逃亡地主的土地，都"由政府代管，租给农民耕种"，"并保存其应得地租，代交田赋公粮"，"俟其回家抗日，即发还之"③；公田无代价优先分给贫苦抗属、难民、灾民，计口授田，每位壮丁发给官田 30 亩，3 年不纳负担等，确保各阶层人民的地权财权。1943 年清河垦区政府代管垦荒及安置垦租户情况见表 7－7。

表 7－7　1943 年清河垦区政府代管开荒及安置垦、租户情况

土地类别	亩数	安置户数	
		垦户	租户
代管投降派 44 户	25611.9	1405	
代管逃亡地主 47 户	14646.9	953	
清丈并出租公田	45639.8		2183

① 山东革命历史档案资料选编第 6 辑［G］．济南：山东人民出版社，1982：266－269.

② 中共中央文件选集第 13 册［G］．北京：中共中央党校出版社，1991：281、284.

③ 中共中央关于抗日根据地土地政策决定的附件三［N］，解放日报，1942－02－06.

续表

土地类别	亩数	安置户数	
		垦户	租户
清丈并出租学田	21063.24		1659
代管旧学田、公田	106961.95	6200	
建新村39个	95894	1964（25617人）	

资料来源：山东抗日民主政权上册［G］. 北京：中共党史出版社，2015：683.

上述政策的推行取得显著成效，从表7－8、表7－9中可以看出垦荒数的增加和增产情况。

表7－8　　1944年清河区垦荒成效

类别	开生荒（亩）	代营开辟熟荒（亩）	安置贫民难民（户）	安置贫民难民（人）
数量	473700	106900	35245	10万以上

资料来源：山东省财政科学研究所，山东省档案馆合编. 山东革命根据地财政史料选编第2辑［G］. 内部资料，济南：济南印刷八厂印刷，1985：46.

表7－9　　1945年山东解放区垦荒增产情况

类别	开生荒（亩）	开熟荒（亩）	开荒增产（公斤）
数量	233274.52	37513.2	270787.5

资料来源：逄振镐，江奔东. 山东经济史（近代卷）［M］. 济南：济南出版社，1998：412.

（2）兴修水利。

水利是农业的命脉。然而，山东灾害频仍，其特点是“十年八旱、十年七涝，旱涝交错，间有局部大旱大涝”。① 防止严重旱涝，确保丰产的可靠办法之一就是兴修水利。所以，山东抗日根据地一直十分重视兴修水利。1940年《战时施政纲领》要求：扩耕栽种，兴修水利，增加农产②。各级政府因地制宜，发动群众兴办有效水利，具备打井的地方提倡打井。靠近河流、山泉的地方则提倡修河筑坝，开渠引水，以扩大水浇地面积并增产。11月初起，鲁西行署筹巨资组织人工，将东平湖水引入黄河、小清

① 赵传集. 山东自然灾害防御［M］. 青岛：青岛出版社，1992：5.

② 山东抗日民主政权上册［G］. 北京：中共党史出版社，2015：635－636.

河，增肥田7千公顷，决定由群众无条件领回耕种，救了大批灾民[①]。针对沭河夏秋泛滥，临东行署组织群众修筑河堤，原耕地被保护，4万多亩良田被新辟。[②] 山东省战时工作推行委员会成立后，再次重申上述要求，提倡灌溉，掘井开渠，修河筑堤，保管公私林场，禁止任意采伐等[③]。胶东区对因兴修水利而增产的农户，在总产中减去一定数量再征公粮。1944年、1945年山东抗日根据地兴修水利成绩见表7－10、表7－11。

表7－10　　1944年山东抗日根据地兴修水利成绩

类别	打井（眼）	疏河（里）	开渠（条）	所开渠长（公里）	筑堤（处）	植树（株）	封山（处）	扩大耕地面积（亩）
数量	13031	1199	20	63	17	6358679	51	346880

资料来源：山东抗日民主政权上册［G］. 北京：中共党史出版社，2015：929.

表7－11　　1945年山东抗日根据地兴修水利增产粮食情况

类别	打井（眼）	浇地（万亩）	建蓄水池（个）	免涝、灌溉面积（万亩）	增产粮食（万斤）
数量	41838	15.8	316	20.4	245.9

资料来源：山东省三十四年农林合作会议总结［N］. 山东民主导报，1945（9）.

7.3.2　帮扶手工业生产

以手工纺织业为例。山东为全国主要产棉地，但在山东抗日根据地，除清河区能够实现棉布自给以外，其他地区均须向敌占区购买，出现布贵棉贱，不仅影响根据地民众衣着，同时严重制约根据地经济发展。山东省战时行政委员会成立后，提出扶助群众生产争取棉布自给的方针，要求每20人平均有一辆纺车，每200人平均有一张织机，保证军民所需布匹的全部自给[④]。为此，采取如下帮扶措施，促进手工纺织业发展。

---

① 大众日报社. 和敌寇自然做斗争，加紧生产克服春荒［N］. 大众日报，1941－04－04（1）.

② 苑书耸. 山东抗日根据地的灾荒与救济［J］. 中国石油大学学报，2012（28）4：61.

③ 山东革命历史档案资料选编第11辑［G］. 济南：山东人民出版社，1983：44.

④ 山东抗日根据地［G］. 北京：中共党史资料出版社，1989：177.

（1）设立专职机构。

1942年冬，各地开始设立纺织局，组织建立纺织小组、纺织合作社，争取布匹自给自足，当年即投资200万元。

（2）禁止棉花出境。

为保证纺织原料充足，山东抗日根据地颁行相关条例禁止棉花出境资敌，棉商购运超过100斤，需有县政府发放的运销证。同时，工商管理部门采取季节性区域性调剂措施，收储棉花，平抑棉价。1945年，山东省战时行政委员会又强调先当“继续发展纺织工业”，据各地植棉数有计划地发展“轧花弹花工业”，因时、因地开展“各种农村手工业和家庭副业”；普遍组织“群众手工业生产之一中心关键”合作社；“奖励敌区工商业家”前来我解放区，“投资发展生产”①。

（3）进行奖励扶助。

奖励棉花生产，要求人均植棉一分地，减征公粮20%；奖励种植蓝靛，解决染料困难。对于群众自备原料自产自销棉布者，政府提供专项贷款（见表5-3），对于政府提供原料收取成品赚取加工工资者，公营商店或合作社按质论价，将线、布工资按一等、二等、三等稳定在15元、12元、9元，激励纺织工提高纺线技术②。

群众性纺织工业的蓬勃发展，基本解决了军民的穿衣问题。除渤海区布匹向来自给有余外，1943年胶东和鲁中军民、滨海军队布匹全部自给，胶东还有多余布输出。1944年鲁南军队布匹全部自给，1945年整个根据地全部实现自给。依靠纺织收入（见表3-13），几十万贫苦农民渡过了春荒，有的还购地置产。妇女的经济地位也相应提高，并通过互助生产增长了才干，妇救会活动活跃。

7.3.3 鼓励工业生产

（1）发展兵工重工业生产。

“整顿与扩大国防生产”③ 是抗战伊始中共就已确定的方针。为解决武

① 山东抗日民主政权下册［G］. 北京：中共党史出版社，2015：1862.

② 山东革命历史档案资料选编第12辑［G］. 济南：山东人民出版社，1983：261-262.

③ 中共中央文件选集第13册［G］. 北京：中共中央党校出版社，1991：100.

器弹药的供给问题，中共领导的抗日部队自力更生，建立起简陋的兵工厂。如 1938 年，三支队所属胶东最早的小型兵工厂土法生产手榴弹、子弹、小型迫击炮和枪支。1939 年初具规模（见表 3 – 7）。1939 年 11 月，胶东地区的兵工厂发展到 5 个，鲁中的兵工厂发展到 2 个，还建立了刺刀厂、铁工厂。1940 年 6 月，115 师供给部将鲁南修械所扩大为兵工生产社、建立莒南兵工厂。1943—1945 年秋滨北后勤在五莲山区兴办军械修理所、炸弹厂。

根据地重工业也有所发展。胶东隆茂、大北、东和兴、义平平等公营铁厂，可造 20 多种机具，如百余斤重的铁砧、14 磅重的铁锤、铜制钢嘴钳、机器磨、弹花机、纺织机、石印机、风车、水车、利民犁等，其中有每天能磨小麦 600 ~ 700 斤的机器磨，有深受农民喜爱的比旧式犁犁得深且快的利民犁，有 1 匹马拉每天能浇 40 余亩地的水车，月产 225 架。1943 年 5 月至 1946 年 6 月，据不完全统计，各地工会表彰了如成功研制九二迫击炮、"开花""穿甲"弹、连续发明 5 部军工生产大机器、将日本山炮改造成威力较大火炮的胶东、鲁中区军工英雄于得水等工人英模 601 位。①

（2）发展日用品生产。

早从抗日民主政权建立起，三支队就开办被服厂，使部队换上新装。到 1940 年秋，各地抗日民主政府共开办织布、织机、制鞋等工厂各 4、2、3 处。1942 年后逐步扩大至染织、鞋袜、印刷、制皂、卷烟、文具等行业并初具规模。1945 年山东省战时行政委员会指示发展各种日用必需品之工业，个人生活所需肥皂、牙刷、牙粉、烟叶、一年一套的衬衣等，由机关、部队、学校、个人生产中解决，按各生产情形自定"发放标准"②。在工商局领导下，以自给自足为目标，各地手工业和公营工厂大力发展日用品生产，至 1943 年，肥皂、毛巾等日用品自给有余，文化用品大部自给；胶东花布、绒呢和丝绸与国内不相上下，鲁中东兴烟厂生产的上等纸烟，已能抵制外来香烟，滨海利华烟草公司的鸡牌卷烟行销市场，使金枪、天坛牌洋烟不禁自绝。利源厂生产的肥皂质量好，价格却比洋货低一半。1944 年 8 月 11—15 日，山东根据地举办工业展览会，工业产品琳琅满目，

① 张天民．抗日战争时期山东的工人运动［A］．政权建设的创举［G］．济南：山东人民出版社，1990：29.

② 山东革命历史档案资料选编第 15 辑［G］．济南：山东人民出版社，1984：37.

令参观者啧啧称赞，国际友人“惊异不止”。①

7.4 简评

山东抗日民主政权按照新民主主义的纲领和政策，在不根本改变以个体私有制为基础的小农经济的前提下，运用政治的上层建筑的力量，努力从生产关系的内部和外部两个方面注入新的因素，通过诱致性和强制性两条路径，使传统的生产关系制度向新型的生产关系制度变迁。从内部来看，通过强制推行义务基础教育，推广新民主主义思想文化，推进科学知识和技能的普及，使劳动者的思想素质和专业技能得以提高；通过自愿互利、公私两利的诱致，使互助合作遍及齐鲁大地，公营经济充满活力。从外部来看，通过政府直接举办和经营民众不能办不愿办的公营经济，强制培育起具有社会主义性质的新的公有制经济形态，与传统经济共生并存并成为领导力量；通过政府的规划设计和强制性的政治动员与诱致性政策扶持相结合，使产业结构实现调整，自给自足初步达成。由此可见，在运用政权力量拉动经济发展中，强制性制度变迁和诱致性制度变迁有必要并举，山东抗日根据地生产关系的调配变化则为之提供了一个成功的范例。

① 朱玉湘．山东革命根据地财政史稿［M］．济南：山东人民出版社，1989：236.

第 8 章　山东抗日民主政权对消费关系的调整

本章专述山东抗日民主政权对消费关系的调适及对生产力的拉动。消费既是再生产的最终环节，又是生产的目的和出发点。坚持发展成果由全民共享，切实保障每一个人的生存发展和基本消费需要，既关系政权的性质，又关系经济可持续发展。山东抗日民主政权明确提出，“务使每一村中无饥寒之抗属，无饿饭之灾民难民”①，并据之调整消费关系。本章从明确优抚救济对象、采取优抚救济措施、实施优抚救济绩效几个方面分述。

8.1　明确优抚救济对象

面对国破家亡，山东仁人志士纷纷参军保家卫国，与日寇殊死奋战。“抗战八年，山东军民作战 2.6 万余次……我军发展到 27 万人，民兵 50 多万人，自卫团达 150 余万……八年中山东有 40 余万人参加八路军，军民伤亡 250 万人（其中有名和无名烈士就有 17 万人）。”② 若加上参加国民党军队、游击队、一切不脱离生产的抗日武装之山东抗日将士及其“直系亲属、配偶及赖其生活之旁系亲属”（山东省临时参议会所定之抗日军人家属，以下简称抗属）③，是个更为庞大的数据。如何免除前线将士后顾之忧，保证烈属、抗属、残废军人因参战而生活有依靠有尊严，是摆在山东党政军民面前重大而紧迫的任务。

---

① 山东革命历史档案资料选编第 4 辑［G］. 济南：山东人民出版社，1982：376.

② 申春生. 试论山东抗日根据地的战略枢纽作用［J］. 济南大学学报，1995，5（4）：29.

③ 山东革命历史档案资料选编第 6 辑［G］. 济南：山东人民出版社，1982：166－167.

山东常发各类自然灾害。1937—1945 年各类灾害情况及遭灾县数见表 8 –1、表 8 –2。1939 年的水灾使渤海区灾民约达 400 万,① 若干地方掘草根充饥;② 1938 年起延绵数年的旱灾致普遍歉收，“民众已十室九空，颠沛流离，嗷嗷待哺，为状极惨”③；1945 年的蝗灾，仅寿县、清河垦区两地受害面积达 20 万亩④。

表 8 –1　　1939—1940 年山东受灾县数　　单位：个

年份 灾别	1939	1940	1941	1942	1943	1944	1945
遭旱灾县数	58	50	49	59	57	27	17
遭水灾县数		12				12	21
遭虫灾县数		8					
遭冰雹等县数		7					7

注：笔者据之整理。

资料来源：王林．山东近代灾荒史［M］．济南：齐鲁书社，2004：8 –10、31、386 –388.

表 8 –2　　1937—1945 年山东自然灾害统计

年份 灾别	1937	1938	1939	1940	1941	1942	1943	1944	1945
旱灾		√	√	√√	√√	√√	√√	√	√
水灾	√√		√√	√√	√	√	√	√	√
虫灾	√	√	√√	√	√	√	√√	√	√
冰雹		√	√√		√				7
风灾							√		
地震	√√		√√						√
霜灾						√√			

备注：√√表示灾情严重，√表示灾情一般。

资料来源：王林．山东近代灾荒史［M］．济南：齐鲁书社，2004：31.

抗战期间，日寇为“以战养战”，对非日占区无情“扫荡”实行“三

① 苑书耸．山东抗日根据地的灾荒与救济［J］．中国石油大学学报，2012（28）4：61.

② 苑书耸．华北抗日根据地的灾荒与救济［D］．山东师范大学，2006：15.

③ 山东省财政科学研究所，山东省档案馆合编．山东革命历史财政史料选编第 1 辑［G］．内部资料，济南：济南印刷八厂印刷，1985.

④ 山东革命历史档案资料选编第 15 辑［G］．济南：山东人民出版社，1983：11.

光”，抓走劳工126万人，抢走烧毁粮食493亿斤，焚毁民房580万间[①]。人祸加天灾，致使许多敌占区、游击区甚至某些根据地同胞沦为难民，弃家逃荒现象大量出现，难民及游民达1176万，占全省人口的30.17%[②]，规模巨大，且有饿毙者。

8.2 优抚救济措施

由前可见，山东抗日根据地优抚救济对象规模巨大、人数尤其多、涉及面极广、任务很繁重。抗日民主政权迎难而上，采取了一系列有力措施优抚救济，调整消费关系，确保每一个人的生存和发展权利，确保基本消费需要。

8.2.1 明确方针政策

1938年9月，苏鲁豫皖省委将“优待抗属，抚恤牺牲家属及残废者，并救济难民”作为各级党政“重要的内务方针”[③]，指出优待抗属、抚恤荣誉军人、烈属不但是抗日民主政府的责任、重要政策，“亦是人民自己应有的意志与精神”[④]，还是“全山东父老兄弟姐妹每一个人的责任”[⑤]。面对难民问题，山东抗日民主政权认为，日占区逃难来的难民“均为我国家元气，民族之一分子”，救济进而教育与组织他们，不仅是根据地党政军的责任，亦是“全山东父老兄弟姐妹每一个人的责任”，“是一个群众运动，需要党政军民士农工商共同来办”[⑥]。1940年7月，更提出各抗日民主政权“务使每一村中无饥寒之抗属，无饿饭之灾民难民”[⑦]。这一“两无”

① 军事科学院外国民党军队事研究部．凶残的兽蹄——日军暴行录［G］．北京：解放军出版社，1994：81.

② 张根福．抗战时期人口流迁状况研究［J］．中国人口科学，2006（06）：72－80.

③ 山东革命历史档案资料选编第4辑［G］．济南：山东人民出版社，1982：36.

④ 山东抗日民主政权上册［G］．北京：中共党史出版社，2015：1018.

⑤ 山东抗日民主政权上册［G］．北京：中共党史出版社，2015：920－921.

⑥ 山东省临时参议会、山东省战时工作推行委员会、中共山东分局、八路军山东军区关于迅速救济难民的号召［N］．大众日报，1943－04－09.

⑦ 山东革命历史档案资料选编第4辑［G］．济南：山东人民出版社，1982：376.

的方针目标，为山东抗日根据地优抚救济的施行提供了坚强有力的政策指导，为动员党政军民和全鲁父老兄弟姐妹助人自助①提供了政策依据。

8.2.2 颁行法律法规

为将党的方针转化为全民行动，山东抗日民主政权颁行了系列法律法规。《战时施政纲领》明确要求“减轻人民负担，敬养耆老，优待抗属，安置抗战伤残人员。救济灾民难民及失业人员，以杜绝壮丁外流”。1940—1943 年，山东省临时参议会、山东省战时工作推行委员会先后颁行《优待抗属条例》《优待抗属委员会组织条例》《关于保管优救粮食及优救会工作的决定》《关于优抗工作的指示》《关于拥护抗日军队的指示》《山东省民兵奖励抚恤暂行办法》《山东省抚恤阵亡将士荣誉军人暂行条例》《山东省抗日政民工作人员贫苦家属救济条例》《保护抗日军人婚姻暂行条例》《山东省抚恤因公伤亡抗日政民工作人员暂行条例》及相关实施办法、修正条例等，使优抚工作做到有法可依。

1943 年 6 月，山东省战时工作推行委员会颁行《关于救济敌占区逃来难民办法》，并及时发出救灾防灾号召与指示，如《关于救济与抚恤泰山清河两区被敌烧杀掳掠的人民的决定》《关于克服春荒解决军食民食问题的决定》《关于救济旱灾的紧急指示》《关于救济旱灾预防粮荒的指示》《关于节约救灾的决定》《关于救济春荒的指示》等，使救济工作有法可依。

8.2.3 建立专门机构

（1）建立优救会体系。

1940 年 8 月，山东省战时工作推行委员会下设政治组，兼管民政工作，以落实“动员全体人员参加优待抗属与救济灾难民工作”②。11 月，《山东省战时县区乡村各级政府组织条例》要求：县第一科设民政科，各区副区长、乡长副乡长兼任区、乡公所民政事项，村的难民救济由村政委

① 山东抗日民主政权上册［C］. 北京：中共党史出版社，2015：920－921.

② 山东革命历史档案资料选编第 4 辑［G］. 济南：山东人民出版社，1982：376.

员会负责。为保证大灾年顺利救灾，各县、区、乡、村都设立优待救济委员会，作为临时性救济机构，由县民政科负责，各级政府的优抗委员会及救济灾贫委员会（简称优救会）限期成立。优救会由各救会、政府代表及聘请热心抗战之士绅或当地同级抗属救国会等组织。村、区、县、专员区各会各设3~5人、5~7人、7~11人、11~21人，县以上优救会成立三人常委会，并由一人专管。组织关系上，优救会既受同级政府领导及政府第一科指导，亦有上下级直接领导。

（2）建立各级联动机制。

1941年1月28日，山东党政军民各界代表正式推举山东省临时参议会议长范明枢、山东分局书记朱瑞为全省救灾委员会正副会长，山东省战时工作推行委员会主任黎玉等7人为省救济委员会委员，黎为主委，省财经处处长艾楚南为秘书长，各地专职机构也相继建立。3月，政治组正式变更为民政处，连同原专署及县、区、村各设民政科、民政助理、民政委员会，优抚救灾常设机构已完备。这样，重大的救灾工作由山东最高民意机关、党政统一部署，从省到村的各级民政部门负责落实。遭遇严重灾荒时，各优救委员会作为政府的咨询协助机构，开展粮食调剂、经费拨付、物资供应和卫生防疫等工作。

专门机构成立后，即将优抚工作作为常规性工作。抗属所属优待包括：政府所颁奖章奖状、光荣牌；抗属劳力不足，同村村民给予帮助；抗属子女免费入学，如经济困难，政府予以供给或补助；抗属可与现代军人免费通信；抗属可以免费治疗；抗属在合作社或公营企业购买物品享受九五折优惠；抗属享有优先雇佣权、优先贷款及承垦荒地；公有土地、场所、房屋、物品、器具在分给、借用和贷售卖与私人时，抗属有优先承领、承租、承借、承买的权利，但以自耕自居为限，若有争执，以先贫后富为序；贫苦抗属难以维持生活时，政府一定数量的粮食救济应按季给予，在保障抗属最低生活物质时，强调指导扶助其职业生产，力求使其自给等。县以上部队、区以下武装之抗属，每户每年分别接济粮食150~250斤、120~200斤。粮食主要来源于公粮附加、募捐部分粮款和没收的汉奸财产之30%作基金。①

① 山东革命历史档案资料选编第9辑［G］. 济南：山东人民出版社，1983：417－420、439.

如胶东、清河、冀鲁边区按月优待，滨海区每年四期优待，鲁中区按两次优待[①]；1945年元旦前，政府用各种隆重仪式，送优抗粮到抗属家，一般贫苦者300斤；各地奏乐秧歌队，送光荣牌、光荣灯或光荣旗到每个抗属家；县长专员亲自主持公祭烈士并扫墓，慰藉烈属，熏陶民众。1941年初，莱东行署抚恤慰问近1400户抗属，发放粮食7700斤，钱1200元，米糕、粽子、面条各275斤、170斤、100斤；又随时做好应急反应，及时组织赈灾济民。1939年冬，为救济沂蒙南部难民灾民，各县联合办事处紧急筹款，其中，蒙阴一个区就放赈1600余元。1940年，春荒严重，清河区发放赈灾款3万元；为救济东平湖灾民，鲁西行署一次拨粮15万斤。1941年初，为救助费县北部与泰山区难民灾民，省救灾委筹措8600多元。1942年6月，为救济从沦陷区逃进滨海区之难民，山东省战时工作推行委员会指示当地政府筹办粮食，按小孩5斤、大人10斤普遍放赈。1940年春荒严重，敌人封锁更紧，山东省战时工作推行委员会向北海银行贷款10万元作为各县调剂基金，西海区通过石虎嘴、海庙后、海口山后等，从沾化、利津、营口、安东、天津买进粮食20万斤；东海区文登县亦发动绅商到海外买进大批粮食，次年又从海外买粮93.84万斤[②]，坚决消灭要饭现象。

8.2.4 动员各方力量

（1）各级群团组织的作用。

在优抚救济工作中，各级群团组织发挥了巨大作用。“农会最寻常的事务”是“替抗属耕田、挑水等等”。如鲁中代耕抗属、孤寡土地3.78万亩[③]；如鲁西农会常规性地发粮给抗属；1940年8月，为救济鲁西水灾灾民，先由农会统计调查，分批救济教育难民，收效显著；鲁南沂水二区梭庄被鬼子烧光后，农会积极募集木料，并各方募捐救济，不到1月就完成了[④]。1942年5月16日，《大众日报》报道赣榆谷阳某村1/3的贫农因青

① 山东抗日民主政权上册［G］. 北京：中共党史出版社，2015：684.

② 朱玉湘. 山东革命根据地财政史稿［M］. 济南：山东人民出版社，1989：163.

③ 山东历届政府施政［G］. 北京：新华出版社，1993：170－171.

④ 山东抗日民主政权上册［G］. 北京：中共党史出版社，2015：479.

黄不接将断炊，区农救会负责人前来召集村农会主任与开明士绅地主共商救济良方，当场即有8位地主慷慨借粮30石，约定秋收后无利还本，结果，该村农民生产抗战积极性立即提高，自动要求参加农会的就有121人①。鲁西、胶东、泰山青救会成立了优抗委员会，组织代耕队、拾柴队替抗属耕田、种地、打水、拾柴、拾粪、看孩子，以至写信团拜、募捐慰问，泰山区的青救团还替抗属盖好了被日寇烧毁的房子②。1939年秋，还发动儿童团拾柴12万斤给抗属，抗属感激之余，必鼓励其子或夫积极杀敌，对抗战影响很大③。

（2）各级党政军的作用。

各级党政军则节衣缩食、开源节流、捐物捐款、优抚救济。1941年3月17—23日，是115师帮助群众的春耕突击周。1942年3月中旬，山东纵队、机关特意停止训练和办公一周，帮民春耕。之后每年春耕，鲁八路军都尽力助民。1944年5月，山东军区政治部命令各部以战斗姿态准时帮助农民快收快藏麦子，其主要帮扶包括友军在内的抗属、抗工属、民兵英雄、劳模、村干、鳏寡老弱无劳力者和一般贫苦人民等④。1943年山东连续第三年亢旱，赤地千里，庄稼无收，饥民遍地，5万难民进入根据地⑤；4月，山东省临时参议会、山东省战时工作推行委员会、山东分局、山东军区联合号召迅速救济难民，要求党政军民机关每日每人节约1~2两粮食、10%~20%的办公费用、白天多办公一小时晚间节省一小时的灯油、各地集体吃饭、部队推谷推面、捐出部分糠麸。8月山东省临时参议会一届二次会议集思广益，号召节约移赈，展开救济灾情严重的泰山区之博莱、鲁南区之费南、十八集团军总部驻地太行山区运动。山东省临时参议会一届二次会议一面交山东省战时行政委员会详拟办法切实推行，一面电各相关参议会、政府、专署致电慰问，将所收各方慰劳金6000余元，分交泰山、鲁南助赈等。⑥

① 谷阳区青黄不接贫农苦 农救会开明地主商定借粮 百余人自动要求参加农会［N］. 大众日报，1942-05-16.

② 山东抗日民主政权上册［G］. 北京：中共党史出版社，2015：496.

③ 山东抗日民主政权上册［G］. 北京：中共党史出版社，2015：479.

④ 山东革命历史档案资料选编第12辑［G］. 济南：山东人民出版社，1983：175.

⑤ 苑书耸. 山东抗日根据地的灾荒与救济［J］. 中国石油大学学报，2012（28）4：61.

⑥ 山东抗日民主政权上册［G］. 北京：中共党史出版社，2015：764-771.

（3）村民委员会的作用。

村民委员会落实每村救济三五户难民的任务，并召开村民大会，动员士绅商民捐款；场院种春白菜济荒[①]；筵宾区按每五户居民安插一户难民的政府安置计划，共安插89户，还介绍其参加生产；牟平县15天内安置外来200余户难民；清河区某村15天内安置14户难民，富户自动将土地分租给难民种；1943年，沂蒙区共安置从泰山流入的贫民、灾难民20483户。

（4）士绅名流的作用。

各地士绅名流在政府感召下，也纷纷慷慨解囊、贫富互助。根据山东分局的指示，各县名流士绅座谈会纷纷召开，号召绅商参议员踊跃捐输，公推公正绅商参议员成立救荒委员会，负责救济难民。开明士绅积极配合，如沂南县和庄区士绅座谈会，一致决议募粮、草各8000斤、5万斤，除当场乐捐的粮、草各200斤、2400斤，国币280元外，余则由到会士绅分别筹集[②]，例如，莒南士绅徐正亭为救难胞，捐100片花生饼，还推动本村捐款800元、粮200斤；蛟山区富户自愿借花生米3600斤，帮助贫农组织打油合作社；赣榆参议员推行1碗粮运动；日照魏伯华借粮3000斤，救济贫民51户；柘汪绅商船户三日内献金27150元；沂中高庄区富户借粮2080斤，款1600元给灾贫民等。

1941年10月，清河尤其泰山被敌实行“三光”政策破坏之惨，极其罕见，只莱芜7区被焚村庄70个、掳拉壮丁700人以上，抢空人民财粮，损失牛羊数千。各级党政军、群团尽力急赈。山东省战时工作推行委员会先拨急赈款2000元给泰山区[③]，并号召两区密切配合各群团，吸收有声望的名流士绅参加，募捐15万元给被难抗日人民作基金，使募捐活动变为“广泛的群众性热潮”，也充分显示了上述几方面联动协作的伟力，更是“新民主主义的根据地内民族友爱的表现”[④]。

---

① 山东省临时参议会、山东省战时工作推行委员会、山东分局、山东军区关于迅速救济难民的号召［N］．大众日报，1943-04-09.

② 沂南和庄区召开士绅座谈会讨论救济灾民问题［N］．大众日报，1942-01-24.

③ 山东抗日民主政权下册［G］．北京：中共党史出版社，2015：2093-2094.

④ 山东抗日民主政权上册［G］．北京：中共党史出版社，2015：685.

8.2.5 着眼生产自救

（1）政府精神救济。

1941年5月，在《关于救济难民的决定》中，胶东行署要求：县政府须书面或口头慰问刚入境难民；根据实际情形，各县开座谈会集体鼓励慰问，号召以村为单位也开“欢迎难胞大会”，防止因仇恨降敌者而迁怒敌区民众的狭隘报复心理；难民可在被安置村加入群众团体，或识字班夜校受教育；动员民众经常自动安慰难民，使难民处处感受关爱与温暖，组织难民互助互爱，加强党政军民机关与难民的联系；教育难民莫寻短见，莫走岔道，莫下关东，咬牙求活，度过春荒，活着就能胜利。

（2）政府政策扶持。

将难民视同灾民、抗属，令各地政府进行难民登记，不能回原籍者由专署妥善安置，“有劳动能力者，介绍雇工或公营企业工作”，没有劳动能力者由村长群团介绍做零工，“设法维持其生活”；[①] 山东分局、山东省战时行政委员会所颁行的资助大生产运动的开荒免税，各种低利贷款，组织互助合作社、换工队，按自订兴家计划劳动，奖勤罚懒等各项政策，难民们同样享受，其生存发展权同根据地人民一样受保障。

（3）发放支持贷款

一是救济性贷款。如胶东地区对灾民难民进行拯救性的贷款，1940年发放68万元，1944年、1945年分别增至1800万元、9400万元。二是生产性贷款。为帮助群众添置生产资料恢复生产，1940年，泰山区发放18544元的低利贷款，胶东区发放18万元的无息春耕贷款。1942—1943年清河区发放粮贷2000石，仅1943年，发放农贷520余万元。1945年春，农贷更是在山东抗日根据地猛增，高达1亿元。[②]

（4）无偿分发公田。

将公田无代价优先分给贫苦抗属、难民、灾民，计口授田，每位壮丁

① 山东抗日民主政权下册［G］. 北京：中共党史出版社，2015：2141－2142.

② 苑书耸. 山东抗日根据地的灾荒与救济［J］. 中国石油大学学报，2012，（28）4：61.

发给官田30亩，3年不纳负担。① 并鼓励“在自愿原则下贫富互助”②。

（5）组织合作事业。

自1940年8月起，各地积极筹办合作社，将其10%的利润用于救灾等有关抗战的社会公益事项③。鲁南组织运输合作社运盐换粮，政府无息贷款部分资本，余款社员集股，还发动群众种早熟粮蔬，划分牧羊放牛区，保护可食野菜树皮树叶及树的生存④。

（6）修水利除水患。

几乎每年一涝的东平湖，一直流传“东平州，十年九不收，出卖了闺女，只能换碗粥”的民谣。为治理东平湖，自1940年11月初起，鲁西主署筹巨资，以工代赈，将东平湖水引入黄河、小清河，增加肥田7000公顷。此后，政府决定由群众无条件领回耕种，救了大批灾民⑤。

8.3 优抚救济绩效

据不完全统计，1941—1942年，胶东、鲁中、滨海3区共优待抗属27.4万人，发放优待粮961.4万斤⑥，人均优待粮食35斤，见表8-3。

表8-3　1941—1942年山东抗日根据地优抗工作情况

地区	抗属数（户）	人口数（人）	优待粮数（斤）	优待款数（元）
胶东	31447	130980	6505089	3216
冀鲁边	747		248875	
清河	22788		3449680	73183.7
滨海	27003	124418	2154723	
鲁中	10672	19005	954446	15784
合计	92657	274403	13312813	92183.7

注：本表缺鲁南材料。

资料来源：山东抗日民主政权上册［G］，北京：中共党史出版社，2015：684.

① 山东抗日民主政权上册［G］. 北京：中共党史出版社，2015：680、683.

② 山东抗日民主政权上册［G］. 北京：中共党史出版社，2015：634、636.

③ 山东抗日民主政权上册［G］. 北京：中共党史出版社，2015：464-465.

④ 山东抗日民主政权下册［G］. 北京：中共党史出版社，2015：685.

⑤ 大众日报社. 和敌寇自然做斗争加紧生产克服春荒［N］. 大众日报，1941-04-04（1）.

⑥ 山东抗日民主政权上册［G］. 北京：中共党史出版社，2015：684.

截至1944年，据不完全统计，各地共优待抗属96675户，共用粮25759356斤①。后期更全方位助其自助。1944年春，许多地区发动了群众性的拥军优抗运动，继续让抗（工）属和荣誉军人得到“政治上、精神上的无上兴奋和安慰”② 和生产互助的优厚保障。

1941—1942年，山东抗日根据地在滨海、清河、鲁中、胶东几个地区共救助灾民74014人，发放救灾粮食3075082斤，钱款375877.75元，见表8－4。

到1944年，仅清河垦区、渤海地区贫民难民生产自救人数达20万人以上。1944年上半年，在鲁中贫瘠山区200余处纺织合作社，共救济了难民和抗属4500人参加③。

表8－4 1941年、1942年滨海、清河、鲁中、胶东四区救济灾难民情况

地区	户数	人数	粮数（斤）	款数（元）
滨海	3104	6809	89043	35623
清河	7636		184541	212709.5
鲁中	8159	24964	146850	71639
胶东	6342	42241	2654648	55906.25
户均			121.83	14.9
合计	25241	74014	3075082	375877.75

注：滨海、清河是1941年、1942年材料；鲁中是1941年下半年、1942年上半年材料；胶东是1942年前6个月的材料，其中缺南海、北海两区和西海区南北掖县之材料。

资料来源：山东抗日民主政权上册［G］．北京：中共党史出版社，2015：685～686、684.

8.4 简评

生产在最初本与消费密切相连：生产的最终目的是消费，而消费既是生产的归宿，又创造出新的生产需要，还创造出生产的动力。抗日根据地发展经济的最终目的是保障和改善民生，换言之是满足人民群众的消费需

① 山东革命历史档案资料选编第13辑［G］．济南：山东人民出版社，1983：355.

② 山东抗日民主政权上册［G］．北京：中共党史出版社，2015：915－916.

③ 山东革命历史档案资料选编第14辑［G］．济南：山东人民出版社，1983：76.

要，刺激根据地军民的消费又可以促进生产的发展，进而带动分配、交换等诸多环节，最后推动根据地经济协调发展。

优待山东抗日根据地的抗战将士及其家属，救济广大相对弱势的灾民及从日占区逃来的难民，是抗战过程中一件非常重要的工作。山东党政军士农工商群策群力，从物质救济、精神奖励、生产互助，提升其政治地位、改善其经济生活，助其自助，大大改善了抗战将士和灾难民的生活，树立了保家卫国的正能量，提高了山东党政军在人民中的凝聚力和号召力，也推进了广大民众的思想解放和社会变革。山东抗日根据地利用政治动员，对大量群众优抚对象施以物质和精神救助，并协助他们生产自救，促进了经济的恢复与发展，进而巩固了根据地政权，实现了政治与经济的良性互动。

第9章　山东抗日根据地政经互动的启示

政权建设与经济发展间怎样才能良性互动？得看依托谁、谁领导、怎样领导、怎样贯彻？为什么？有何历史的借鉴？“国家权力对于经济发展的反作用可以有三种：它可以沿着同一方向起作用，在这种情况下就会发展得比较快；它可以沿着相反方向起作用，在这种情况下，像现在每个大民族的情况那样，它经过一定时期都要崩溃；或者是它可以阻止经济发展沿着某些方向走，而给它规定另外的方向—这种情况归根到底还是归结为前两种情况中的一种。但是很明显，在第二种和第三种情况下，政治权力会给经济发展带来巨大的损害，并造成大量人力和物力的浪费。”① 据恩格斯的分析，可将政权建设对经济发展的逆向因果链归纳为三种结果：一是政经良性互动，促进彼此发展；二是政经恶性逆动，导致经济崩溃，政权不固；三是政经相互扭动，付出巨大的摩擦成本。山东抗日根据地在正确思想政治路线的指引下，较成功地实现了第一种政权建设与经济发展的良性互动，但与之同期的国民党执政者除却军事失利因素外，却陷入了第三种和第二种结果，不得不败撤山东。比较国共两党在山东执政的政经关系，对于我们贯彻落实“四个全面”的战略布局，实现强国富民梦，都不无裨益。

① 马克思恩格斯文集第十卷［M］. 北京：人民出版社，2009：597.

9.1 国共政经互动的比较

全面抗战前，国民党山东省政府（简称省府[①]）在鲁经营了10年，不仅“三十年代山东工业发展达到了20世纪上半期的最高水平”[②]，而且实现了全面执政；同期中共却未在鲁创建革命根据地[③]。但全面抗战后，短短8年间，山东抗日根据地从无到有，从边缘走到了中心，渐次壮大为唯一以省名命名的根据地，并成为中共取得全国政权的跳板。[④] 之所以出现国共执政易位，从政经关系来考察，可归结为官主与民主、多头与一元、被动与主动三个方面的根本差异。

9.1.1 官主与民主

所谓“官主”，就是精英主导政权建设和经济发展。当然，“三民主义”也诉求民主，但认为实现民主的历史时机并不成熟，须以军政和训政，渐次过渡到民主社会，因而，民权民生落实要靠党训政是国民党既定方针，正如孙中山所言，“民国之主人者，实等于初生之婴儿耳，革命党者即产此婴儿之母也。既产之矣，则当保养之，教育之，方尽革命之责也”[⑤]。1928年中华民国形式一统后，训政开始。1931年《约法》规定：人民四权之行使，“由国民政府训导之”。抗战时期，时任国民党总裁、国府军委会委员长蒋介石宣称，训政并非一定要国民党来担当，其意义不只在于政府和人民训练人民，还在于由各民意机关监督训练政府。1938年11月颁布《省临时参议会组织条例》，令限于次年1月，各省一律成立省临

① 国民党山东省政府（简称省府）自1928年5月21日组建至1943年中秋前后撤离鲁境，所历5届省主席及任职时间，分别是孙良诚（1928.5.21—1929.5.3）、陈调元（1929.5.3—1930.9.4）、韩复榘（1930.9.4—1938.1.23）、沈鸿烈（1938.1.23—1942.2.6、牟中珩（1942.2.6—1944.12）。

② 孙祚民．山东通史 下卷［M］．济南：山东人民出版社，1991：720.

③ 金冲及．山东抗日根据地的独特历程［J］．抗日战争研究，2017（1）：5.

④ ［加拿大］谢尔曼·赖小刚．通向成功的跳板：抗战期间中共在山东的崛起［J］．文化纵横，2015（10）：96.

⑤ 孙中山．孙中山全集第六卷［M］．北京：中华书局，1985：211.

时参议会。但省府组织的山东省临时参议会，直至1942年5月18日方才成立，比中共召集民选的山东省临时参议会晚了近2年；国府原定的国民大会也一再延期，全国民主宪政运动陷于停滞，在鲁宪政则随着省府于1943年中秋撤出山东而成幻影。

“官主”最显著的体现是用人制度。按照训政方针，抗战期间国民党推行精英制，如由县长等政治精英进行县治推动“训政”。按国府所颁《县长须知》，县长任内“日常功课”包括民政、财政、建设、教育、卫生、司法，分别有31、28、48、17、27、21大项，合计172大项。每一大项中又有许多小项，如民政类31大项又分160小项。[①] 可在时任文官系列中，县长月薪不及一名中央机关的科长，而其重大责任及众多应酬开销，却远在科长之上。[②]

为选拔官员精英，国府、省府均制订了繁复规程，但因战事需要，专员、县长任用不能按以前的资格、程式操作[③]，主要看其军事实力及所占地盘，“凡军事力量广及数县，著有战绩并有能力者派为行政督察专员。力量及于一县，抗战行为尚可者委为县长，县长在先者指令服从专员。专员派任在先者指令依各县实际情形呈荐县长人选听由省府委任”[④]，以至于专员区规划混乱，时生冲突，专员职权所及仅为武力所至，皆不能达及全境[⑤]；更出现如阳信出身绿林目不识丁，言行上笑话甚多，由“地下土匪”变为的县长[⑥]。虽说韩复榘之县长团队的知识化年轻化在全国名列前茅，但抗战不久弃职潜逃者达90%以上，公款多被携走[⑦]。1938年1月沈鸿烈接任鲁省府主席后，虽重建了全省107县，派任了所有县长，规划了专员区，但未能统一全省政令，以致地方官员独断专行。据省府1941年3月统计：“县区完整者无”，只海阳县长基本可履职，濮县县长在县城办公；县城沦陷的，有79县县长在县境乡间，21县县长完全不能履职；107县中，

① 国民政府时期湖北省政府秘书处档案．湖北省档案馆藏，卷号LS1－2214。
② 何伯言．人事行政之理论与实际［M］．南京：正中书局，1948：85.
③ 祝马鑫主编．中国行政史［M］．北京：高等教育出版社，1994：496－499.
④ 山东文献社编印．山东文献第八卷第四期，9.
⑤ 吕伟俊．民国山东史［M］．济南：山东人民出版社，1995：622.
⑥ 山东文献社编印．山东文献第八卷第三期，48.
⑦ 山东全省宪政促进会通电［N］．大众日报，1940－03－10.

26县并存日伪、国、共三类政权；28县日伪占据、国民党有活动[①]。“精英”政府流离转徙，行政、经济工作大打折扣。

按照训政方针，省府实行群团官办，先后成立了各级动员委员会、救济委员会和各种军事经济讨论会、县政讨论会以及三民主义青年团山东支团部、胶济铁路工人抗敌救国会、山东省教育促进会、山东抗建文化协会等，但未见其机构具体持续的活动[②]。亦如国民党党部“各县越到下层越没有工作可言了，甚或县党部无人负责”，负责人或是潜伏，或在某处避难，按月还是拿钱，或在领导游击队或在旁的机关服务顶名拿钱，所以“下层基础没有”[③]。在官办群团思想指导下，从1939年鲁中大扫荡前至1943年迁皖前，省府将之前所有民办抗战组织解散。正如李竹如[④]所说，在省主席沈鸿烈看来，“民众运动是省政府的业务，要是别人来做，等于夺了他的买卖，千方百计阻挠限制”[⑤]。但这些官办群团平时“摇旗呐喊”声势浩大，一旦日寇“扫荡”，便与国民党县、区、镇各长销声匿迹。[⑥] 总之，国民党名为精英训政来落实民权，实则以官主来维护一党之私。亦如李竹如所指出的，在山东的国民党也“主张抗战，希望抗战胜利，但他们抗战不是为全民族的利益，而是想保护他们一党一派与个人的权威、财产，因此，他们一方面抗战，一方面又不愿意发动民众来共同抗战，因为他们不愿意明白共同胜利，共同建国的真理，他们只是怕老百姓起来之后，有碍于他们的‘王位’，他们也知道自己的力量单薄，但终于不相信

---

① 山东省党政军干部学校编印．对本省现状之认识总结［G］．1941：24、6、17．山东省档案馆馆藏档案，临05－04－129．

② 吕伟俊．民国山东史［M］．济南：山东人民出版社，1995：612、614．

③ 刘道元．抗战期间山东省会区［M］．山东文献第十一卷第二期，24．

④ 李竹如（1905—1942），历任山东纵队政治部民运部长、中共中央山东分局民运部长、宣传部长，兼任山东大众日报社长、新华社山东分社社长，山东省宪政促进会常务委员兼组织部长，山东省临时参议会驻会议员、秘书长，山东省战时工作推行委员会（抗日民主政府）委员、常务委员、教育组副组长，山东省民众总动员委员会常务委员，山东省各界救国联合会总会常务委员，山东省文化救亡协会会长，山东分局政府工作委员会委员、山东分局群众工作委员会书记，山东省战时工作推行委员会常务委员、教育处副处长、秘书长，兼民政处处长、山东分局调查研究室主任等职。他在省临时参议会和战时工作推行委员会工作期间，组织起草了中国历史上第一个《人权保障条例》等法律法规，为山东抗日根据地的新民主主义政权建设、法治建设及各项工作的开展，作出重要贡献。

⑤ 山东抗日民主政权上册［G］．北京：中共党史出版社，2015：434．

⑥ 徐向前．历史的回顾（上）［M］．北京：解放军出版社，1988：434．

群众与中国自己”[①]，而不相信民众的政权自然不可能得到老百姓的拥护，也自然不可能长久。

与国民党认为党群关系是母子关系相反，正如1942年4月26日刘少奇在山东分局扩大会上所讲，“群众是共产党的母亲，党是群众的儿子”[②]。山东抗日根据地所有的党政机关和武装力量的唯一宗旨就是全心全意为人民服务。作为执政党的山东分局“本身决无私利可图”[③]；作为民选的山东最高民意机关山东省临时参议会“代表人民，属于人民，为着人民的组织”[④]，诚如其议员誓词：“至诚接受全山东民众之付托，代表全山东民众利益，执行全山东民众意志，彻底实行抗战建国纲领，彻底执行民主政治”[⑤]；民选的各级政权是“代表人民利益的民主政权”[⑥]，其最高行政机关山东省战时工作推行委员会是“统战性之行政机关”，其内的中共党团，代表山东分局在山东省战时工作推行委员会内“执行分局之全部政策、一切决定，并保证实现”[⑦]；作为“保卫山东人民的生命和每分利益”的八路军、山东纵队及地方武装是山东人民的子弟兵[⑧]。

正因为如此，根据地让人民当家作主，让人民自己解放自己，始终不渝地坚持民主建政。各地半政权性质的民众总动员委员会和工农青妇等各抗日团体先后成立，至1940年8月，召开全省各界联合大会，均由民选产生的山东全省总动委会、各界、工农青妇或文化界救亡动员会等救国联合总会或总会之各自的领导机构、委员，各订章程领导各分会并引导其有序发展，至1943年，62%的村庄所建群团涵盖32%的总人口，1944年，群团会员增至404.2万（见表4－3）。仅至1940年夏，根据地所辖近2000万人口，县级民主政权共建立了90个，其中，有详情的76个县中，民选县长占比88.2%；232个区级民主政权中，民选的区长、乡长、村长各占

① 山东抗日民主政权上册［G］．北京：中共党史出版社，2015：424－425.

② 中共中央文献研究室．刘少奇年谱（1898—1969）上卷［M］．北京：中央文献出版社，1996：398.

③ 毛泽东选集第三卷［M］．北京：人民出版社，1991：809.

④ 山东抗日民主政权上册［G］．北京：中共党史出版社，2015：418.

⑤ 山东省临时参议会议员誓词［N］．大众日报，1940－08－16.

⑥ 山东抗日民主政权上册［G］．北京：中共党史出版社，2015：631.

⑦ 山东抗日民主政权上册［G］．北京：中共党史出版社，2015：319－320.

⑧ 罗荣桓．在山东省临时参议会一届二次议员大会上的致词［N］．大众日报，1940－08－17.

比80.2%、66.7%、50%[①]（详情见表3－2），反映了民众高涨的参政热情和对自己当家作主机会的珍惜，与国民党的训政及官主形成鲜明对照。正如山东省战时行政委员会主任委员黎玉所指出的："在国民党地区，我们没有看见一个真正民选的村长，没有看见一个真正民主的村子，没有看见一个真正有民主味道的县、区、乡长。再看我们根据地里，就是落后的村子也有真正民选的村长和人民的民主生活。恰恰相反，这些民主都不是国民党训政训出来的。"[②]

上述国共官主与民主的比较表明，以政权权力拉动经济发展的逆向因果链中，欲争取第一种"良性互动"，避免后一种"恶性逆动"的结果，则政权力量应发挥主导作用，而不是扮演主角，更不是唱"独角戏"；应通过正确的政治路线和党员的先锋模范作用去引导群众，而不是训导民众；应通过群团组织去组织群众，而不是运动群众，更不是虚于形式；应让人民权力由下而上全渗透，真正当家作主唱主角，而不是敲边鼓跑龙套。当然，最为根本的是在政经互动中，要真正代表最广大人民群众的利益为其谋福利，而不是代表极少数人的利益为其谋私利。

9.1.2 多头与一元

所谓"多头"，就是拥有更多资源的多重团体或少数人。国民党内"山头众多"，派系林立，相互倾轧，既有地方军阀向中央闹独立，又有地方军政之不和。前者如韩复榘，1930年9月被中央任命为省主席后，意图独霸山东。蒋介石为削韩势力令韩听命中央，先调韩赴赣"剿共"不成，后令其压缩兵力，韩则用各种借口保住了10万余正规军，还扩训5路民团军；蒋派刘珍年部在胶东牵制韩，韩则先斩后奏将刘驱走；[③]蒋派来宪兵监视韩，韩则只准派一连并远离城区；蒋承诺的军饷不按时拨发，韩则两次截留中央税收充抵；蒋派国民党山东省党部监视控制，甚至派"监军"、特务打入韩内部分化破坏，韩则对南京铨叙部派来的人员多不用，先后将国民党省党部负责人刘涟漪下狱、张苇村枪杀，打尽中统特务，下令国民

① 山东革命历史档案资料选编第5辑［G］．济南：山东人民出版社，1982：348－349.
② 山东革命历史档案资料选编第12辑［G］．济南：山东人民出版社，1983：22.
③ 吕伟俊．韩复榘传［M］．济南：山东人民出版社，1987：89.

党县党部摘牌不准办公，削减党务费开支，甚至停发各县党部经费，① 使党部活动几近停顿②，最终韩在鲁势力独大。

后者如沈鸿烈与于学忠反目冲突。1938 年 1 月 23 日，沈被国府任命为鲁第四任省主席兼省保安司令，但手下缺少正规军，应其之邀并经中央批准，于作为鲁苏战区总司令率部入鲁，沈作为副总司令在军事上受于统领。沈和于原为奉系同僚，本有合作基础，但沈想让于听命，先以老资格（沈长于 8 岁，入奉军更早）来压，于不服；后据沈建议，行政院任于为省府委员，为沈属下，于认为这是沈对其“侮辱”，坚辞不受，沈、于不和公开。1939 年沈主持鲁南军政会议，突出山东军政以沈为中心，与战区无关，于不满，令受战区节制又属省府护卫主力吴化文部远离省府驻地，调至最先抵挡日寇“扫荡”要地，既削弱沈防守之力，又让沈不能直接指挥吴部；经费上国民党中央统一空投给鲁苏战区司令部，再由于转给省府、吴部，当于经费充裕时，就如数拨给，否则借故不发或少发；给养上于要省府、吴部在驻地自筹自给，而其驻地地瘠民贫，筹措艰难。于是，沈、吴为催收给养，屡屡与于部火并；于以战区名义大规模整编沈已控制或力图控制的山东地方部队，既削弱了沈保安司令部的力量，又使沈不得不重新调编保安部队；沈要于帮其反共③，可于认为八路军归战区指挥，共同抗战，于是按兵不动。沈最后派人刺杀于，两人终成水火。上下不和，军政内斗导致国民党地方政权、武装失却轴心和支柱，人心涣散④，纷纷垮台或伪化⑤，最后，鲁苏战区和省府撤离鲁境，无一赢家。

抗战初期，山东中共军政呈现多头领导。有两支八路军：一是由各抗日起义部队整编而成的土生土长的山东纵队，按“国民革命军第十八集团军”总部（简称集总）规定，统辖山东及苏北地区中共所有武装；二是八路军 115 师，按中央、集总指示，1938 年 9 月至 1939 年 3 月，分批进入鲁

① 吕伟俊．民国山东史［M］．济南：山东人民出版社，1995：459.

② 王奇生．清党以后国民党的组织蜕变［J］．近代史研究，2003（5）：61.

③ 湖北省直辖县级市、区人物［EB/OL］http：//jiaxiangwang. com/cn/hub－people－counties. htm.

④ 东北军离鲁与山东省政府的流亡［EB/OL］，2012－03－31. http：//sd. dzwww. com/sdwt/201209/t20120910_7427321. htm.

⑤ 张业赏．论国民党军在山东敌后战场的地位和作用［J］．抗日战争研究，1996（1）：119－132.

西、南建立根据地。为让山东纵队与115师逐步融为一体，按中央提议，一是两军干部大规模交流，将115师战斗骨干2000多人调到山东纵队，将山东纵队一批熟悉鲁风土人情、易和群众打成一片的知识分子干部抽到115师帮助工作；二是两军人员大量交流，例如，1940年115师作战任务重，山东纵队一次拨给32000人枪，两军逐步不分畛域相互调动。① 1941年8月8日，中央书记处、中央军委决定，山东分局统一领导山东党政军民工作，同时，设立新的山东军政委员会。19日，中共中央、中央军委发出《关于统一山东领导的指示》，决定山东纵队归115师首长指挥，山东纵队与115师军政委员会合组为山东军政委员会，山东分局立即贯彻中央指示，决定由分局朱（瑞）、罗（荣桓）、黎（玉）、陈（光）分别主持党的组织、军事、政府、财经等工作。

在山东，党政、军政两职一度分开，各司其事，角度不同，分歧难免。山东抗日根据地党政军领导的做法，一是不断反省改进。1941—1942年抗战最困难时期，根据地遭分割蚕食，部队减员，组织破坏，灾荒严重，军需民食极端困难。山东抗日根据地党政军领导不是强调敌人强大和客观困难，而是认真反省自身原因。用朱瑞的话说，是敌人和群众的批评这两个先生促使他和山东分局、山东省战时工作推行委员会“在思想和领导上去检讨自己，开始了分局领导的改变”②。二是多做自我批评。1942年1月至2月，罗荣桓几次致电山东分局并报北方局、中央，主动承担领导责任，建议分局召集扩大会，请中央派刘少奇前来，总结、明确山东以后的工作方针，加强党内团结等。三是按中央指示全面改进。在“第三个先生”刘少奇的指导下，渐识山东工作的艰巨性长期性、群众工作、统一战线三大症结，“解决山东问题的关键在于放手发动群众，壮大人民力量。而要发动群众，必须实行减租减息”，“开始从错误中间走向转变”③ 通过召开山东分局、军政委员会联席会议，开展自我批评与批评，议决并关键性转变了山东工作的战略方针和部署。1942年5月4日，朱、陈、罗、黎联名致电中央，做了深刻检查，提出整改措施。

1942年9月，中共中央政治局《关于统一抗日根据地党的领导及调整

① 徐向前．历史的回顾（下）［M］．北京：解放军出版社，1988：640、650－652.

② 申春生．关于刘少奇来山东之前山东分局的工作转变问题［J］．齐鲁书刊，1987（5）：36.

③ 黎玉．黎玉回忆录［M］．北京：中共党史出版社，1992：223.

各组织间关系的决定》强调：全面领导根据地，应表现在各根据地“有一个统一的领导一切的党的委员会”①。次年3月12日，中共中央和中央军委决定：合并115师与山东军区，罗为司令员兼政委，新的山东军区下辖滨海、鲁南、鲁中、冀鲁边、清河、胶东6个军区和15个军分区，军区部队统一整编为13个主力团。8月，罗任山东分局书记，集山东党政军权于一身，以他为首，由委员罗、黎、肖华，加上分局秘书长即1944年下半年所增委员舒同共4人组成山东分局党委会，形成统一领导山东斗争的核心，完全实现了党的统一的全面领导，使根据地进入政经良性互动最好时期。

上述国共“多头”与“一元”的比较表明，在以政权权力拉动经济发展的逆向因果链中，欲争取第一种“良性互动”，避免后一种“恶性逆动”，则政权力量应坚持全面领导，而不是多方掣肘，更不是“窝里斗”；应坚持自上而下全覆盖，而不是出现“中梗阻”或“上有政策，下有对策”；应树立法律和制度的权威，实行法治，而不是树立个人的权威，依赖人治；应以群众为师，坚持真理，纠正错误，敢于责任担当，而不是文过饰非，相互推诿。当然，最为根本的是立党为公、执政为民。

9.1.3　被动与主动

实现政经之间的良性互动，不仅需要人民权力自下而上逐步渗透和政权权力自上而下逐步覆盖，还需要尊重经济规律，按经济规律办事，主动调适不匹配、不耦合，甚或背道而驰的政经关系，让政权建设与经济发展相互促进，共同推动社会发展，否则，政经必将陷入相互扭动甚至恶性逆动，终致经济崩溃、政权不稳。以国共都着力推行的互助合作为例来探析。

当时省府为推动工农业生产，曾力推合作生产这一重要的经济政策，其基于三点：一是合作是经济上的民族建设，目的是“实行有计划的生产，谋自给自足”，节约消费，抵制洋货，统制输出，换取机械与必需品。二是“合作是经济有治的民权建设”，业务上自动互助；权力上公平分配，经济地位平等，政治地位才能平等。三是“合作是经济互助的民生建设”

① 罗荣桓．罗荣桓军事文选［M］．北京：解放军出版社，1997：208.

“有发展经济的好处”“无资本制度及共产制度的流弊”①。为实现“办理生产运销等合作事业以增物产而调剂供需”“组织民众达到农村合作化之目的”②，不仅省府成立合作事业管理局、巡回指导队，而且各行署、专署设合作事业视察员，更有县政府设合作专员指导粮食、棉业、蚕丝、林业、纸业、卷烟、矿业、皮革等生产合作。在其政令所及地区，1939 年共组建合作社 2233 处、社员 59429 人，培训社员及提供贷款见表 9－1、表 9－2。

但合作社组建了，人员训练了，贷款发放了，官员便走了，社员也散了，生产依然故我，以致“省府在农业上无甚成绩可言，只限于一般政策指导”③“办理生产运销等合作事业以增物产而调剂供需”未能更好实现，“实行有计划的生产，谋自给自足”④之目的亦未能充分实现。为什么？合作生产这种新型生产关系要切实拉动生产力发展中出现的问题，难道精英政府没有跟踪并及时发现、解决？

表 9－1　1939—1943 年前省府培训合作人员明细

类别	5 期职员训练班	合作巡回指导队训练各合作社司库	棉丝毛机织训练班社员	合作讲习会训练	针织染色技术训练	合计
人数	500	1872	300	24359	2667	29833

资料来源：山东省供销合作社联合社史志办公室．山东省供销合作社史料汇编（1924—1949）[G]．内部资料．1991：489.

表 9－2　1943 年前各生产合作社经省建设厅介绍所获贷款明细

各合作社名及贷款来源	毛织、赈济会	蚕丝、省建设厅	造纸、省建设厅
所获贷款（元）	25200	10000	400

资料来源：山东省供销合作社联合社史志办公室．山东省供销合作社史料汇编（1924—1949）[G]．内部资料．1991：489.

上述问题，与其说精英政府没有跟踪并发现、解决，不如说政府精英明了，但在当时的政权架构下无法解决。例如，入社的高门槛将广大贫苦农户排斥在外的问题。合作社社员限制为田产 10 亩以上，识字、品行较

①②④　山东省地方行政干部训练团．战时经济建设纲要（石印本）[M]．1941：6.

③　吕伟俊．民国山东史 [M]．济南：山东人民出版社，1995：819.

好，来自同村落的男性青壮年。如菏泽县互助社章程规定，社员需有“田产 10 亩以上”①，而山东田产 10 亩以下的小农占农户的 50% 左右②；即使发展最好的邹平实验区，大部分合作社只能为一般资产较大的农民利用，2 亩地以下的农民利用机会少；只有如信用庄仓等少数合作社包括全村民众，品行端正的小农都能利用等。这样的入社条件限制，封闭了广大贫苦民众通过合作生产以增产的新路径，扼杀了广大贫苦农户通过合作生产改变贫穷落后面貌的希望，使其生产积极性严重受挫，说明合作社未能代表最广大底层民众的利益，未能为其谋福利，只是代表拥有更多资源的多重集团或少数人的利益，并为其谋私利，这与精英主导并代表少数人利益的政权架构相一致，但与“合作是经济互助的民生建设”“合作是经济有治的民权建设”，以实现业务上自动互助，权力上公平分配，经济地位平等，政治地位才能平等，以“实行有计划的生产，谋自给自足”③ 的经济发展是不匹配、不耦合，甚或背道而驰的。其时，如果不能及时主动调适不匹配、不耦合，甚或背道而驰的政经关系，政经间相互扭动状况不能改变，势必带来政经间的相互扭动甚至恶性逆动，使合作生产不能如期拉动生产力的大发展，合作以达民生、民权、民族建设的三大设想不能如期按质按量实现，后续再出的状况亦不能有力应对。正如列宁所说：“一个阶级如果不从政治上正确地处理问题，就不能维持它的统治，因而也就不能解决它的生产任务。”④ 在日寇的强力打击下，各种问题纷至沓来，各种困难层层叠加，积重难返，终致经济崩溃、政权不固。

1938 年上半年，“省府迁移，各县县城相继沦陷，地方紊乱，政失常规，所有赋税或则停而不征，或则征而不解，省库收入，寥寥无几，民众负担，逐渐加重”⑤。由于国统区生产停滞不前，增产不力，而随着战事发展，部队给养增多，致使财政连年赤字，见表 9 - 3。

---

① 《乡村建设旬刊》，1934 年第 4 卷第 14 期。
② 率真．黄灾过后话济宁［J］．乡村建设半月刊，1937，6（10）．
③ 山东省地方行政干部训练团．战时经济建设纲要（石印本）［M］．1941：6.
④ 列宁选集第四卷［M］．北京：人民出版社，1972：442.
⑤ 刘大可．民国山东财政史［M］．北京：中华书局，1998：43.

表 9 –3　　1938—1940 年省府财政赤字情况　　单位：法币万元

年份	财政收入	财政支出	财政赤字
1938	86	196	110
1939	302	370	70
1940	338	965	627

资料来源：根据沈鸿烈 1941 年 5 月 13 日、6 月 6 日分别上报的《鲁省民国二十七、八年度收支对照表电抄件》《鲁省二十九年度收支对照表电抄件》整理而成。

面对困局，省府只能被动应付。一是增加税赋摊派，二是发钞，至 1944 年共发行省钞民生券 3000 余万元①，结果饮鸩止渴，造成物价上涨，民不聊生，省府控制区的人民被剥削，危害更甚②，人民负担重③。据典型调查，根据地、游击区、国统区、日占区、伪占区民众负担情况见表 6 –2。又据胶东调查统计，各占区负担情况见表 9 –4。

表 9 –4　　胶东地区各占区负担情况

类别 / 地区	每亩负担（以北海币元为单位）	每两负担（以北海币元为单位）	指数
日占区	140.00	2800.00	1244
敌我区	76.00	1520.00	676
敌顽我区	54.00	3270.00	484
国统区	47.50	2850.00	422
我占区	11.25	562.50	100

资料来源：山东抗日民主政权上册［G］．北京：中共党史出版社，2015：702.

由于苛杂繁多，负担沉重，成千上万老百姓向根据地逃生，以至于某些国统区成为“无人区”。临朐县原为省府驻地，据该县米山、九山两区及 5 村统计，省府统治时期逃亡者 15792 人，死亡 8627 人，合计占总人口 80%以上（见表 9 –5），人口由 3695 户减至 51 户，成为“无人区”。省府 1943 年撤离后，鲁中行署调拨耕牛 300 犋，发放春耕贷款 80 万元，复耕荒地 2/3，使该区人口增至 2840 户。但荒凉的“无人区”，却在中共的领

① 刘大可．民国山东财政史［M］．北京：中华书局，1998：44.

② 吕伟俊．民国山东史［M］．济南：山东人民出版社，1995：813.

③ 山东革命根据地工商税收史料第 2 辑 1941 –1943［G］．内部资料，1984：250 –251.

导下焕发了新的生机①。

表 9－5　　山东省府统治期临朐 2 区 5 村人口去向统计

地名 类别 人数	米山区	九山区	崔册区	西由庄	许家峪	大山东	于家庄
原有（人）	14523	15691	823	688	350	627	184
逃荒（人）	8496	10866	697	218	162	275	49
死亡（人）	3177		129	290	45	160	40
亡绝（户）			16	10	5	15	
逃荒死亡占总人数（%）	80	70	93	74	60	66	48

资料来源：大众日报，1944－11－11.

与国民党一样，中共亦非常重视合作生产。如前所述，正如毛泽东所盛赞："这种集体互助的办法是群众自己发明出来的"，依托农业生产、消费合作、运输合作、信用合作这四种合作社，就可以把群众组成劳动大军，让群众走上得解放、变富裕、获抗战胜利的必由之路②。1940—1943年，从山东分局要求"每个区要建设一个合作社"③起；到山东省战时工作推行委员会将组织农业合作社"当作政治任务来完成"④等；以村为单位组织劳动互助队，尤其是发展农业生产、运销合作社；政府提供贷款；各行政区管理局合作等科计划、指导、扶持群众性各类合作事业外，根据地发展了传统的劳动互助：以学会组织劳动力团结群众发展生产的党员、劳模为核心和榜样，以妇救会会员及民兵为骨干，在将领导农民发展生产作为基本任务的农会领导下，在同级政府监督下，结合"街滑子"的改造和按计划生产的每户，将抗属和孤寡户编入，将工具、资金、劳力等折价入股，融生产、群众和武装三种组织为一体，在自愿互利的原则下，变工互助，大力发展开渠掘井、春耕秋收等大规模生产事业，和纺织、渔盐、榨油、医药、铁工、木工等消费、生产、运输等各类合作事业，结果，广大群众纷纷响应积极参与。据 1945 年 8 月 88 个县的统计，变工组由 1944

① 刘大可．山东抗日根据地的经济［M］．北京：中共党史出版社，2005：70.
② 毛泽东选集第三卷［M］．北京：人民出版社，1991：931－932.
③ 山东革命历史档案资料选编第 6 辑［G］．济南：山东人民出版社，1982：142.
④ 山东革命历史档案资料选编第 6 辑［G］．济南：山东人民出版社，1982：236.

年底的6.4万个发展到10.8万个，参加的农民人数由38万发展到103万；互助组个数、成员由1944年的6.42万个、38万人，分别发展到1945年6月的14万个、115万人①；合作社、入社人数、入股资金由1944年底的1839个、121万人、1166万元，分别发展到1945年8月的4926个、144万人、6942万元，其增长率分别为167.8%、19%、495.4%（详情见表7－2）。

因为劳动互助合作、减租减息双交增资、精兵简政厉行生产节约，界定产权再分配利益，优化资源配置等，分别调整了农村生产关系、调适了劳资关系、调整了军政民关系，激发了各阶层积极性，释放了协作生产力，解放了社会生产力。同时，实行扶助生产、贸易管理、货币斗争三位一体策略，根据地各业蓬勃发展，山东省战时行政委员会所提超产计划均超额完成，如农业大生产成果、纺织工业发展成就之详情分别见表3－12、表3－13。到抗战胜利，根据地土布实现自给，日用品如毛巾、肥皂等自给有余，文化用品也大部分自给；政府财政收入中，工商收入超过田赋（详情见表3－14），民负进一步减轻，加上物价稳中有降，人民安居乐业，自觉交粮纳税。例如，滨海一个行政村，只用3时40分征齐全部公粮，这是过去无论如何，“唱独角戏的村长所办不到的事情啊！”②

上述国共“被动”与“主动”的比较表明，在以政权权力拉动经济发展中，欲争取第一种良性互动，避免政经扭动或恶性逆动后两种结果，则必须充分尊重经济规律，掌握经济规律，按经济规律办事，主动调适不匹配、不耦合，甚或背道而驰的政经关系，而不是盲目瞎干，唯意志论；要善于驾驭经济规律，积极发挥人的主观能动性，而不是被动应付，甚至干出违背经济规律的傻事蠢事；要主动抓好诸环节的联动，而不是推而不进，拉而不动，导致链条断裂。当然，从根本上说，这就要求执政党既解放思想，又实事求是，既与时俱进，又善于学习，永葆创新活力。

9.1.4 简评

前面通过国共政经互动比较所得到的三点启示具有统一性。通过全面

① 申春生．山东解放区的政权建设［M］．北京：中共党史出版社，2005：111－113.

② 山东抗日民主政权上册［G］．北京：中共党史出版社，2015：700、687、683、676、700、676.

领导使政权自上而下全覆盖，有利于将执政党的先进思想化为全民行动，但倘若没有人民权力由下而上全渗透，则会成为政权权力及其利益的单边扩张，人民群众成为附庸，人民利益受到损害；人民权力由下而上全渗透体现了马克思主义的政权观和人民观，也是政经互动的源泉力量，但倘若没有执政党的全面领导，则有可能陷于纷乱而失去凝聚合力；但无论是政权自上而下全覆盖，还是人民权力由下而上全渗透，都必须尊重经济规律，遵循经济规律，掌握经济规律，驾驭经济规律，才能达成循逆向因果链政经互动的第一种良性互动，避免政经扭动甚至恶性逆动后两种结果，避免政治权力“给经济发展带来巨大的损害，并造成大量人力和物力的浪费”①。

9.2 当今政经互动的借鉴

通过全书，尤其国共政经互动不同的比较所得出的经验，对当下“四个全面”战略布局的落实有如下启示。

9.2.1 坚持党领导一切

（1）党领导一切是中国特色社会主义的本质特征。

如9.1.2所述，一元化是山东抗日根据地最鲜明的特点。一元化是建设以党的领导为核心的政权体系，一元化不是包办和垄断政权，而是充分保证党的领导作用的全面落实和发挥。从山东省战时工作推行委员会等高层政权到村级政权和一些群众团体，甚至如基层经济合作社，党的领导作用都体现得淋漓尽致。同时，也正是因为有了一元化保证，才能整合多重利益矛盾，整合有限资源，提高行政效率。

“党政军民学，东西南北中，党是领导一切的。”“中国特色社会主义最本质的特征是中共领导，中国特色社会主义制度的最大优势是中共的领

① 马克思恩格斯文集第十卷［M］. 北京：人民出版社，2009：597.

导”①。中共十九大的上述两大重要论断是科学总结党的历史经验的产物，完全符合诸如山东抗日根据地等政权发展的规律，必须牢牢把握，并且结合新的时代条件和时代问题进行创造性运用。

（2）全面从严治党是中国特色社会主义的领导保证。

从山东抗日根据地的发展历程来看，中共实现了领导一切，党得到了人民群众的广泛拥护和支持，关键在于始终坚持从严治党。不仅注重自身的思想、组织、作风建设，而且特别注重党员管理。成功地探索了实现党的领导的成功经验，即是政治领导和思想领导。非常重视制度建设，重视在制度范围内发挥党的影响力和决定性作用，诸如中共大力推进“三三制”政权建设，大大提升了党的民主形象和软实力，空前地提高了党的社会影响力，从而与国民党政权的形象形成了鲜明的反差。

“坚持全面从严治党。勇于自我革命，从严管党治党，是我们党最鲜明的品格”②。中共十九大进一步总结了十八大以来全面从严治党的经验，进一步将其确定为新时代坚持和发展中国特色社会主义的十四条方略之一。从山东抗日根据地的成功经验来看，这条方略具有深厚的历史底蕴，必须创造性坚持。与革命年代的管理治党相比，虽然面对的环境、需要解决的时代课题、党员群体对象的特点都发生了深刻变化，特别是党从革命党变为执政党，地位发生了根本转变，但是新时代从严治党的主题没有变，因为党领导一切的历史地位没有变，要牢牢把握全面从严治党是中国特色社会主义的领导保证。

（3）全面依法治国是中国特色社会主义的治理保证。

在实现政权建设对经济基础的变革方面，山东抗日根据地的突出特点是一方面强调民主建政，另一方面强调法制治理。即使是战争条件下，山东抗日根据地大力推进宪政实施为中心的法制理论、建立健全法制体系、大量颁布法律法规、创新司法体制机制，从而保证了根据地政权对于社会的有效治理。不仅让根据地政权屹立于险峻的敌后战场，而且在法制现代化方面获得了广泛的社会美誉。特别是经济法律法规的颁行，不仅保证

① 习近平．决胜全面建成小康社会夺取新时代中国特色社会主义伟大胜利——在中国共产党第十九次代表大会上的报告［M］．北京：人民出版社，2017：20.

② 习近平．决胜全面建成小康社会夺取新时代中国特色社会主义伟大胜利——在中国共产党第十九次代表大会上的报告［M］．北京：人民出版社，2017：26.

了巩固政权的经济需要，更是以法律形式保障了人民的权益，改善了民生。

“全面依法治国是中国特色社会主义的本质要求和重要保障。”① 中共十九大在党不断探索依法治国历史经验的基础上，从“四个全面”战略布局和中国特色社会主义本质要求和重要保障的角度进行了新论述和新定位。烽火连天的抗战条件下中共在山东还坚持通过法制进行治理，当下更应该借鉴历史经验，将民主制度化、法律化，坚定不移走中国特色社会主义法治道路，完善以宪法为核心的中国特色社会主义法律体系，建设中国特色社会主义法治体系，建设社会主义法治国家，实现党的领导、人民当家作主和依法治国有机统一。

（4）全面深化改革是中国特色社会主义的体制保证。

纵观山东抗日根据地的建立、巩固和发展，能够克服经济发展的困境，实现政经良性互动，中心环节就是全方位的新型政权建设，充分激活政权建设的功能，调控经济基础，从而发展经济，较好地满足了抗战与改善民生的双重需要，反过来，又进一步促进了人民对于新生政权的全力支持。简言之，就是通过建立正确表达人民诉求、保护人民权益、发展人民利益的先进、科学、前瞻的政治体系，实现了政经的交互式良性互动。山东抗日根据地通过全面改革，建设了全方位覆盖，渗透力强，能实现对于经济社会有效调控的新型政权。在经历了初期的忽视政权建设的教训后，根据地特别重视政权建设，建立健全了各层次、各领域、各类型政权组织，特别是在广大的基层农村建立政权组织和准政权组织的各类社团，保证了对于根据地的强力领导，有效实现了对于有限经济资源的充分管控和利用，保证国家、社会、人民有序开展所有民权、民生建设，保证了根据地的健康发展。

“坚持全面深化改革”，“不断推进国家治理体系和治理能力现代化，坚决破除一切不合时宜的思想观念和体制机制弊端，突破利益固化的藩篱”②。中共十九大再次向全面深化改革发出了宣言书和动员令。中国特色社会主义进入新时代，“我国社会主要矛盾已经转化为人民日益增长的美

①② 习近平．决胜全面建成小康社会夺取新时代中国特色社会主义伟大胜利——在中国共产党第十九次代表大会上的报告［M］．北京：人民出版社，2017：22.

好生活需要和不平衡不充分的发展之间的矛盾”①。虽然我国社会生产力水平总体上显著提高，社会生产能力在很多方面居于世界前列，这与山东抗日根据地时期的全面经济匮乏不同，但是当前面临的“发展不平衡不充分”，不能“满足人民日益增长的美好生活需要”，要将其解决，仍然需要借鉴山东抗日根据地重视政权全面调控的经验，全面深化政府机构改革，建立适应新时代解决社会主要矛盾的政府职能体系；充分发挥政府在调控生产、交换、分配、消费等重要环节中的作用，推进更高质量的发展、更加公平的分配、更加合理的交换、更多人民共享发展成果的消费；打赢防范化解重大风险、精准脱贫、污染防治三大攻坚战，全面建成社会主义现代化强国。

9.2.2 坚持和发展全过程人民民主

（1）切实落实人民民主权利。

山东抗日根据地政经能成功实现交互式良性互动，就在于其建立了能正确表达人民诉求的先进科学前瞻的政治体系，就在于其切实落实了人民民主权利。如9.1.1小节所述，在林林总总的民国宪法里面都倡言民权，孙中山先生殚精竭虑地设计了实施民权的三个阶段。全面抗战时期，国民政府在山东也作出过各种承诺，但终究沦为“画饼”。国民政府在山东也终于没能坚持下去，被迫撤出。中共山东抗日民主政权却以推动实施宪政为切入口，全面扩大了根据地人民的民主权利，包括人权、政权、财权、物权。根据地政权特别重视民主建设，越是困难，越是相信群众、依靠群众，全面提升民主水平，政府公信力空前提高，换得了广大群众无限的创造力与无穷的力量源泉。

“国家一切权力属于人民”，“发展社会主义民主政权就是要体现人民意志、保障人民权益、激发人民创造活力，用制度体系保证人民当家作主”②。中共十九大提出了发展社会主义民主政治的根本目标和健全人民当

① 习近平．决胜全面建成小康社会夺取新时代中国特色社会主义伟大胜利——在中国共产党第十九次代表大会上的报告［M］．北京：人民出版社，2017：11.

② 习近平．决胜全面建成小康社会夺取新时代中国特色社会主义伟大胜利——在中国共产党第十九次代表大会上的报告［M］．北京：人民出版社，2017：35－36.

家作主制度体系的根本任务。事实上，对于人民民主的追求是中共一贯的政治主张。山东抗日根据地与国民党政府的鲜明对比就是“民主”与“官主”。抗战时期的民主很好地贯彻了马克思主义的唯物史观原理，激活了群众力量，找到了抗战的力量之源，那就是让人民明白抗战是保家卫国，让侵略者陷入了人民战争的“火牛阵”。实现中华民族伟大复兴，建成社会主义现代化强国，“绝不是轻轻松松、敲锣打鼓就能实现的”①。其关键在于唤起全体中华儿女的主人翁意识和创新意识，汇聚起磅礴力量，登上无限险峰。

（2）拓宽人民参政议政渠道。

切实落实人民参政议政渠道的题中要义是拓宽人民参政议政渠道。山东抗日根据地从放宽选举人资格条件、突破直选范围、支持群众团体参政议政等方面作出了重要的探索，激活了广大人民参政议政功能，保证了根据地政权的合法性和代表性，从而使山东抗日根据地政权立于民众中，在与日伪政权的斗争中立于不败之地。同时，续接抗日政权建立的山东解放区政权进一步得到人民的衷心支持，翻身农民用辗转跟随解放军的小推车帮助取得了淮海战役的决定性胜利。

“加强人民当家作主制度保障”，“发挥社会主义协商民主重要作用。有事好商量，众人的事情由众人商量，是人民民主的真谛”②。中共十九大明确提出了加强人民民主建设的根本目标和根本举措。“人民民主”“协商民主”是中共对于政治文明的突出贡献，也是对包括山东抗日根据地在内创设“三三制”等历史经验的理论概括，鲜明地体现了理论自信和制度自信。当务之急是要切实将各层次、各类别民主制度的功能充分发挥，活力更加迸发，机制更加健全。

（3）加强各种社团组织建设。

中国共产党一直高度重视社团组织建设，山东抗日根据地同样重视各种社团建设，并且取得了突出的效果。社团组织在山东抗日根据地的政经互动中起着重要作用，首先，在政权建设中起着政府与社会间重要的纽带

① 习近平．决胜全面建成小康社会夺取新时代中国特色社会主义伟大胜利——在中国共产党第十九次代表大会上的报告［M］．北京：人民出版社，2017：15.

② 习近平．决胜全面建成小康社会夺取新时代中国特色社会主义伟大胜利——在中国共产党第十九次代表大会上的报告［M］．北京：人民出版社，2017：37－38.

作用，“亦官亦民”，联系了广大群众。其次，在经济发展中起着模范带头、市场中介、经济平台等多重作用，如纺织合作社就团结了广大棉农，带动棉花生产，保护棉农利益等。

“打造共建共治共享的社会治理格局”“加强社区治理体系建设”“实现政府治理和社会调节、居民自治良性互动”①。中共十九大从加强政治和社会建设的角度，突出了新时代社团组织建设的重要性以及发展导向。中国社会进入新时代，利益、阶层、社群更加多元，社会分化更加快速，变动更加频繁，这给社会管理带来了空前的挑战。根据地社团建设经验的重要启示就是要牢牢抓住社会治理这根主线，协调社会矛盾，最广泛和最大限度地保护和实现社团利益，从而实现社会的区域治理，最终实现社会的和谐稳定。其关键在于深入探索共建共治共享的新时代社区治理新机制和新体系。

9.2.3 坚持按经济规律办事

（1）破除唯意志论，尊重经济规律。

整体上来说，山东抗日民主政权尊重经济规律，遵循逆向因果链，通过调控经济关系、调节分配关系、调配生产关系、调整消费关系，构建了平等互助的新型经济基础/生产关系，拉动了新型合作生产力的发展，但也出现不顾经济规律急于求成的情形，如在第一次货币斗争中，试图单纯地凭借行政力量强制规定法币贬值，结果导致失败。

在新中国历史上，也曾多次运用逆向因果链来拉动经济发展，但却出现第二种或第三种结果的情形。在赶超思想的指导下，人们意气风发，雄心勃勃，加速推进“一大二公”，全面实行计划经济，举全国之力办大事，结果欲速则不达，或者瞎乱折腾，付出巨大代价，甚至濒于崩溃的边缘。可以说，当时的执政者政治意图是好的，人民群众的政治热情也是高的，但由于均不尊重经济规律，结果共同的好心却是办了坏事、错事、傻事、蠢事。

历史的经验教训值得汲取。中共十九大报告提出，“贯彻新发展理念，

① 习近平．决胜全面建成小康社会夺取新时代中国特色社会主义伟大胜利——在中国共产党第十九次代表大会上的报告［M］．北京：人民出版社，2017：49.

建设现代化经济体系”①，在一定意义上也是遵循逆向因果链来拉动经济发展。即通过确立习近平新时代中国特色社会主义思想的指导地位，进行思想的上层建筑的革新；通过全面从严治党和全面依法治国，构建现代化治理体系，引致政治的上层建筑的变革；通过全面深化改革，引致经济基础发生深刻变化；通过生产关系的全面调整，引致现代生产力的发展，实现全面小康的“两个一百年”奋斗目标。

正如 9.1.4 小节所得出的结论启示，在以国家权力推动经济发展的逆向因果链中，欲争取政经良性互动的第一种结果，避免政经扭动或恶性逆动的后两种结果，有必要将执政党的全面领导、人民当家作主和按经济规律办事三者统一起来。为此在新时代中国特色社会主义事业建设中，同样有必要破除唯意志论，尊重经济规律、遵循经济规律、掌握经济规律、驾驭经济规律，将上述三者统一起来，我们就能无往而不胜。

（2）破除唯生产力论，发挥主观能动性。

根据本书所构建的生产力、生产关系/经济基础、上层建筑三者存在顺向和逆向两条因果链，因而属于政治的上层建筑的政权建设与属于广义的经济基础的经济发展之间存在交互式互动关系。如 3.3 节所述，山东抗日根据地同样地存在顺向和逆向两种政经互动方式，只是两相比较，逆向因果链方式更具整体意义和持久意义，而将之归为山东抗日根据地政经互动的模式。

在新时代中国特色社会主义建设事业中，同样需要“坚持解放和发展生产力，坚持社会主义市场经济改革方向，推动经济持续健康发展”②，充分发挥顺向和逆向因果链的互动作用。但唯生产力论者只肯定顺向因果链而否定逆向因果链，只强调市场配置资源的决定性作用，而反对政府的调控作用，某些执政者也因此而不敢作为、不愿作为、无所作为，因循守旧，唯上唯书，故步自封，不敢担当，这种思想误区同样地会贻害新时代中国特色社会主义建设事业。为此，有必要全面辩证地把握生产力与生产关系、经济基础与上层建筑之间的关系，根据“四个全面”的战略布局，充分发挥人的主观能动性，在政经互动中坚持党的全面领导，坚持发挥人民的创造力，坚持按经济规律办事，以实现民族振兴，让人民过上更美好的生活。

①② 习近平．决胜全面建成小康社会夺取新时代中国特色社会主义伟大胜利——在中国共产党第十九次代表大会上的报告［M］．北京：人民出版社，2017：29－30.

第 10 章　主要结论与研究展望

10.1　主要结论

回顾全书，本书主要得出了五个结论。

（1）依据生产力与生产关系、经济基础与上层建筑的理论，社会系统结构由生产力、生产关系/经济基础、上层建筑（又可分为政治的上层建筑和思想的上层建筑）三个层次自低到高构成，存在“生产力→生产关系/经济基础→上层建筑”顺向因果链和“上层建筑→经济基础/生产关系→生产力”逆向因果链的共同作用，作为广义经济基础的经济发展与作为政治的上层建筑的政权建设存在交互式互动关系。

（2）山东抗日根据地的政权建设可分为初创、巩固和发展三个阶段，相应地，经济发展可分为自立、自保和自主三个阶段。通过对其顺向和逆向因果链政经互动的比较，山东抗日根据地政经互动的基本模式是依循逆向因果链，即在科学正确的思想上层建筑指导下，通过加强和改善政治上层建筑，引致经济基础的变革，通过对生产关系的调整，拉动生产力发展。

（3）在山东抗日根据地政权建设对经济基础的改造和变革中，即逆向因果链的第一个层面“政权建设→经济基础”中，将民主建政作为中心任务，使人民权力自下而上逐步渗透，全面实施法制治理，使政权权力自上而下逐步覆盖，经济基础发生深刻变化，由官主转变为民主，人治转变为法治，依附转变为自强，“一盘散沙”转变为强力内聚，既夯实了立党之本、执政之基，又焕发了民众的创造伟力，实现了政治的上层建筑与经济基础的良性互动。

(4) 在山东抗日根据地生产关系全面调整对生产力的拉动和促进中，即逆向因果链的第二个层面“生产关系→生产力”中，抗日民主政权充分发挥组织经济建设的作用，调控交换关系，保障军需民生，调节分配关系，均衡各方利益，调配生产关系，激发生产活力，调整消费关系，发展成果共享，拉动和促进了根据地的经济发展，四个环节关系的调整又反过来推动了抗日民主政权的巩固和加强。

(5) 山东抗日根据地之所以成功地实现了政经互动，避免了政经扭动甚至政经逆动对经济的破坏，在于其政权建设上的民主、政治的上层建筑的全面领导和对经济规律的主动调适。山东抗日根据地政经互动的丰富经验，可为当今新时代坚持党的全面领导，坚持全面从严治党、依法治国和深化改革，促进经济发展和全面建设社会主义伟大事业，实现“两个一百年”目标，提供宝贵的借鉴和启示。

10.2　研究展望

回顾全书，在下述三个方面尚存不足之处，有必要进一步深化研究：

(1) 由于缺乏系统的历史数据资料，本书未能对山东抗日根据地政经互动作用进行量化分析，今后有必要进一步加强信息收集和数据挖掘，建构相关的分析模型，以增强定性分析的解释力和说服力。

(2) 因限于篇幅，本书对生产力与生产关系、经济基础与上层建筑的理论及山东抗日根据地政经互动作用只是进行了线条式勾画，而未进行更为细致严谨的推演论证，今后有必要进一步完善理论分析，夯实理论基础。

(3) 因时间关系，本书只是对山东抗日根据地政经互动历史及其逻辑关系进行了纵向梳理，而未能将之与其他抗日根据地的政经互动状况进行横向比较，今后有必要进一步拓宽研究视野，通过比较分析更好地把握山东抗日根据地政经互动的特点，总结具有特色的历史经验，为新时代中国特色社会主义建设事业提供多元化的借鉴选择。

参 考 文 献

一、史料

八路军第一一五师暨山东军区战史编辑室编．八路军第一一五师暨山东军区战史［G］．济南：黄河出版社，2005．

八路军山东纵队史编审委员会编．八路军山东纵队回忆史料（中）［G］．济南：山东人民出版社，1993．

八路军山东纵队史编审委员会编．八路军山东纵队综合册［G］．济南：山东人民出版社，1993．

北京八路军山东抗日根据地研究会编．山东抗日民主政权上册、下册［G］．北京：中共党史出版社，2015．

国民政府时期湖北省政府秘书处档案，湖北省档案馆藏，卷号 LS1－2214．

济南市志编纂委员会编印．济南市志资料第 3 辑［G］．济南：济南出版社，1982．

臼井胜美编．现代史资料 13：日中战争 5［G］．东京：みすず书房，1966．

军事科学院外国军事研究部．凶残的兽蹄：日军暴行录［G］．北京：解放军出版社，1994．

《罗荣桓传》编写组．回忆罗荣桓［G］．北京：解放军出版社，1987．

秦孝仪主编．中华民国重要史料初编对日抗战时期第 4 编［G］．中国国民党中央委员会党史委员会，1988．

荣孟源主编．中国国民党历次代表大会及中央全会资料下册［G］．北京：光明日报出版社，1985．

山东省财政科学研究所，山东省档案馆合编．山东革命根据地财政史料选编第 1 辑、第 2 辑、第 4 辑［G］. 内部资料，济南：济南印刷八厂印刷，1985.

山东省档案馆，山东社会科学院历史研究所合编．山东革命历史档案资料选编 4 ~6 辑［G］. 济南：山东人民出版社，1982.

山东省档案馆，山东社会科学院历史研究所合编．山东革命历史档案资料选编 7 ~15 辑［G］. 济南：山东人民出版社，1983.

山东省档案馆，中共山东省委党史研究室编．山东的减租减息［G］. 北京：中共党史出版社，1994.

山东省党政军干部学校编印．对本省现状之认识总结［G］. 1941. 山东省档案馆馆藏档案，临 05 –04 –129.

山东省地方史志编纂委员会编．山东年鉴1987［G］. 济南：山东人民出版社，1988.

山东省地方史志编纂委员会编．山东省志·财政志［G］. 济南：山东人民出版社，1993.

山东省地方史志编纂委员会编．山东省志·农民团体志［G］. 济南：山东人民出版社，1996.

山东省地方史志编纂委员会编．山东省志·政权志上、下册［G］. 济南：山东人民出版社，1995.

《山东省地方政权沿革丛书》编纂委员会编．山东省历届政府施政 1840 –1985［G］. 北京：新华出版社，1993.

山东省地方政权沿革丛书编纂委员会编．山东历届政府施政［G］. 北京：新华出版社，1993.

山东省供销合作社联合社史志办公室编印．山东省供销合作社史料汇编（1924—1949）［G］. 内部资料，1991.

山东省科学技术委员会编．山东解放区科技史料选编［G］. 济南：山东省科学技术委员会，1986.

山东省粮食局粮食志编纂办公室编印．山东革命根据地粮食史料选编第 1 辑［G］. 内部资料，1985.

山东省农业合作化史料集（续编）［G］. 济南：山东人民出版社，1991.

山东省税务局税史编写组编印．山东革命根据地工商税收史料第 2 辑（1941—1943）［G］. 内部资料，1984.

山东省委党史资料征集研究委员会编．山东抗日根据地［G］．北京：中共党史资料出版社，1989.

山东省政协文史资料委员会编．亲历者说——山东抗战编年纪事［G］．济南：山东人民出版社，2015.

山东省政协文史资料委员会编．山东文史资料选辑第7辑［G］．济南：山东人民出版社，1979.

山东省中共党史学会编．山东党史资料文库第7卷［G］．济南：山东人民出版社，2015.

社会部统计处编．全国人民团体统计［G］．社会部统计处编印，1944.

武衡主编．抗日战争时期解放区科学技术发展史资料第1辑［G］．北京：中国学术出版社，1983.

中共临沂地委党史资料征集委员会编．政权建设的创举［G］．济南：山东人民出版社，1990.

中共沂南县委党史委，中共沂南县青驼镇委征集印刷．山东省联合大会史料汇编［G］．内部资料，2010.

中共中央书记处编．六大以来：党内秘密文件［G］．北京：人民出版社，1981.

中共中央文献研究室，中央档案馆编．建党以来重要文献选编第14册（1937．1－1937．12）［G］．北京：中央文献出版社，2011.

中共中央文献研究室，中央档案馆编．建党以来重要文献选编第16册（1939．1－1939．12）［G］．北京：中央文献出版社，2011.

中共中央文献研究室．刘少奇年谱（1898－1969）上卷［G］．北京：中央文献出版社，1996.

中共中央文献研究室．毛泽东年谱（1893－1949）中卷［G］．北京：人民出版社，中央文献出版社，1993.

中国人民银行金融研究所，中国人民银行山东省分行金融研究所编．中国革命根据地北海银行史料第四册［G］．济南：山东人民出版社，1988.

中国人民银行金融研究所，中国人民银行山东省分行金融研究所编．中国革命根据地北海银行史料第一册［G］．济南：山东人民出版社，1986.

中国社会科学院经济研究所中国现代经济史组编．革命根据地经济史料选编下册［G］．南昌：江西人民出版社，1986.

中央档案馆编．中共中央文件选集第11册（1936－1938）、第12册（1939－1940）、第13册（1941－1942）［G］．北京：中共中央党校出版社，1991.

严中平、徐义生、姚贤镐等．中国近代经济史统计资料选辑［G］．北京：科学出版社，1955.

胶东区行政主任公署五年来的民主建设总结（1938－1942）．山东省档案馆馆藏第31号全宗第3卷。

山东省党政军干部学校编印．对本省现状之认识总结［G］．1941：24、6、17．山东省档案馆馆藏档案，临05－04－129.

清河区货币斗争工作补充指示．1944－01－24．清河区行政公署档案G033－1－28.

胶东区行政主任公署五年来的民主建设总结（1938－1942）．山东省档案馆馆藏第31号全宗第3卷。

国民政府时期湖北省政府秘书处档案．湖北省档案馆藏，卷号LS1－2214。

山东省临朐县档案馆档号1－13－89．参看解放日报，1944－11－19.

又是一种扫荡——朱瑞在集总随校的演讲［N］，1940－02－22．山东全省宪政促进会通电［N］．大众日报，1940－03－10.

山东全省出席国大代表试选办法［N］．大众日报，1940－03－22.

山东全省出席国大代表试选办法的临时办法［N］．大众日报，1940－04－25.

山东省临时参议会议员誓词［N］．大众日报，1940－08－16.

罗荣桓．在山东省临时参议会一届二次议员大会上的致词［N］．大众日报，1940－08－17.

山东省临时参议会议员誓词［N］．大众日报，1940－08－16.

联合大会宣言［N］．大众日报，1940－08－29.

山东省战时施政纲领［N］．大众日报，1940－09－07.

人权保障条例［N］．大众日报，1940－12－10.

山东省战时国民教育实施方案［N］. 大众日报，1940－12－22.

大众日报社. 和敌寇自然做斗争加紧生产克服春荒［N］. 大众日报，1941－04－04（1）.

李竹如. 怎样开展秋收工作［N］. 大众日报. 1941－08－10.

沂南和庄区召开士绅座谈会讨论救济灾民问题［N］. 大众日报，1942－01－24.

中共中央关于抗日根据地土地政策决定的附件三［N］. 解放日报，1942－02－06.

谷阳区青黄不接贫农苦农救会开明地主商定借粮百余人自动要求参加农会［N］. 大众日报，1942－05－16.

钟人方. 敌后部队的精兵简政［N］. 晋察冀日报，1942－06－16（3）.

蒙阴区减租增资工作收获初步成绩［N］. 大众日报，1942－07－01.

山东省临时参议会、山东省战时工作推行委员会、山东分局、山东军区关于迅速救济难民的号召［N］. 大众日报，1943－04－09.

山东省三十四年农林合作会议总结［N］. 山东民主导报，1945（9）.

二、专著

马克思恩格斯选集第一卷［M］. 北京：人民出版社，1995.

马克思恩格斯选集第二卷［M］. 北京：人民出版社，1995.

马克思恩格斯选集第四卷［M］. 北京：人民出版社，1995.

马克思恩格斯选集第二十三卷［M］. 北京：人民出版社，1972.

马克思恩格斯文集第一卷［M］. 北京：人民出版社，2009.

马克思恩格斯文集第二卷［M］. 北京：人民出版社，2009.

马克思恩格斯文集第五卷［M］. 北京：人民出版社，2009.

马克思恩格斯文集第七卷［M］. 北京：人民出版社，2009.

马克思恩格斯文集第九卷［M］. 北京：人民出版社，2009.

马克思恩格斯文集第十卷［M］. 北京：人民出版社，2009.

马克思恩格斯全集第六卷［M］. 北京：人民出版社，1961.

马克思恩格斯全集第三十卷［M］. 北京：人民出版社，1995

马克思恩格斯全集第三十二卷［M］. 北京：人民出版社，1998.

马克思恩格斯全集第四十六卷［M］. 北京：人民出版社，1979.

列宁．列宁选集第三卷［M］．北京：人民出版社，2012.

列宁．列宁全集第三十四卷［M］．北京：人民出版社，1985.

列宁．列宁选集第三卷［M］．北京：人民出版社，1972.

列宁．列宁选集第四卷［M］．北京：人民出版社，1972.

斯大林．斯大林选集下册［M］．北京：人民出版社，1972.

斯大林．苏联社会主义经济问题［M］．北京：人民出版社，1961.

毛泽东．毛泽东选集第一卷［M］．北京：人民出版社，1991.

毛泽东．毛泽东选集第三卷［M］．北京：人民出版社，1991.

毛泽东．毛泽东选集第五卷［M］．北京：人民出版社，1977.

毛泽东．毛泽东著作选读下册［M］．北京：人民出版社，1986.

邓小平．邓小平文选第一卷［M］．北京：人民出版社，1989.

习近平．习近平谈治国理政第一卷［M］．北京：外文出版社，2018.

习近平．习近平谈治国理政第二卷［M］．北京：外文出版社，2017.

习近平．决胜全面建成小康社会夺取新时代中国特色社会主义伟大胜利——在中国共产党第十九次代表大会上的报告［M］．北京：人民出版社，2017.

孙中山．孙中山全集第三卷［M］．北京：中华书局，1984.

孙中山．孙中山全集第六卷［M］．北京：中华书局，1985.

孙中山．孙中山文集下册［M］．北京：团结出版社，1997.

周恩来．周恩来选集上卷［M］．北京：人民出版社，1980.

《罗荣桓传》编写组著．罗荣桓传［M］．北京：当代中国出版社，2006.

《民国山东通志》编辑委员会编．民国山东通志第一册、第二册、第五册［M］．台北：山东文献杂志社，2002.

山东文献社编印．山东文献第八卷第三期，48.

刘道元．抗战期间山东省会区［M］．山东文献第十一卷第二期，24.

陈国庆．胶东抗日根据地减租减息研究［M］．合肥：合肥工业大学出版社，2013.

陈金龙．继承与超越——毛泽东与孙中山比较研究［M］．广州：广东教育出版社，1998.

陈廷煊．抗日根据地经济史［M］．北京：社会科学文献出版社，2007.

陈新岗，陈强．山东革命根据地的奇迹与启示：货币、金融与经济政策［M］．济南：山东人民出版社，2014.

程思富，冯金华，马艳．现代政治经济学新编［M］．上海：上海财经大学出版社，2012.

戴维多·艾丽丝．论抗战爆发前后（1936－1942）山东共产党的重建［M］．北京：档案出版社，1992.

杜润生主编．中国的土地改革［M］．北京：当代中国出版社，1996.

《民国山东通志》编辑委员会编．民国山东通志第5册［M］．台北：山东文献杂志社，2002.

范小仲，张跃平主编．经济学前沿理论［M］．武汉：华中师范大学出版社，2014.

何伯言．人事行政之理论与实际［M］．南京：正中书局，1948.

吕伟俊．民国山东史［M］．济南：山东人民出版社，1995.

霍士廉，林浩，刘居英等．朱瑞同志在山东［M］．北京：中央文献出版社，1994.

贾蔚昌，唐志勇．山东通史（现代卷）［M］．济南：山东人民出版社，1994.

黎玉．黎玉回忆录［M］．北京：中共党史出版社，1992.

李里峰．革命政党与乡村社会——抗战时期中国共产党的组织形态研究［M］，南京：江苏人民出版社，2011.

李树青．蜕变中的中国社会［M］．上海：商务印书馆，1947.

李晓著．系统哲学［M］．北京：经济管理出版社，2017.

刘大可，马福震，沈国良．日本侵略山东史［M］．济南：山东人民出版社，1991.

刘大可．山东抗日根据地的经济［M］．北京：中共党史出版社，2005.

刘少奇．刘少奇选集上卷［M］．北京：人民出版社，1981.

罗荣桓．罗荣桓军事文选［M］．北京：解放军出版社，1997.

吕伟俊，董宝训，李平生，赵兴胜．山东区域现代化研究（1840—1949）［M］．济南：齐鲁书社，2002.

吕伟俊．韩复榘传［M］．济南：山东人民出版社，1987.

马场毅．抗日根据地的形成与农民以山东抗日根据地为中心议题［M］．档案出版社，1992.

马克思主义政治经济学编写组．马克思主义政治经济学概论［M］．北京：人民出版社，2011.

逄振镐，江奔东．山东经济史（近代卷）［M］．济南：济南出版社，1998.

齐武．晋冀鲁豫边区史［M］．北京：当代中国出版社，1995.

钱端升等．民国政制史（下）［M］．上海：上海人民出版社，2011.

任弼时．任弼时选集［M］．北京：人民出版社，1987.

戎子和．抗日根据地的财政经济［M］．北京：中国财政经济出版社，1987.

塞缪尔·亨廷顿，琼·纳尔逊．汪晓寿，吴志华，项继权译．难以抉择：发展中国家的政治参与［M］．北京：华夏出版社，1989.

山东省地方行政干部训练团．战时经济建设纲要（石印本）［M］．1941.

山东省总工会编．山东工人运动史［M］．济南：山东人民出版社，1988.

申春生．山东解放区的政权建设［M］．北京：中共党史出版社，2005.

申春生．政权建设与经济发展山东抗日根据地史［M］．济南：山东大学出版社，1993.

孙祚民．山东通史（下卷）［M］．济南：山东人民出版社，1991.

唐致卿．近代山东农村社会经济研究［M］．北京：人民出版社，2004.

陶文．八路军 115 师创建安东卫盐场［M］．济南：山东人民出版社，2015.

王成波．山东抗日根据地的人民检察制度［M］．北京：中国检察出版社，2014.

王沪宁．政治的逻辑：马克思主义政治学原理［M］．上海人民出版社，2004.

王林．山东近代灾荒史［M］，济南：齐鲁书社，2004.

王奇生．党员、党权与党争：1924－1949年中国国民党的组织形态（修订本）［M］．北京：华文出版社，2010.

王树林．滨北后勤在五莲山区兴办工业［M］．济南：山东人民出版社，2015.

温锐，谢建社．中央苏区土地革命研究［M］．天津：南开大学出版社，1991.

乌杰．系统哲学（修订版）［M］．北京：人民出版社，2013.

乌杰主编．系统哲学基本原理［M］．北京：人民出版社，2014.

西达·斯考切波著．何俊志，王学东译．国家与社会革命．对法国、俄国和中国的比较分析［M］．上海：上海人民出版社，2007.

徐向前．历史的回顾［M］．北京：解放军出版社，1988.

薛暮桥．抗日战争时期和解放战争时期山东解放区的经济工作［M］．济南：山东人民出版社，1984.

于德昶．抗日根据地的财政经济［M］．北京：中国财政经济出版社，1987.

岳海鹰，唐致卿．山东解放区史稿（抗日战争卷）［M］．北京：中国物质出版社，1998.

张福记．近代中国社会演化与革命［M］．北京：人民出版社，2002.

张华夏．系统哲学三大定律——乌杰《系统哲学》解析［M］．北京：人民出版社，2015.

张维迎．经济学原理［M］．重庆：西南出版社，2015.

章猷才，陈朝．党在山东革命根据地的执政研究［M］．济南：黄河出版社，2006.

赵传集．山东自然灾害防御［M］．青岛：青岛出版社，1992.

中共山东省委党史研究室．中共山东地方史（第一卷）［M］．济南：山东人民出版社，1998.

中国新四军和华中抗日根据地研究会编．华中抗日根据地史［M］．北京：当代中国出版社，2003.

周恩来．周恩来选集上卷［M］．北京：人民出版社，1980.

朱文峰．罗荣桓传［M］．贵阳：贵州人民出版社，2001.

朱玉湘主编．山东革命根据地财政史稿［M］．济南：山东人民出版社，1989.

祝马鑫．中国行政史［M］．北京：高等教育出版社，1994.

三、论文

把增强．困局与应对：抗战时期中共精兵简政研究以华北抗日根据地为中心［D］．河北大学，2013：65～66.

陈先初．从“三三制”看抗日根据地的政权建设［J］．求索，2005（10）：191.

陈沂．像罗帅那样对革命对同志［A］．《罗荣桓传》编写组．回忆罗荣桓［G］．北京：解放军出版社，1987.

池超波．什么是生产力发展的动力？［J］．新建设，1957（12）.

丁龙嘉．山东抗日根据地的民主政权建设［J］．炎黄春秋，2008（3）：25.

董正信，耿晓玉，杨晶晶．河北省经济发展方式转变进程评价［J］．统计与管理．2011（1）：17～20.

李淇林．只有生产关系才能成为生产力发展的动力［N］．光明日报，1957－01－23.

王亚南．促进生产力发展的动力究竟是生产力内部存在的矛盾？生产关系？还是其他？［N］．福建日报，1956－12－14.

郭洪涛．山东统一战线中的斗争问题［N］．北方局《党的生活》第9期，1940－03－16.

范成训．论山东抗日根据地在全国抗战中的地位和作用［J］．石油大学学报，1998（3）：41.

范明枢．山东省联合大会会刊发刊词［A］．中共沂南县委党史委，中共沂南县青驼镇委征集印刷．山东省联合大会史料汇编［G］．沂南：2010：1～5.

冯卓然，史振东．生产关系和上层建筑在一定条件下的决定作用不可否［J］．教学与研究（社会科学版），1981（1）：67～72.

葛文学，曲万法．山东抗日民主政权建设纪实［J］．山东人力资源和社会保障，2015（09）：46～48.

恒，勋．上海学术界举行基础与上层建筑座谈［J］．学术月刊，1957

(5): 69.

洪远朋. 论生产力的内在源泉——学习《资本论》的一点体会 [J]. 思想战线, 1978 (5): 1~6.

黄光秋. 国内马克思经济基础与上层建筑思想研究综述 [J]. 宁夏大学学报 (人文社会科学版), 2016, 28 (2): 116~126.

吉彦波, 白晋升. 经济基础首先应是生产力 [J]. 长白学刊, 1989 (6): 26~28.

贾蔚昌. 山东革命根据地史研究综述 [J]. 党史通讯, 1986 (7).

贾蔚昌. 试论山东抗日根据地史的分期 [J]. 理论学刊, 1987 (1): 58~61.

金冲及. 山东抗日根据地的独特历程 [J]. 抗日战争研究, 2017 (1): 5~48.

黎玉. 论群众路线与山东群众运动 [A]. 山东省档案馆, 中共山东省委党史研究室编. 山东的减租减息 [G]. 北京: 中共党史出版社, 1994: 358~414.

李凤梧、池金明. 我国经济发展指标体系的设计 [J]. 山西财经大学学报, 1991 (6): 21~37;

李金龙. 中国共产党领导的地方政权行政制度研究 [D]. 长沙: 湖南师范大学, 2003.

李金铮. 华北抗日根据地私人借贷利率政策考 [J]. 抗日战争研究, 2001 (3): 37.

李精华. 抗战时期国共两党农村基层政权建设比较研究 [D]. 东北师范大学, 2012.

李里峰. 抗战时期中国共产党的农村支部研究: 以山东抗日根据地为例 [J]. 中共党史研究, 2010 (8): 54~62.

李里峰. 抗战时期中国共产党的组织形态研究——以山东抗日根据地为中心 1937－1945 [D]. 南京: 南京大学, 2002.

李里峰. 中国革命中的乡村动员: 一项政治史的考察 [J]. 江苏社会科学, 2015 (3): 198.

李人凤. 抗战六年来清河区的民主建设 [A]. 中共临沂地委党史资料征集委员会编. 政权建设的创举 [G]. 济南: 山东人民出版社, 1990:

506～512.

林明．民主政府法制建设的新篇章——山东抗日根据地人权保障立法及司法制度概论［J］．东岳论丛，2009，30（10）：166～170.

林青山．我国过渡时期的经济基础与上层建筑［J］．哲学研究，1955（3）：27～52.

刘大可．山东抗日根据地财政经济工作的经验和启示［J］．史海钩沉，2015（6）：43～47.

刘桂林．山东抗日根据地教育工作初探［J］．山东档案，1995（6）：34～35.

刘洁，李玉根．生产方式的含义及其现实意义［J］．天津师范大学学报（社会科学版），2002，126（3）：12～16.

刘卫东，抗战时期山东北海币与法币的关系述论［J］．中国经济史研究．2010（3）：108～115.

鲁品越．生产关系理论的当代重构［J］．中国社会科学，2001（1）：14～23.

马英华．论经济基础应该包括生产力［J］．现代哲学，1989（4）：30～32.

马昀，卫兴华．用唯物史观科学把握生产力的历史作用［J］．中国社会科学，2013（11）：46～64.

孟捷．生产力一元决定论和有机生产方式的变迁［J］．政治经济学报．2016，6（11）：61～134.

孟英．山东抗日根据地向延安输送黄金的回忆［J］．百年潮，2013（5）：49.

平心．再论生产力性质——关于生产力二重性质的分析［J］．学术月刊，1959（9）：53～61.

戚厚杰．鲁苏战区的兴亡——国民党敌后战场再探［J］．民国档案，1996（3）：119～126.

祁品三．经济基础还应当包括生产力［J］．经济科学，1982（2）：73～74.

商志晓．生产力与生产关系、经济基础与上层建筑之间不是本原与派生的关系［J］．山东师院学报，1981（3）：25～26.

申春生，刘大可．山东抗日根据地财经工作述要［J］．中国社会经济史研究，1987（7）：101～108.

申春生．关于刘少奇来山东之前山东分局的工作转变问题［J］．齐鲁书刊，1987（5）：36.

申春生．山东抗日根据地保持币值和物价稳定的措施［J］．山东社会科学，1995（3）：33～37.

申春生．山东抗日根据地的对敌贸易斗争［J］．齐鲁学刊，1995（5）：92.

申春生．山东抗日根据地的两次货币斗争［J］．中国经济史研究，1995（3），139.

申春生．中国共产党领导山东经济工作的最初实践［J］．发展论坛，1996（3）：54.

宋文瑄．山东抗日根据地的财经政策及基本经验［J］．东岳论丛，2002（4）：90～97.

宋杨，郭中．《山东革命根据地财政史稿》评介［J］．中共党史研究，1990（6）：83.

孙叔平．论社会经济基础与上层建筑的构成和发展的规律［J］．学术月刊，1957（8）：4～12.

孙允明．山东抗日根据地的北海银行［J］．山东档案，2004（1）：46～47.

王菠，郭金鹏．抗战时期山东北海银行历史贡献评析［J］．山东广播电视大学学报，2013（1）：68～72.

王菠．北海银行对山东抗日根据地的贡献［J］．山东工商学院学报，2013（6）：31～35.

王东溟．论山东抗日根据地以全省规模形成的原因［J］．北京：中共党史研究，1995（3）：44.

王峰明．马克思生产关系概念的本质规定和历史嬗变——与唐正东先生商榷［J］．哲学研究，2014（8）：3～11.

王奇生．清党以后国民党的组织蜕变［J］．近代史研究，2003（5）：61.

王士花．北海银行与山东抗日根据地的货币政策［J］．史学月刊，

2012 (1): 53 ~62.

王士花. 抗战时期山东农村两面政权研究 [J]. 史学月刊, 2013 (9): 61 ~67.

王士花. 群众运动与山东抗日根据地的减租减息 [J]. 河北广播电视大学学报, 2011, 16 (2): 1 ~10.

王勇. 新民主主义革命时期中国共产党在山东的法制建设 [D]. 山东师范大学, 2003.

王友明. 莒南县土地改革研究 (1941—1951) [D]. 复旦大学, 2004.

王友明. 抗战时期中共的减租减息政策与地权变动——对山东根据地莒南县的个案分析 [J]. 近代史研究, 2005 (6): 75 ~108.

王云清. 抗战时期中国共产党在山东抗日根据地的经济斗争探析 [J]. 学理论 (下), 2013 (5): 157 ~158.

武阳. 人权的革命表达——重读山东抗日根据地的《人权保障条例》[J]. 理论研究, 2012 (1): 26、27.

肖范模. 我国过渡时期社会的基础与上层建筑问题 [J]. 哲学研究, 1956 (3): 57 ~78.

萧华. 难忘的四个月—少奇同志在山东 [A]. 中共山东省委党史资料征集研究委员会编. 山东抗日根据地 [G]. 北京: 中共党史资料出版社, 1989.

谢尔曼·赖小刚. 通向成功的跳板: 抗战期间中共在山东的崛起 [J]. 文化纵横, 2015 (10): 96 ~103.

邢松岩. 我对北海银行创始阶段的回忆 [A]. 北海银行五十周年纪念文集 [C]. 山东金融学会, 1988: 108 ~112.

徐朝仁. 论经济基础应当包括生产力 [J]. 实事求是, 1988 (4): 52 ~54.

薛暮桥. "北海币" 回忆录 [A]. 中共临沂地委党史资料征集委员会编. 政权建设的创举 [G]. 济南: 山东人民出版社, 1990: 75 ~83.

薛暮桥. 山东抗日根据地的对敌货币斗争 [J]. 财贸经济, 1980 (1): 58 ~62.

严北溟. 从基础与上层建筑看我国人民内部矛盾 [J]. 学术月刊, 1957 (6): 1 ~13.

杨天石．国民党在大陆“二五减租”的失败［J］．炎黄春秋，2009（5）：41～44.

俞良早．马克思主义经典作家东方社会发展途径特殊性的理论及其当代发展［J］．当代世界与社会主义，2011（4）：39～43.

袁绪程．关于经济基础概念的再认识［J］．国内哲学动态，1982（17）：15～17.

苑朋欣．山东抗日根据地农业劳动互助组织的建立及其成效［J］．山东农业工程学院学报，2015（5）：7～9.

苑书耸．山东抗日根据地的灾荒与救济［J］．中国石油大学学报，2012（28）4：61

苑朋欣．山东抗日民主政权的发展历程［J］．史志学刊，2015（5），101～106.

苑书耸．华北抗日根据地的灾荒与救济［D］．山东师范大学，2006.

苑书耸．山东抗日根据地的灾荒与救济［J］．中国石油大学学报，2012，28（4）：58～63.

恽秉良．历史唯物论还是上层建筑决定论［J］．复旦学报，社会科学版，1982（1）：36～38.

张根福．抗战时期人口流迁状况研究［J］．中国人口科学，2006（06）：72～80.

张建．论我国过渡时期的经济基础与上层建筑［J］．哲学研究，1956（5）：121～126.

张启威，左广兵．国家建构理论起源与中国研究的局限［J］．领导科学，2012（7）：10～13.

张启威，左广兵．国家建构理论起源与中国研究的局限［J］．领导科学，2012（7）：10～13.

张天民．抗日战争时期山东的工人运动［A］．中共临沂地委党史资料征集委员会编．政权建设的创举［G］．济南：山东人民出版社，1990：21～30.

张闻天．关于生产关系的两重性研究［J］．经济研究，1979（10）：33～42.

张业赏．论国民党军在山东敌后战场的地位和作用［J］．抗日战争研究，1996（1）：119～132.

张镛．论上层建筑［J］．哲学研究，1958（2）：62～82.

赵家祥．生产方式概念含义的演变［J］．北京大学学报（哲学社会科学版），2007（5）：27～32.

赵晶．抗战时期中共中央山东分局的作用及领导方式研究［D］．复旦大学，2011.

中共山东分局精简委员会关于安置老弱残废人员的指示（1942年9月7日）［A］．山东抗日根据地［G］．北京：中共党史资料出版社，1989：21～24.

周莉．国家理论：诺斯与马克思的比较研究［D］．湖北大学硕士学位论文，2001.

周婷婷．20世纪上半期山东乡村互助研究［D］．山东大学，2012.

周婷婷．以乡村民众的视角探寻历史发展的多面性：以土改前山东根据地农民互助状况为例［J］．山东社会科学，2012（3）：20～23.

朱前星．试论"三三制"中的价值取向原则［J］．毛泽东思想研究，2005（4）：12～13.

朱玉湘，吕伟俊．抗日根据地的民主与法制［J］．中国现代史，1982（8）：56.

朱玉湘．抗日战争时期国民党政府的田赋征实与粮食征购［J］．山东大学学报（哲学社会科学版），1963（1）：79～96.

朱玉湘．抗日战争时期日本帝国主义对山东的侵略［J］．文史哲，1982（6）：28～37.

朱玉湘．抗战时期日本对关内沦陷区农业的破坏和掠夺［J］．山东社会科学，1994（4）：28～37.

朱玉湘．山东抗日根据地财经建设的艰苦创业［J］．山东大学学报（哲社版），1991（3）：42～47.

朱玉湘．山东抗日根据地的"合理负担"政策［J］．文史哲，1985（5）：8.

朱玉湘．山东抗日根据地的减租减息［J］．文史哲，1981（3）：72～77.

朱玉湘．山东抗日根据地的经济建设［J］．东岳论丛，1981（6）：

88 ~94.

朱兆彬，刘兆东，赵晓晖．岁月峥嵘，功绩卓著［J］．新世纪领导者杂志，2010（7）：42 ~43.

宗言．罗荣桓：“群众工作做好了，我们才有靠山”［J］．新长征，2014（12）：62 ~63.

邹永图．对“社会存在”范畴的一些理解［J］．学术研究，1980（5）：67 ~69.

［日］马场毅．抗日根据地的形成与农民—以山东抗日根据地为中心议题．南开大学历史系编《中外学者论抗日根据地》，档案出版社，1992：93 ~103、96.

［美］查尔斯·蒂利著；魏洪钟译．《强制、资本和欧洲国家（公元990 –1992 年）》［M］．上海：上海人民出版社，2007.

［英］安东尼·吉登斯著；胡宗泽，赵力涛，王铭铭译．民族、国家与暴力［M］．北京：生活·读书·新知三联书店，1998.

［英］迈克尔·曼．社会权力的来源（卷2）［M］．刘北成、李少军译，上海：上海人民出版社，2007.

［美］西达·斯考切波．国家与社会革命对法国、俄国和中国的比较分析［M］．何俊志、王学东译．上海：上海人民出版社，2007.

［英］安东尼·吉登斯．民族、国家与暴力［M］．胡宗泽、赵力涛、王铭铭译．北京：生活·读书·新知三联书店，1998.

［美］白修德，贾安娜著；端纳译．中国的惊雷［M］．北京：新华出版社，1988.

［加拿大］谢尔曼·赖小刚．通向成功的跳板：抗战期间中共在山东的崛起［J］．文化纵横，2015（10）：96.

［日］松崎雄三郎．北支那经济的新动向［M］．1942：200.

［美］杜赞奇著，王宪明译，从民族国家拯救历史：民族主义话语与中国现代史研究［M］．北京：社会科学文献出版社，2003.

［美］杜赞奇著．王福明译．文化、权力与国家——1900—1942 年的华北农村［M］．南京：江苏人民出版社，2004.

E. Roosevelt. 罗斯福见闻秘录［M］．上海：新群出版社，1949.

湖北省直辖县级市、区人物［EB/OL］http：//jiaxiangwang. com/cn/

hub – people – counties. htm.

东北军离鲁与山东省政府的流亡［EB/OL］，2012 – 03 – 31. http：// sd. dzwww. com/sdwt/201209/t20120910_7427321. htm.

（America） Charles Tilly，Wim P. Blockmans. "Entanglement of European Cities and States，" Cities and the Rise of States in Europe，A. D. 1000 to 1800 ［M］. Boulder ：Westview Press，1994.

Joel S. Migdal. Strong Societies and Weak States：State – Society Relations and State Capabilities in the Third World ［M］. Princeton：Princeton University Press，1988.

Tony Saich （1994）. Introduction：The Chinese Communist Party and the Anti ~ Japanese War Base Areas. The China Quarterly 140，1000 ~ 1006.

（America） David Mark. Paulson. War and revolution in North China：the Shandong base area，1937 – 1945，Thesis Ph. ［D］，Stanford University，1982.

（Canada） Sherman Xiaogang Lai，A Springboard to Victory：Shandong Province and Chinese Communist Military and Financial Strength，1937 – 1945 ［J］，leiden：brill，2011.

后　记

冬去春来，阳光明媚，拙作终于定稿，令我感激满怀。回想笨我半途学经济学，本有许多不懂，即使学过的，亦囫囵吞枣，未能融会贯通，所作经济学博士论文芜杂粗糙，多次易稿，让百忙中的师友再三为我费心劳力地指导修改，给师友们平添了许多麻烦。对此，我常怀愧疚亦充满温暖。我曾几度山重水复，困顿不已，是众多师友的热情鼓励，才使我有力量前行；是众多导师的智慧指导，才使我拨开重重迷雾；是众多师友的切实帮助，才使我得以近其门。一路走来，我得到了太多的帮助和关爱，有太多的感动和感佩。

导师陈始发教授从我读博起，就率领我在内的团队做课题写论文，拓宽我的研究领域和视野，指导我广泛收集资料的方法。在我的博士论文选题、开题和不断进展中，大到布局谋篇，小到遣词造句，陈导多次谆谆教诲，一再加班斧正把关，即使在颈椎难受，抑或在腿伤期间，不顾钻心疼痛，依然如故，每每让我感动并铭记；“写博士论文将会头撞几次墙”的提前谕告，为我泰然对待几度困顿作了很好的心理准备；因我基础弱学养薄，故请大家伍世安教授帮忙指导，他再三嘱我好好向伍师学习；同时，密切关注拙作进展，总能指出我“被史料淹没的局限”，总能用最新前沿理论恢宏我的视野，总高屋建瓴地指导团队定期分享收获、不定期的攻坚克难中，让团队成员尤其令困难中的我感受力量与温暖，不断前行并受益永久。

拙作从开题、预答辩到送盲审，大到框架、理论、创新处的提炼，小到标点符号的精准，恩师伍世安教授均悉心教诲，逐字修改，每每令我动容。特别是在过去的大半年内，伍师专门阅读了与本书相关的数百篇文献，数十次不厌其烦地答复我的诸多困惑，多次废寝忘食地为我批改论文，令我震撼。其犹如子贡对孔子宫墙之喻的深厚学养；其为国富民强主动建言献策的公知情怀；其“两点一框”的国际水准的论文写作方法；其不分门派不愤不启不悱不发的大方教导；其不仅扶你上马还送你几程提携后进的胸怀；其总查出我小错令我汗颜与努力的严谨做派；其催我奋进推我前行的坚强精神光芒，都令我感佩不已并受益永久。师母曾六妹书记即使我一天去三次，亦笑脸迎送温茶相待，热情周到；当我困顿低落之时，她热情的鼓励与温婉的宽慰，阳光般温暖，给予我极大而坚强的心理支撑，每每让我如沐春风，扫除疲惫重振精神，亦令学生感怀良久受益一生。

为让论文更完善，我曾斗胆并忐忑地向山东一批专家讨教。如2015年向山东大学教授刘玉峰博士，刘博导又推荐其挚友——与我专业更近的徐畅博士指导；2017年暑假，我又向山东师范大学教授田海林博士讨教，田师兄在照顾耄耋父亲病中大方赐教我许多，还推荐了他的一帮对山东素有造诣的师友，其中，张登德教授又推荐山东大学徐畅、赵兴胜博导等，他们多与我素昧平生，但均慷慨快速地对我进行了智慧指导，如张登德教授指点的最新研究成果；赵兴胜教授所提经济民主；徐畅教授所提按政经互动关系内涵规定主题，按重大事件来修改；王林教授所提救济灾荒大问题；李伟教授所提纵横结合，多尊重时人看法；刘志鹏、方艳华博士佳偶提醒注意相关定义的侧重点；刘本森博士所提经费问题等建设性建议，均为拙作清晰逻辑，突出重点增添了不少亮色。故在此我要对所有已谋面、未谋面的专家们表示由衷感谢并致崇高敬意。

拙作能逐渐深入，还得益于读博期间周书俊、曾良盛、黄欣荣、吴通福、张定鑫、方宝璋、温锐、陈富良、陶长琪、廖卫东、饶晓辉、吴涛等教授对我必修课、选修课的精彩讲授，所推荐的必看之书，或课余对拙作进展的关心等，尤其方宝璋教授，还教会我如何处理史学论文写作中的困难；温锐教授借其鸿文孤本《中央苏区土地革命研究》让我精读拓宽视野，教导我要注意典型个案的局限性，因时间冲突，虽不能指导我预答辩，但却允许我可随时向在校的他老请教；吴通福教授不仅与我分享他历尽艰辛找来的台湾学者张玉法厚著《中国现代化的区域研究 山东省，1860—1916》，还及时指导拙作如何突出其经济学意味；黄欣荣教授总设身处地地常常激励我坚持，或教导我怎样将口头语改为书面语标题等外；

张定鑫教授不仅赠我其大作《马克思新世界观阐释形式重构》精读给我启迪，他和黄师、伍师、汪荣有教授、刘汉一教授在我预答辩、答辩时的头脑风暴亦对我启发很大。在此我再对所有老师致以真诚的感谢和崇高的敬意！

拙作能顺利写作，首先得益于收集到的资料，在此同样真挚感谢帮我收集资料的旧友新朋，曾三次赴鲁，拜访相关专家，如山东大学教授刘玉峰；寄送《山东抗日民主政权》等的主编李维民将军及其家人和北京八路军山东抗日根据地研究会秘书长徐步安将军；寄送我《亲历者说—山东抗战编年纪事》全十册的主编刁仕军、山东省政协文史办刘勃；赠我《中共临沂地方史》的临沂市档案馆主任徐飞；赠我《山东省联合大会会刊》等5本书的沂南县党史委的赵圣忠、隋善红、赵中华；赠我《中共沂水党史大事记（1923—1949)》等2本书的沂水县党史委主任韩中专；赠我《中共兖州地方史》等3本书的兖州党史研究室主任张玉芹，赠我《烽火》的威海文登县档案局王丽杰局长，还要感谢为我查找资料提供诸多便利的山东省档案馆开发利用处处长赵奎元、青岛市党史委主任谢瑞华、菏泽学院教授袁振宇、巨野县政协的彭钊、原临沂市档案馆主任徐飞，临沂大学的张秀军、顾美和、徐东升、王宏坤、魏本权、苑朋欣等教授，临沭县党史委主任张赛赛，临沭县档案馆馆长张希坡，还有济南市、菏泽市、临沂市、临沂大学、枣庄市等地的档案馆、图书馆或党史委的其他相关同志等。特别感谢崔维志（原临沂市党史办主任)、唐素娥伉俪及其子崔沂峰博士，在我两次的拜望中，不仅每每慷慨与我分享他们多年外出收集资料、写作相关论著的心得与成就，大方借我费心收集到的《山东经济史》等9本珍贵书籍，还为我特做了两顿南方人爱吃的香喷喷的饭菜，其对学术的盎然兴致，对后学的提携胸怀，对异乡者真切的长者关怀，都令我感佩亦让我铭记；特别感谢临沂大学教授魏本权博士，其高深学养不仅拓宽了我文献综述的视野，赠我《革命策略与合作运动：革命动员视角下中共农业互助合作运动研究（1927—1949)》等2本书以精读，还不断征文或举办相关会议，力促我将对山东抗日根据地的研究成果尽快呈现；特别感谢临沂市于宝祥，不仅开车陪我前往沂南县、沂水县、临沭县党史委、档案馆等查找资料，并为重感冒的我问医抓药，让身处异乡的我倍感温暖；特别感谢在山东省档案馆偶遇的张建华大姐，其为展示父辈辉煌担当，多年不遗余力地收集整理，撰有百万余字史料文稿，散登于各级刊物，并为地方党史研究及档案馆提供了若干第一手资料。对于同样想写出革命前辈即张姐所说父辈辉煌的我来说，结识张姐是我的幸运。比如，她总第一时间推介对我研究有用的最新资料；常与我切磋或多方查找资料助我研究；常发风景照等让我放松，总之，正是有如张姐一样一直急我所急想我所想鼎力助我的所有师友的温馨作为，才让我更有力量温暖前行。在此向帮助我的所有师友一并再深致谢意和敬意！

拙作能不断完善，还得益于我许多学友。学霸傅李琦分享的学问、生活上的宝贵经验，使我及女儿均受益良多，我虽长他许多，却不能回报同样多的启发于他，又常让我惭愧，有这样一个亦师亦友的博士同学实是人生幸事。还要感谢学霸詹国旗开题报告的示范，李斯蕾参考文献的示范，许正松每天坚持写2000字的嘱咐，连同聂思痕、胡银花、周晓燕、黄思明、刘桂英、何瑞铧、王卫霞、邓明、袁立、罗国民、尤其我同室同学夏珺等年轻学霸的榜样和对我的多方提点鼓励。感谢学院书记江水法、唐海燕的多次鼓励与关照。感谢政治系的金纬亘、黄大建、黎建军、邱贵明、万绍红、杨友孙、徐腊梅、邹心平、高尚所有同仁，是你们承担了所有教学任务，才使我有集中的时间学习写作。感谢或帮忙查找资料，或提供技术帮助友情支撑的友人王芙蓉、邓慧萍、朱万晶、周子剑、宋苹、汤文芳、潘燕萍、彭小琳、毛小兵、欧阳珊、吴鹏飞、刘白明、刘晓根、刘晞泉、刘剑玲、刘卫华、庄秋菊、欧阳丽花、肖庆萍、郑淑娟、汤玮、方茗、欧阳锋。同样亦要感谢我的同门师兄吴锦顺、邹俊、师弟刘澹远、张剑锋、张勇、熊小欣、师妹李凤凤、张琳杰、詹家英、与李妍婷、洪叶多次分享的心得，或帮忙顺畅拙作，或规范美化参考文献、图表、格式、翻译并润色等。是你们的切实帮助让我更温暖地走到今天。再次深表感谢和敬意！

感谢我的至亲，父母一贯勤劳，身体不错教子有方；姊妹们不仅在各自岗位上发奋自强，而且对父母照顾周到，父母心情愉悦，消除了我许多的后顾之忧，从而让我安心于自己的写作；游弟经常的心灵鸡汤，姊妹们经常的生活帮助，权弟对我图表的美化，小妹对我金融方面错误的查找，有“一支笔”美誉的舅舅的及时帮助，亲人们对女儿的照顾，女儿对理想的坚持与努力，都经常并深刻地鼓舞着我。

最后，本书得以顺利出版，还要感谢江西财经大学的资助和鼓励；感谢中国财政经济出版社副总编高进水高屋建瓴的理论指导，出版中心主任段钢的严谨规范的编审润色和辛勤付出。连同上述众多师友的多方指导、鼓励与支撑，让我有信心一次次地走出困境，让我不断地完善拙作，让我一路充满感动感激感佩地温暖走来。

再次感谢并致敬帮助关爱过我的所有师友至亲！祝愿各位健康快乐到永远！让我有机会回馈你们同样的力量与温暖！并像你们一样，向所有我能帮助的师友传递同样的力量与温暖！